はじめに

地球環境時代という大きな転換期に入り、私たちの生活は、今まで当然のこととして疑うこともなかった成長・拡大していくモデルから、縮小しながらも持続していくモデルに移行していくことが求められています。それに伴い、私たちの思考や行動の規範、さらに、価値観も大きく変わりつつあります。建築や都市は私たちの環境を物理的に構成するものであり、こうした社会の変動に呼応することが求められています。このことは一時代前の量から質への転換のころから始まりましたが、今日、さまざまな実践が積み重ねられ、問題のありかや解決の方向がかなり明確になってきたように感じられます。

まだ社会資本が不十分な時代では、建築は万人に公平で平均的なものを一律的に量的に整備・実現していくことが求められました。しかし、質を問う成熟社会へと変わり、建築の計画・設計は一般解から個々の状況に応じた特殊解を求める方向へと変わってきました。計画は、その対象として架空の一般的な使用者を仮定するのではなく、一人ひとりの個人の生活に、より具体的に即してとらえるように変わりつつあります。さらに、計画・設計側からの一方通行的な働きかけを受け入れるだけであった使用者側も、変わりつつあります。私たちが活動、生活する場である建物や空間は、外から誰かに与えられるのではなく、自ら主体的につくっていくのだという機運が、全国の各地域において起こりつつあります。

こうした建築の現在進行形の今の姿を明らかにしたく、第一線で活躍している人々が現場の熱い状況を持って集まり、議論するシンポジウムを開き、さらに、その内容を記録し、出版することを企画しました。

本書のタイトルと同じ「建築の今」と題したこのシンポジウムは、2009年の6月から

10月にかけて4回連続して行われました。出版にあたっても、その各回を章とし、全体で4章の構成としています。各回（各章）で議論されるテーマはそれぞれ独立しながらも、互いに関係し、建築家や研究者、専門家だけでなく誰もが考えることのできる広がりを持ち、だからこそ、この時代の特徴を反映し、建築の今を断面的に活写すると思われるものを選びました。

各章のテーマと概要
みんなの街を考える

第1回（1章）は、建築や都市がつくり出す公共空間の変貌を扱います。古き良きコミュニティが消えつつあるなか、人々の結びつきが希薄となり、新たな共有の場＝公共空間のあり方が模索されています。現在、各地域においては住民参加やボランティア活動など、公（パブリック）と私（プライベート）という従来の2項対立では語りきれない、より具体的な個人個人の自発的な諸活動が行われています。こうした現状を踏まえ、建築、都市、ランドスケープ、パブリックアートのつくり手である4人の方々から公共空間の変貌を議論してもらいます。

まず、市民集会を起こし対話して、建物の後々の運営にまで関与しながら、建築作品をつくり出している建築家の長谷川逸子さんに、人々の建築を通しての社会への参加意識の変化と、公共建築を設計するうえでの考え方を話してもらいます。横浜をはじめ全国の街づくりで指導的立場にあるアーバンデザイナーの北沢猛さんには、与えられた空間を使うことから主体的に自分たちの場をつくって行くことに変化している街づくりの現状について論じてもらいます。建築家として公共の広場を設計した小泉雅生さんには、街での人々の自由なアクティビティをいかに空間として担保していくかを話してもらいます。パブリックアートをつ

くり出しているたほりつこさんには、アートによる人々の記憶や共感、感動の分かち合いから生まれるコミュニティについて語ってもらいます。

建築再生の今 第2回（2章）は、既存ストック建築の有効活用について、低成長型、縮小型の社会での建築のあり方を議論します。保存すべき歴史的建物だけではなく、今までフローとして次々と消費されてきたごく普通の建築が、優良なストックとしてどのようにして永く、そして時代の変化に対応しながら使い続けられるかを考えることは、実は、わたしたち人間が連綿と続けてきた社会生活をどう豊かに持続していくかということであり、建築にとって基本的な身体性や共有性の再認識でもあります。日本、イタリア、ベルギーで建物の保存、修復、改修にかかわってきた4人の方々に登場してもらいます。

永年にわたり温もりのある古民家の再生を行ってきた建築家の降幡廣信さんには、時代に流されない人間の生活の強さを語ってもらいます。建築史家の陣内秀信さんには、イタリアの歴史的街区の修復再生の事例から、伝統的空間と現代デザインとの融合や、そこにしかない豊かさが、いかに現代の私たちの生活に必要とされているかを話してもらいます。さらに、既存建物の活用に関して現在進行中の東京駅丸の内駅舎保存・復原工事を推進している建築家の田原幸夫さんには、建築の保存・修復の理念やその方法のあり方を話してもらいます。また、建築構造家の槇谷榮次さんから、その手法、および、避けては通れない耐震改修について、建築技術とデザインの関係について話してもらいます。

光・風・熱・水をとらえる環境技術 第3回（3章）では、地球環境時代における建築のあり方として環境技術を考えます。省エネなどにおける環境要素は現在、その効果を数値など

で表すことができるようになりました。こうした検証技術はかなり進歩し、今まで身体的・感覚的にとらえられていた空間を、環境要素で、例えばその分布状態や気流感といったもので、より具体的に・数値的に、そして全体的にとらえられる可能性が出てきたのではないかと思われます。ここでは、住宅、ビル、地域、都市とさまざまなスケールで環境に関わっている建築家や環境技術研究者の5人の方々に議論してもらいます。

まず、私、建築家の湯澤正信は、自己の作品を例にしながら、環境要素をいかに巧みに扱うかという技術論から脱し、環境要素は、実は、建築という行為そのものの本質に深くかかわっていることを明らかにします。建築設備研究者の大塚雅之さんは、環境共生技術の効果を実験的に検証することを通じて、こうした技術と建築再生とを絡めたサスティナブルリニューアルを明らかにします。都市・建築環境工学研究者の梅干野晃さんは、私たちが周囲のものから受ける熱放射という指標に注目し、環境負荷が少なく、かつ快適で美しいまちづくりのための緑化を、街のレベルでシミュレーションします。パッシブ建築を一貫して追求している建築家の小玉祐一郎さんには、自然と人間の再構築であるパッシブの基本的な考え方から、その実際の建築実践までを話してもらいます。環境設備技術者の定永哲雄さんには、壮大な環境実験都市の長崎ハウステンボスでの環境のとらえ方を話してもらいます。

これからの学びの場 最後（4章）は、私たちの日常の身近なところにある、子どもの学びの場に焦点を当てます。学校建築の現場には、少子高齢化や教育改革といった社会変動への対応、地域づくりと連動する新たな公共空間としての役割、改修・転用や環境共生型施設づくりの要請など、建築を取り巻く今日的、かつ多面的な課題が典型的に、そして複合的に立ち現われています。こうしたことに対応し、変貌しつつある学びの場を、建築、建築計画、

ランドスケープ、教育にかかわる5人の方々に論じてもらいます。

過疎地での学校づくりから大都市での大規模校の設計まで手掛ける極めて個別的な学校づくりと、そこで実現された新しい学びの場を報告します。わが国の学校建築計画学を先導してきた上野淳さんには、オープンスクールの歴史を振り返り、その変化と次なる展開を論じてもらいます。教育現場にいる尾上伸一さんには、子どもと地域と教師が一体となって行ったビオトープづくりの実践の中から見えてくる、地域の中でこそ実現される体験を中心とした、生きた学習の場を語ってもらいます。地域の計画や子どもの遊び場の研究者である木下勇さんには、家庭、学校、地域の中での子どもの居場所や参画を総合的にとらえる視点と、今まで学校建築の話題の中であまり取り上げられなかった校庭が、街のコモンとなる可能性を語ってもらいます。建築計画学者の吉村彰さんには、町村合併や少子化などによる統廃合の動きに負けない地域と学校との新たな関係を、複合化や学校間の新たな連携の中に展望してもらいます。

そして、各回(各章)の最後に行われるディスカッションでは、互いに異なる立場の人々により、現場の重みを背負いながらの意見が交わされます。そこでは著作などではなかなか書けないような思わぬ本音が引き出されることもあり、まさに「建築の今」の状況が活写されます。計画や設計における今までのいわば上からの視点は、より私たちの生活に密着し、それゆえ共有できる「みんな」の視点に変わりつつあり、新しい建築の出現や新しいまちづくりへの活動が予感されます。

2010年3月

建築の今編集委員会　湯澤正信

建築の今 ── 17人の実践と展望 …… 目次

はじめに……………湯澤正信 …… 3

第1章 ── みんなの街を考える

- 公共建築のあり方 ── 長谷川逸子 …… 11
- アーバンデザインの新たな潮流 ── 北沢 猛 …… 19
- 小領域の集合としてのランドスケープ ── 小泉雅生 …… 31
- 市民とつくるパブリックアート ── たほりつこ …… 41
- ディスカッション みんなの街を考える …… 49

第2章 ── 建築再生の今

- 民家の再生 ── 降幡廣信 …… 71
- 南イタリアの歴史的都市の再生 ── 陣内秀信 …… 79
- 建築の保存デザイン ── 田原幸夫 …… 95
- 耐震改修の現状と新しい動向 ── 槇谷榮次 …… 105
- ディスカッション 建築再生の今 …… 117

127

第3章　光・風・熱・水をとらえる環境技術

- 環境要素をデザインする —— 湯澤正信 …… 141
- 建物のリニューアルと環境共生技術 —— 大塚雅之 …… 153
- 環境負荷の少ない快適な街づくり —— 梅干野晁 …… 163
- パッシブデザインと住宅 —— 小玉祐一郎 …… 171
- 地域の環境計画 ハウステンボス —— 定永哲雄 …… 181
- ディスカッション 光・風・熱・水をとらえる環境技術 …… 194
- …… 206

第4章　これからの学びの場

- 学校建築の今・これから —— 湯澤正信 …… 215
- オープンスクールからの展開 —— 上野淳 …… 225
- ビオトープづくりの可能性 —— 尾上伸一 …… 243
- 校庭から街のコモンづくりへ —— 木下勇 …… 250
- 連携する学校 —— 吉村彰 …… 255
- ディスカッション これからの学びの場 …… 261
- …… 265

おわりに …… 大塚雅之 …… 286
刊行によせて …… 永嶋孝彦 …… 288
写真撮影・提供、図版提供 写真・図版出典 …… 290

装幀　赤崎正一

第1章 みんなの街を考える

連続シンポジウム「建築の今」第1回
2009年6月6日
関東学院大学 KGU 関内メディアセンター（神奈川県横浜市中区）

公共建築のあり方　長谷川逸子

湘南台文化センター　神奈川県藤沢市湘南台　1990

全景。人工の丘を立ち上げた

プラザを流れるせせらぎ

大島絵本館 富山県射水市鳥取　1994

丘の上に建つブックスタイルの外観

ライブラリー

風のアーチ

敷地を横断するブリッジ

新潟市民芸術文化会館　新潟県新潟市一番堀通町　1998

屋上庭園

ブリッジで7つの空中庭園がつながっている

アーバンデザインの新たな潮流　北沢猛

横浜のアーバンデザイン

ドックヤードガーデン（1993）。旧横浜船渠2号ドック保存。国指定重要文化財

汽車道プロムナード（1997）。旧臨港鉄道の護岸、トラス橋の保存活用

BankART 1929（2004 —）。歴史的建造物を文化・芸術に活用するプロジェクト。写真は日本郵船の倉庫を改修した BankART Studio NYK

「海都横浜構想2059」。50年後へ向けた都市づくりの検討がスタートした

UDCK 柏の葉アーバンデザインセンター

左は外観。右は地域住民向けのワークショッププログラムやイベントなどを行う「五感の学校」。小さな拠点から地域の構想を練っていく（千葉県柏市、柏の葉キャンパス駅前）

小領域の集合としてのランドスケープ　小泉雅生

象の鼻パーク　神奈川県横浜市中区　2009

夜の象の鼻パーク。光の点列が横浜の原点を可視化する

スクリーンパネル(夜景)

開港の丘と、ランドスケープと一体化した象の鼻テラス

写真手前が開港波止場、右奥が開港の丘。写真中央は、隣接して建っているクイーンの塔(横浜税関本関庁舎)。開港波止場は石の舗装パターンをデザインして、領域感をつくり出している

市民とつくるパブリックアート　たほりつこ

注文の多い楽農店　兵庫県南芦屋浜団地　1998

公営団地の中庭にあるだんだん畑

住民が一緒に畑作業を行う

トポス彩 2007　徳島県勝浦郡上勝町　2007

花を植えた777個のポットを螺旋状に並べた

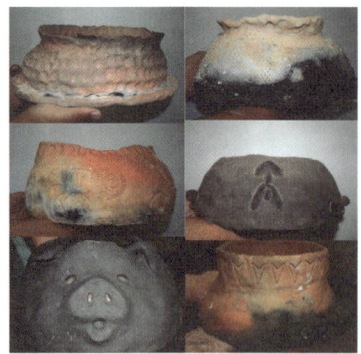

参加者の手づくりによるポット

ルミナス・バンドギャップ　徳島県徳島市　2009

新町川ふれあい橋でのLEDによる光の作品

バレンタインデーに東公園を光の半円形野外劇場へと変えた作品

公共建築のあり方

長谷川逸子

先週末(2009年5月末)、10年前に静岡で設計した建物の運営に関しての集会に呼ばれまして、世代交代の意味について一日中喋っていたので声の調子がちょっと悪いため、お聞き苦しかったらすみません。

その建物が完成したころから、ボランティアで携わってくれている若い世代が、60歳代の行政から天下る館長に世代交代を望んでいるのです。若い世代の人と話していると、育った環境がちょっと違うなとは感じましたが、それはそれで面白くて、世代交代をしてゆく方が、活力が持続すると感じました。その時に驚いたのは、ボランティアをしたいと思っている人が、非常に増えていることでした。よく自己中心的と思われがちな若者たちも、どこかで新しい社会のあり方を求めると同時に、自分の住む街での活躍を希望していることを知りました。これも、街と人の新しい関係づくりかもしれません。

グローバルな時代と日本的ローカル

都市について考えると、日本における建築や都市の近代化は、とても反都市的だったとさえ思えてきます。モダン建築は、既存の街の景観とあまりにも差異があり過ぎました。グローバルの時代だと言われてきましたが、今、グローバル時代の建築って何だろうと考えると、何も見えてきません。合理的なタワー建築が、グローバル時代の建築かと言うと、どうも違うのではないかと思うわけです。グローバル化というのは、日本的なローカルの素晴らしさ

長谷川 逸子

はせがわ いつこ

建築家

関東学院大学客員教授

関東学院大学、東京工業大学を経て、1979年長谷川逸子・建築計画工房を設立。現在、住宅と公共建築の設計を中心に活躍中。86年日本建築学会賞(眉山ホール)、86年日本文化デザイン賞(一連の住宅建築)、公共建築賞(00年大島町絵本館、04年新潟市市民芸術文化会館)などを受賞。公共建築を市民参加のもとで立ち上げることを実行しながら設計してきたことが海外で評価され、01年ロンドン大学名誉学位賞が授与された

を、逆に浮き上がらせているように思います。
ヨーロッパで仕事をしていると、個人が自立した社会を強く感じますし、その中には身分制度も残っていて、共生の難しい社会であることにも気付きます。しかし、日本の地方で仕事をしていると、個人の存在とコミュニティが密接に関係していることが、今でも続いています。東京でも下町に行くと、非常に過密ですが、そういう関係が残っています。満員電車でも気にならない日本人には、「過密快適」という感覚があるのかもしれません。特に、公共建築を設計していると、日本人というのは、どうも一人でいるより大勢で暮らしている社会を好むのかなと思います。日本人には、どこかで繋がっているという感覚が、重要なわけです。

市民の広場としての建築

私が初めて設計した公共建築は「湘南台文化センター」です（図1、13頁参照）。工事を始める前の地鎮祭で挨拶した時、「私は建築をつくるのではなく、皆さんが活動するための広場をつくります」と言ったら、地元の方々がびっくりされたという記憶があります。

開発する前の敷地は丘であって、植物採集をしたりヨモギを採ったりしていたのですが、都市化するためにその丘を1個削ってしまったわけです。そこで私は人工の「丘を立ち上げる」というテーマを提案して、コンペで選ばれたのです。私がやりたかったのは、外のリビングみたいな広場をコミュニケーションの場として設計することでした。そのため、建物の大半を地下に埋めてしまいました。市民の方々は、立派な建築が建つと思っていたのに、ほとんどが地下に埋まっていて、地上に出ている部分が小さいので、思っていたのと違ったようです。でも今では市民が、この広場を実によく使ってくれています。市場やお祭りだけで

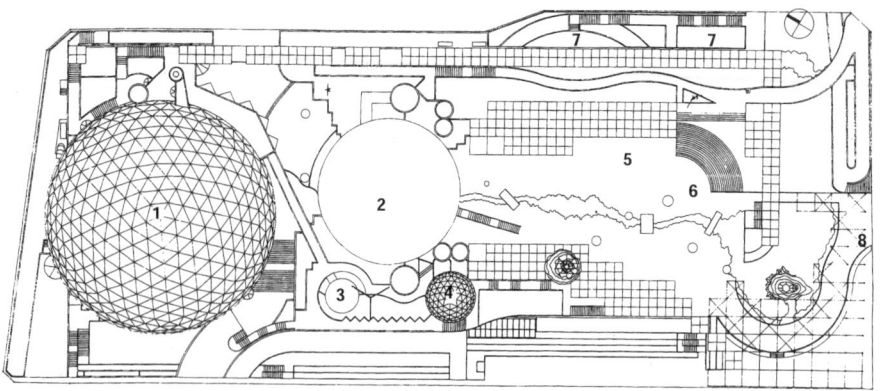

配置　S=1:1200

1 シビックホール(宇宙儀)
2 宇宙劇場(地球儀)
3 大気測定室(月球儀)
4 フラードーム
5 プラザ
6 野外劇場
7 サンクンガーデン
8 メインの入口
9 円観ギャラリー
10 展示ホール
11 駐車場

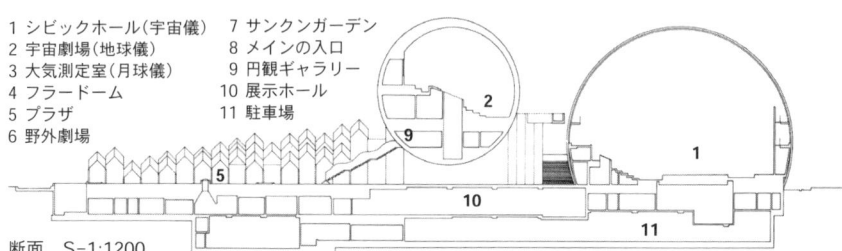

断面　S=1:1200

宇宙劇場下から見たチルドレンミュージアム

屋上庭園の散策路

図1　湘南台文化センター(神奈川県藤沢市湘南台)＝シビックホール＋チルドレンミュージアム＋(市民センター＋公民館)、工期1987年7月〜1989年3月(第1期)、1989年4月〜1990年3月(第2期)、RC造＋S造、地下2階地上4階建、敷地面積7930.3㎡、建築面積2105.47㎡、延床面積1万0529.83㎡。1986年、公開コンペにより長谷川逸子氏の案が最優秀に選ばれた。区画整備される以前にあった丘を建築化する「地形としての建築」をテーマとし、床面積の70％をサンクンガーデンとともに地下へ埋め、地上部は広場・屋上庭園が多くを占めている

なく、高齢者の人たちなどはかつて丘があったことを思い出しながら空中庭園を散策していきます。まあそういった人たちが、多種類に植えた植物を採って行っちゃうほどリアルな丘のようですが……(笑)。

この建築は、シビックホールとチルドレンミュージアム、それから市民センター・公民館という複合施設です。シビックホールについて、住民はカラオケをやるようなホールだと思っていたようですが、演劇家の太田省吾さんに芸術監督をお願いし、球儀のホールを生かした面白い使い方を考えて貰いました（注1）。太田さんはコンテンポラリーな脚本を書いて、高齢者の劇団をつくって、市民をステージに上げていました。しかし残念なことに、活動を継続してくれる人がいなかったのです。大学の先生となって京都に行ってしまった後、活動を継続してくれる人がいなかったのです。施設の運営を考える時、後継者をつくってゆくことが非常に重要だと気付きました。

私にとって最初の公共建築だったのですが、ここにコミュニケーションの場をデザインするということを目指して設計し、市民が自由に使えるようにすることが大切だというように考えた建築です。

人が育てる建築

次は「大島町絵本館」（現在は射水市大島絵本館、図2、14頁参照）です。この建築は、湘南台文化センターを見学に来た、当時の大島町の町長とお母さんたちが、私の事務所に突然やってきて頼まれた仕事です。湘南台のチルドレンミュージアムが楽しかったとのことで、町長は「湘南台のような手づくり感のあるソフトプログラム（運営計画）を、1年間かけて立案し、本にして納めてほしい」と言うわけです。そして何度も大島町に通って、町の人た

注1　太田省吾（1939–2007年）＝劇作家、演出家。1977年に『小町風伝』で第22回岸田國士戯曲賞を受賞。代表作は『水の駅』『地の駅』『風の駅』の沈黙劇三部作などの劇作演出。湘南台文化センターのシビックホールのオープンに際して芸術監督を務め、シアターワークショップのための劇『葬儀の帰りに』を市民とともにつくり上演。その後、近畿大学教授、京都造形芸術大学教授。2007年に67歳で逝去

1 絵本館
2 イリュージョン
3 ひなたぼっこ
4 風のアーチ
5 ジャンピングウォーター
6 空のテーブル
7 水たまり
8 オープンシアター
9 地下道ウェイブ
10 ミュージアムウォール
11 鳥取の里

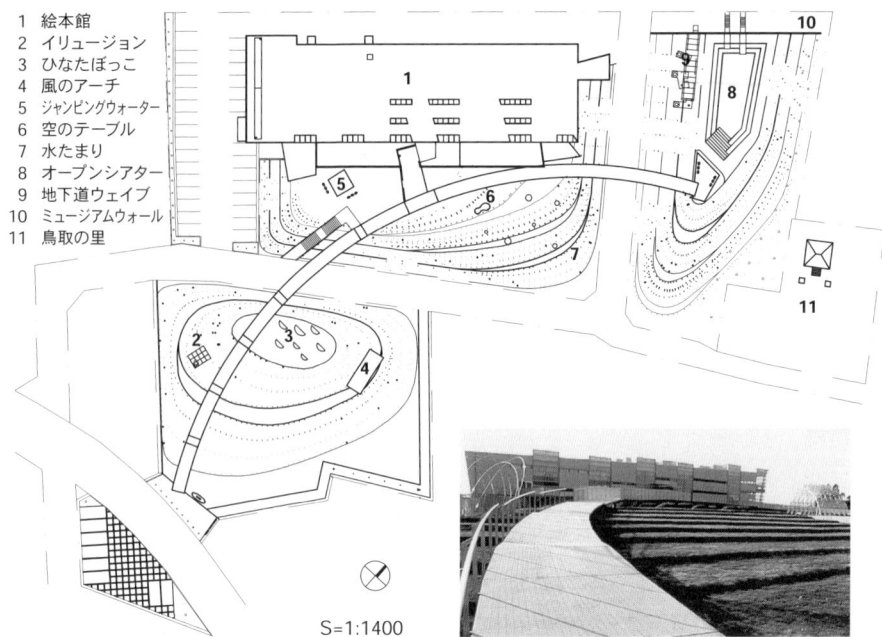

S=1:1400
射水市大島絵本館・絵本ふれあいパーク配置

東側ファサード

パフォーマンスホール（1階）

ワークショップルーム（2階）

図2 射水市大島絵本館（富山県射水市鳥取）＝複合文化施設（図書館＋ホール＋ギャラリー）、工期1992年12月〜1994年8月、RC造＋S造、地上2階建、敷地面積9111.79㎡、建築面積1171.59㎡、延床面積2413.1㎡。
2005年に大島町を含む射水郡内の全町村と新湊市は合併により射水市となり、大島町絵本館から射水市大島絵本館に改称した。旧大島町で続けられてきた絵本文化事業をさらに発展させるための中心施設として計画。敷地内には、水の音を楽しむ水琴、風の動きを視覚化する金属アーチなどの「場」を設けたふれあいパークがあり、スロープやブリッジによって建物の内部と連結している

ちとワークショップをしながら絵本をつくると同時に、計画を練ったのですが、こういう仕事はいつも赤字です(笑)。

私が手掛ける前の計画では、敷地にあった畑と農道を埋めるつもりだったらしいのですが、私は農作業のトラクターなんかが通った方がポエティックで良いと思ったので、埋めないようにお願いしました。計画している間に、「丘の上の船」というイメージが出てきたので、富山市から排土をもらい、埋めて、平らだった敷地に丘をだんだん状につくってゆきました。湘南台と一緒で、外で市民が自由に活動できる場所というのが欲しくて、県にお願いして丘を「ふれあいパーク」として設計し、みんながピクニックをしたり、お絵描き会をやったりする場をつくりました。

ワークショップの部屋があって、ここでは絵本をつくることができます。新婚さんが東京からつくりに来たりもします。この絵本をつくるというのが盛んで、世界中から子供たちの絵本を集めてコンペと出版を行い、毎年展示会をしています。今では大人たちの絵本も募集しています(注2)。詩人の谷川俊太郎さんなどいろいろな人がレクチャーにいらっしゃっているなど、なかなかの運営をしています。私は最初、ここではソフト(計画)しかやらないと思ったので、その運営者については、非常に気になっていました。そこで町長に「絵本が好きな人は全国にいるはずだから募集しよう」と言ったら、3人しか雇えないのに、全国から300人以上の応募がありました。その中から選ばれた人たちが、この絵本館をとても素晴らしい活動拠点に育ててくれたのです。彼女たちはしっかり後継者を育ててくれたので安心しています。

この建築は、公共建築賞(注3)というのを貰いましたが、大手設計事務所の人に「こんな小さな建築で公共建築賞を貰っちゃいけないよ」と言われたのが印象的でしたね(笑)。建

図3 子どもたちのワークショップ

注2 大島絵本館では、18歳以上の作者を対象とした「おおしま国際手づくり絵本コンクール」と、18歳未満が対象の「おおしま手づくり絵本コンクール」を毎年開催し、入賞・入選作を展示している。2009年の国際コンクールには、国内と海外11カ国から359点の作品が集まった

市民が活発になる建築

これは2000年ごろにできた「新潟市民芸術文化会館」です（図4、15頁参照）。敷地面積は約9haでしたが、境にあった道路を埋めることで隣接する公園と一体化させたので、約14haとなった白山公園の中にあり、音楽ホール（新潟市音楽文化会館、岡田新一設計）や新潟県民会館（佐藤総合計画設計）、新潟市体育館なども園内にあります。ここは信濃川のウォーターフロントですが、現地の歴史をひもとくと、川の中にいくつもの浮島があって、そこで能をやったり花見をやったりしていたようです。そういう絵巻物を図書館で見て、外部に活動の場所をつくりたいと思い、浮島（空中庭園）を七つつくることにしました。一番大きな建物の屋上も庭園とし、大きい浮島と思って設計しました。外にパフォーマンスの庭をつくって、新潟にたくさん残る日本の伝統芸能を持続させたいと考えていたのです。

既存の建物にブリッジを全部回してつなげているのですが、これはなかなか難航しまして、県民会館も音楽ホールも嫌がったのです。工事が2年目に差し掛かったころ、ちょうど館長が代わって「いいよ」と言われて、ブリッジを渡すことができました。それまでは、音楽ホールでの催しがあっても、開始直前にならないと開場しなかったのですが、今ではこの公園

注3　公共建築賞＝優れた公共建築を表彰することにより、公共建築の総合的な水準の向上に寄与することを目的に、1988年から1年おきに開催。主催は社団法人公共建築協会。行政施設、文化施設、生活施設の3部門があり、長谷川逸子氏は大島町絵本館（現・射水市大島絵本館）で第7回（2000年）公共建築賞（生活施設部門）、新潟市民芸術文化会館で第9回（04年）公共建築賞（文化施設部門）を受賞している

新潟市民芸術文化会館屋上庭園

浮島のような夜景

水の庭

図4 新潟市民芸術文化会館(愛称：りゅーとぴあ、新潟県新潟市一番堀通町)＝コンサートホール＋劇場＋能楽堂、工期1995年7月〜98年5月、SRC造、地上6階建、敷地面積14万0143・87㎡、建築面積1万0062・4㎡、延床面積2万5099・9㎡。
1993年の公開コンペにより、国内・外から300件を超える応募の中から長谷川逸子氏の案が最優秀に選ばれた。敷地は埋立て地であり、地下水位が高いために地下がつくれないので、グラウンドレベルを駐車スペースや構内道路とし、既存施設が2階レベルにロビーをもつことに着目してブリッジで各施設を連結した。さらに新潟市民芸術文化会館の屋上を空中庭園として、その周辺と合わせ計七つの空中庭園(浮島)を浮かべ、グラウンドレベルに植栽を施した緑の林の中を、空中ブリッジで連結させている

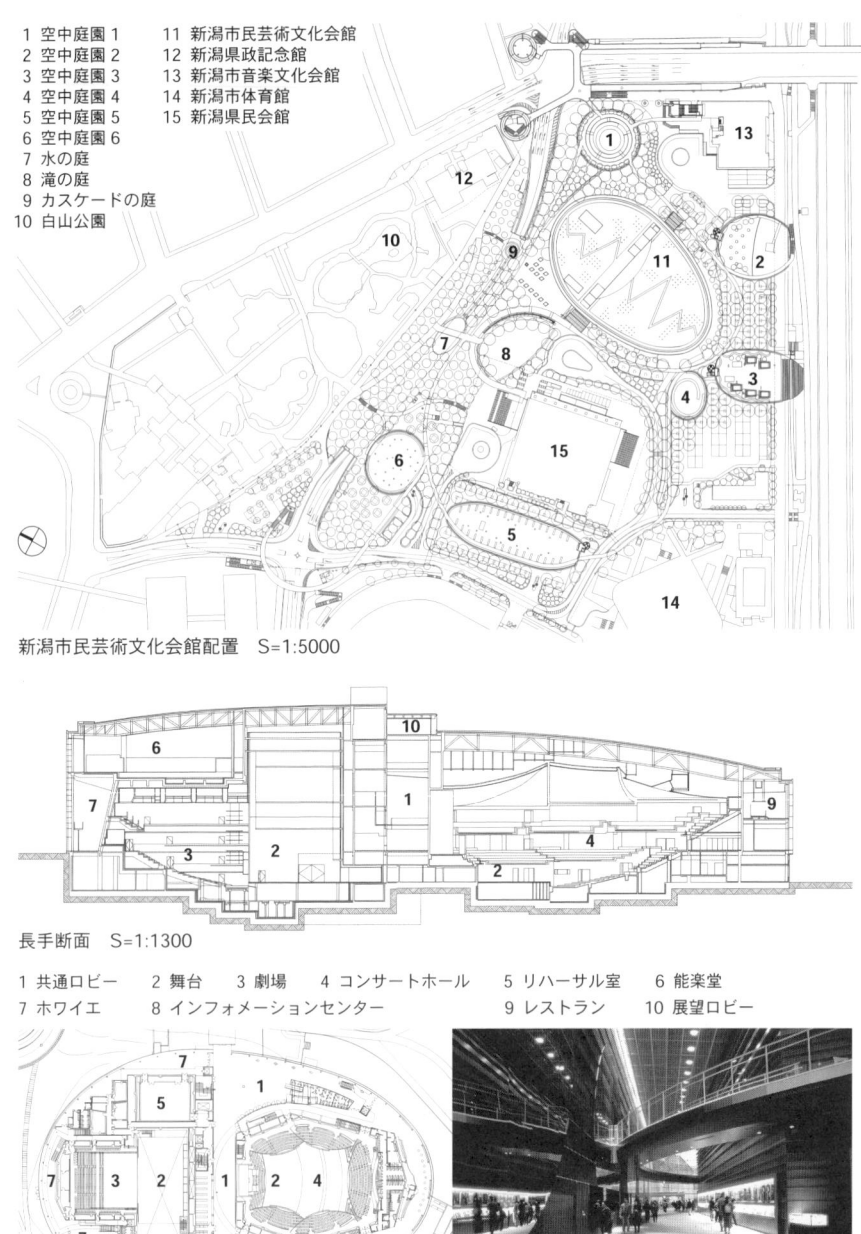

1 空中庭園 1　　11 新潟市民芸術文化会館
2 空中庭園 2　　12 新潟県政記念館
3 空中庭園 3　　13 新潟市音楽文化会館
4 空中庭園 4　　14 新潟市体育館
5 空中庭園 5　　15 新潟県民会館
6 空中庭園 6
7 水の庭
8 滝の庭
9 カスケードの庭
10 白山公園

新潟市民芸術文化会館配置　S=1:5000

長手断面　S=1:1300

1 共通ロビー　2 舞台　3 劇場　4 コンサートホール　5 リハーサル室　6 能楽堂
7 ホワイエ　8 インフォメーションセンター　　　　9 レストラン　10 展望ロビー

S=1:2400

コンサートホール、劇場、能楽堂の共通ロビー（写真）がある 2 階平面

27

の中のいくつかの建築は東屋みたいに、市民がいつ来ても、1人でも、家族でも開かれている場所となりました。県民会館、音楽ホールの中にもティールームや市民ギャラリーを新しく導入して、いつでも利用できるようになりました。

この敷地は全体を緑化しているので、街中よりもここは、4、5度、夏は低く冬は高いです。市役所の設備の人が温度調査をしたのですが、実際にヒートアイランドが防げています。信濃川護岸も国の河川局に緑にしてもらいました（図5）。コンペで優勝した時、みんなが「あんなのは建たない」と言った理由の一番が、空中庭園の足が河川敷に下りていたことでした。「国のところに足を下ろすとは何事か」とみんなに言われました（笑）。しかし、国の河川局に言ったら「いいですよ」と言われました。その時に、河川敷が砂利だと埃が飛んでくるので緑にしませんかと言ったら、本当にしてくれたのです。そうしてこの辺の環境がすごくよくなったので、今では本当に市民によく利用されています。

2年間ぐらい、市民と意見交換というのをやりました。この建物はコンペの時、400人の能楽堂、1000人の劇場、2000人のコンサートホールがバラバラに建ち、館長が3人いるつもりだったようです。私はそれら三つを一緒にすれば、新しいコラボレーションの起こる企画ができるのではないかという提案をしたのです。そこで、企画と運営を考えるため、それから後の3年間の工事中、ほとんど新潟人になったかのように通い詰めて、行政側や市民とワークショップをやりました。

新潟は、市民の文化レベルが非常に高いのです。オペラや音楽鑑賞などの市民活動が盛んで、能の野村萬斎さんや演劇の蜷川幸雄さんなど一流の人たちに来ていただいたり、ダンスカンパニーをつくりたいというので、舞踏家の田中泯さんにも来ていただきました。そんな感じで、3年間で100人ぐらいの講師に来ていただくことができました。

図6　空中庭園をつなぐブリッジ

図5　緑化された信濃川護岸と空中庭園3

コンサートホールに関しては、ウィーンフィルもベルリンフィルも、東京のサントリーホールで演奏した時は、こへも来てもらおうということにしたので、そのレセプションをちゃんとできないと駄目なんじゃないかと思って、レセプショニストを育てるということまでやりました。そんな経過をとったこともあって、ここは非常に良く使われている公共建築だと思います。また市民も非常に活発に活動していて、金森穣氏のレジデンシャル・ダンス・カンパニーは世界的な活動もしています（注4）。

規律をつくり守っていく環境

新潟市民芸術文化会館に行かれた方は分かるかもしれませんが、屋上や空中庭園にゴミ箱が1個もないのです。もしゴミが落ちていたとしたら、他県から来た人が落としたのだと思いますね。

私が湘南台文化センターを設計中に、湘南台小学校の子どもたちとミーティングをしたときに、子どもから、ごみ箱を置かないでくれと言われたのです。この街のお母さんたちは、東京の人が帰った後に湘南の海のお掃除で大変なのだと。ここだって有名になったら、たくさんの人たちが来るようになるだろう。「ゴミは自分で処理するべきだ」

図8　同、コンサートホールバルコニー席

図7　新潟市民芸術文化会館、劇場

図9　同、能楽堂

注4　Noism（ノイズム）＝新潟市民芸術文化会館を拠点に活動するレジデンシャル・ダンス・カンパニー。2004年に誕生。芸術監督は金森穣氏

というのは、小学校5年生の意見でした。スタート時は行政に頼んでゴミ箱を置かないようにしました。しかし、このことは湘南台は今守っていません。そのことを新潟の人たちに話したら、「それは大切なことだからごみ箱は置かなくていい」ということになりました。自分たちの環境に対しては、自由に使う時でも、その自由の中に自分たちで規律をつくって使っていこうということです。

建築家と市民の協働

各市町村の行政と市民の関係はさまざまで、市民との協働作業を、どのようにやればいいのか、いつもその都度考えます。市民との協働作業を、どのようにやればいいのか、いつもその都度考えます。設計コンペに応募する時、「市民との集会」を提案するのは街の人たちを知るためであり、設計プロセスを公開してゆきたいからです。

新潟の空中庭園では、綾子舞のような伝統芸能をやることなどが想定されていまして、それでデザインしたのですが、その過程で市民と意見交換をすると、市民の方々は、運営とか企画に参加したいと思っているし、どのように使われるのかということが、建築以上に注目されるのです。よく使われる建築にしたいという思いから、ついついワークショップにのめり込んで熱くなってしまい、気が付くと東京の事務所に帰れなくなってしまったことも何度かありました。しかし近ごろは、誰が建築のソフトづくりをやればよいのか考えます。シンポジウムのたびに問うています。

「市民を参加させた輝かしい建築をつくった」ということで、ロンドン大学から立派な賞（名誉学位）を貰って驚いたことがありましたが、日本では、そういったことは長いことまったく評価されませんでした。市民との協働は、「建築家のやることではない」と先輩建築家は言います。まあ、このことに関しては、後で議論できるといいと思います。終わりにします。

アーバンデザインの新たな潮流

北沢猛

こんにちは、皆さんよろしくお願いします。長谷川逸子先生が公共建築について話されたので、今日は十分という感じもありますが、少し私の話にお付き合いください。「公共空間は、これからどうなるのか」が依頼されたテーマですので、まず「公共のあり方」が大きく変わることについて話したいと思います。

変わっていく公共の概念

今まで私たちは『公共』を、自分自身からは遠い存在だと感じていたように思います。これは近代に入ってから公共の概念を変えて、あるいはつくってしまったのです。個人と公共の間に、明らかな線が引かれてしまったのです。その結果、政府はこれをうまく固定できたのです。100年ほど、例えば「公共施設の種別」が変わっていないのはいい例です。今、いろいろと問題が出てきている『公共空間』の背景にある大きな理由だと思います。

「新しい公共を問う」兆候は、長谷川先生のお話の中にもありましたが、「自分たちで公共をつくっていく」という市民活動です。換言すると『私がつくる公共』というのが、未来社会の重要なキーワードではないかと言うことです。『公共』とは、与えられたものを我々が使うというのではなくて、私がつくっていく公共であり、私自身が公共であるという転換が起こるのではないかというのが、公共空間に関する論点の1点目です。

2点目は、「どのような所で転換の活動が起こるのか」ということですが、これはやはり

きたざわ たける
アーバンデザイナー
東京大学大学院教授
1977年東京大学都市工学科卒業後、横浜市入庁。飛鳥田市政の牽引役となった企画調整局（故田村明局長・法政大学名誉教授）において、岩崎駿介氏がリーダーであった都市デザイングループに参画。都市づくりの構想計画や政策の立案からまちづくりの現場を指揮。横浜市都市デザイン室長を経て97年に東京大学大学院助教授、05年教授。02―09年横浜市参与、03―09年京都府参与。09年12月22日に56歳で逝去

小さな所から起こっていくのだと思います。小さな社会、コミュニティで起こるのです。いきなり国家が「公共の概念を変えましょう」ということはあり得ないので、身の周りの小さな所から変わっていくというのが自然です。ですから小さなものや、今まで中心になかったものが、力を持つようになるのではないかと思います。

それから3点目は、その小さな新しい公共というものが積み重なって、これからの社会を変えていくと思うのですが、それが個々バラバラに行われると、あまり意味がないものになってしまうかもしれない。その結果、それらを「繋ぐ発想」とか「新しい価値観」とかが求められていて、それを『構想』というふうに呼びたいということです。

ですから我々自身も、個々の小さなものを変えていきながら、大きな枠組みというものをやはり持たないといけないのではないか。それを、我々自身の『専門家の構想力』あるいは『市民構想力』と呼び、その構想力をいかに集めるかというのが重要ではないかと思います。

都市という公共空間を構想する

私はアーバンデザインが職能で30数年やってきました。大学生時代は東京大学旧丹下研究室（注1）で、大谷幸夫先生（注2）の指導を受け、どちらかと言えば「建築系アーバンデザイン」からスタートしました。都市に関する理念で一番影響を受けたのは大谷先生の『都市構成論』でした。また、丹下先生の右腕だった浅田孝さん（注3）が議論されていた『環境開発システム』です。そしてもう一つは磯崎新さん（注4）の『プロセス・プランニング』です。

この三つの理念に大きな示唆を受け、アーバンデザインを始めました。実務ができるところはなかったので、浅田さんの右腕であった田村明さん（横浜市役所に招聘、企画調整局長

注1　丹下健三（1913—2005年）＝建築家・都市計画家、東京大学名誉教授。1946年から74年まで東京大学で教鞭をとり、丹下研究室の活動を行う

注2　大谷幸夫（1924年—）＝建築家・都市計画家、東京大学名誉教授。都市構成論は、古代都市に始まる都市空間の歴史と、そこに流れる原則や本質を普遍的なものとして抽出、実践的な理論に展開することを試みた。関連著書に『都市空間の構成』（理工図書、1972年）など

注3　浅田孝（1921—90年）＝建築家・都市計画家。1950年代から、自然条件から水、エネルギー、交通などの人工的条件にいたる広い要素で構成される都市環境の育成強化を提唱した都市環境の育成強化を提唱していた。関連著書に『環境開発論』（鹿島出版会、1969年）

注4　磯崎新（1931年—）＝建築家。プロセス・プランニングは時間的経過や変動する状況などの過程そのものを重視し、計画に取り込む考え。関連著書に『空間へ』（美術出版社、1971年）など

の元で20年間アーバンデザインと数年は公共建築の企画や設計者選定をやっておりました。1997年に東京大学へ転出しましたが、現在も横浜市参与(中田宏市長の辞任とともに2009年8月に辞任。8年近くを務めた)として横浜市政には深くかかわっております。

『公』というのは『私』から生まれたものであって、『私』が共に生活する中で『公』というものが出てきたことを念頭に考え直そうと思っています。

最初の幾つかのスライドでは、横浜市役所時代にかかわったものをお見せしたいと思います。これは本当に公共空間と言えますが、これをつくるときには、いろいろな人とのコラボレーションをしました。例えば『金沢シーサイド広場』は、アートディレクターの南條史生氏(現・森美術館長)と西川潤氏(アーティスト)らと組んでつくった空間です(図1)。日本の伝統的空間は、「共に創る」空間でありました。これは横浜の郊外にある民家を保存した例でありますが、まさにそういうことに共感できると思います(図2)。

また考えてみると商店街なども、非常にプライベートなものですが、個々のお店が集まると、良い公共空間になるのです。このように公共空間でも、いろいろな種類がある

図1 金沢ハイテクセンター・テクノコアのシーサイド広場(横浜市金沢区福浦)。1994年竣工。右は講演時のスライド、左は現在の様子

図2 長屋門公園(横浜市瀬谷区阿久和東)の民家(主屋)移築。1990年竣工。右は講演時のスライド、左は現在の様子

ということが言えます。

横浜市がどのように都市をつくり上げてきたかを振り返ってみると、一番初めは、1965年に「横浜市の都市づくり構想（都市構想）」をつくっています（注5）。これは東京大学出身ですでに民間プランナーとして環境開発センターを設立した浅田孝さんらに、当時の飛鳥田一雄横浜市長が基本的な理念や戦略を依頼したものです。短期間に示したのが、例えば都心部強化事業というプロジェクトと『オープンスペース』を都市の主軸とする考え方でした。

この『オープンスペース』の考え方（後に緑の軸線、図3）に沿って、約40年間にわたりさまざまな空間をこの中に生み出してきました（16頁上段参照）。後で、小泉先生が『象の鼻』公園に関して話をされると思いますが（41頁—）、日本大通りとつながる水辺のオープンスペースです。これは最初に構想してから45年、横浜の中心部に『オープンスペースのつながり』を実感できたプロジェクトと言えます。それぞれは大きな規模ではないのですが、出来上がってみると「そうか、こういうことか」と分かってもらえるのです。また初めに全部つくってしまったのではなく、少しずつ積み重ねていくことで、面白い空間ができるのだと思います。

図3　緑の軸線構想

注5　1965年に飛鳥田一雄横浜市長のもとで「横浜の都市づくり構想」を発表、都市を総合的にどう形成、運営していくかという考え方を示した（下図は都心部の地区構想のイメージ）。具体的に実行できるプランと実践機構、市民が参与できる機構をつくることを提唱。また、市内部に企画実行のための特別機構が必要だとし、71年の都市デザインチームの結成につながった（82年から都市デザイン室に）。横浜市が進めてきたアーバンデザインは、06年にグッドデザイン賞の金賞を受賞した

地域資源から「構想」する

次の話は、『小さなところから起こる公共』です。大学に移籍し、岩手県の北の地域にある大野村（現在は種市町と合併して洋野町）という約6000人の農村を調査してきました。50戸から200戸の集落を一つの単位として、住民の方と一緒に構想をつくってきました（図4）。ところが「構想」の意味が分からないと言われました。持っている資源は非常に多様でして、例えば小さな曲屋があります。それは茅葺き屋根「芝棟」であり、屋根に芝を植え付け保護するという珍しい工法です（図5）。春になると屋根の上に花が咲きます。そういう茅葺きの民家が今でも20～30軒残っていて、東京大学の藤森照信先生（建築史家、建築家）が、これを「世界に二つしかない景観」と言ってました。こういう芝棟があるのは大野村とノルマンディの村だけだと。僕は他にも何カ所か知っています（笑）。

そういう地域の資源を見ながら、村の将来を企画していくと考えた時に、何か一緒に協働してやっていくアイデアが出てくるものです。「集落事業を始めましょう」ということになり、集落の人たちが小さなビジネスを始めたのです。ソバとか豆腐とか割と分かりやすいものを売ることから始めて、最後はパン工房をやりました（図6）。働いている人を見ると、

図4 大野村キャンパスビレッジ構想＝おおのキャンパス（産業デザインセンターほか）を中心に点在する集落ごとの個性を生かしながら連携し、村全体が一つのキャンパスとなる構想。地域資源産業として豆腐やソバ、漬物、パンなどの工房が生まれた

図5 芝棟の曲屋

図6 大野村キャンパスビレッジ構想のパン工房

すごく若いというのが分かります。人口6000人の過疎の地域で、年々人が減っていくわけですが、こういう工房ができたら若い人が戻ってきました。

もちろん年収はまだ低いのですが、自分の故郷で何かをやりたいという人が多いのです。やはり、豆腐屋さんの1号店の平均年齢は70歳でしたが、4号店は平均年齢35歳にまで下がりました。こういうことに興味を持つ若い人がいるのだということです。自分たちでつくり出していく「公共」がこれから非常に重要になると思います。

小さな「拠点」をつくる

これは小さな公共空間です（図7、16頁下段参照）。千葉県の柏の葉キャンパス駅の近くの柏の葉アーバンデザインセンター（UDCK）で、公共空間のあり方を実験してみようという趣旨でつくったスペースです。市民組織や専門家組織、市民に運営していただくプログラムを2年間やっております。東京藝術大学にもお世話になり、アーティストがいろいろと活動しています。このスペースを自由に使って市民がさまざまな企画をしたり、企画をつくるスクールとして「五感の学校」をやったりもしています。市民が創造活動を、都市の中にいかに埋め込んでいくかということが課題だと思います。空間的な問題について考え、地域の新たな方向性を示していくということが、これからは求められるのです。

今まで公共の空間は、自治体が企画して市民が参加するということが普通だったと思うのですが、企画だけではなく構想あるいは空間デザインをも含めて、市民セクターや民間のセクターが考えるべきであると思います。

もちろん公共の役割もまだまだ多いのですが、UDCKでは地元の町内会も含めて公的な組織と、民間の企業、それから大学や専門家が集まって「アーバンデザインセンター」を設

図7　柏の葉アーバンデザインセンター（UDCK）＝つくばエキスプレスの柏の葉キャンパス駅前にある施設。デザインギャラリー・多目的ホール、ラウンジ・セミナールーム、ワークスペース、屋外広場などで構成

注7　田村地域デザインセンター（UDCT）＝福島県田村市において、まちづくりを研究し実践するための地域密着のシンクタンク。2008年に田村市、住民団体、東京大学が共同設立した。田村市は05年、滝根町、大越町、都路村、常葉町、船引町の5町村が合併して誕生

立しました。2006年です。ここを拠点に実験的なまちづくりにチャレンジし、地域の構想を練ることを考えております。

地域構想の拠点を、大都市周辺部だけではなく、地方都市でもやってみようというのが福島県田村市です。人口4万人の地方都市なのですが、この商店街の中に、空き店舗を1軒借りて、田村地域デザインセンター（UDCT）をつくりました（注7）。オープニングには地元の人がお祭りをやってくれました。

このように、いろいろな力を集めて活動を始める場が必要ではないか、というのが私の発想です。そして、これを全国展開しようと考えているのですが、今のところまだ4カ所しかできておりません（図8）。

横浜のアーバンデザインのこれから

もう一度、横浜市に関して話を戻したいと思います。先ほど1965年から約40年間、一貫したビジョンでアーバンデザインが進められてきたと申しましたが、21世紀に入って大都市の中心部で展開される市民の活動が、より重要になってきているのではないかと思います。特に文化的なことや創造的な活動が、もっと活性化されることが、日本の都市に必要ではないかなと感じています。

海外と比較したくはないのですが、海外都市に行くと、いろいろな人たちが集まって議論をし、新しいものを生み出す場所がたくさんあります。先ほど長谷川先生の講演の中で、新潟市民の文化レベルが非

図8　UDC＋シリーズの展開。UDCK（柏の葉）、UDCT（田村地域）のほか、UDCKo（郡山）は福島県郡山市を中心とした地域の都市デザイン・まちづくりを研究・実践。UDCY（横浜）は横浜をベースとした都市づくりに関する総合研究としての機能と、実現に向かう公民学連携の共通基盤の形成を担う研究組織。UDCは Urban Design Center の略

UDCKo 郡山アーバンデザインセンター

UDCT 田村地域デザインセンター

UDCY 横浜アーバンデザインセンター

UDCK 柏の葉アーバンデザインセンター

常に高いので、施設をつくった後に、いろいろな活動が展開していったというお話がありましたが、そのような事例が、もっと日本国中に広がってほしいと思います。

また市民活動の視点から、まちづくりやアーバンデザインについて考えてみるということに、役所が慣れていないのも問題です。そしてすべてを既存のメニューでやろうとするので、何か問題が起こっても、今持っているメニューで対応することが出発点になっています。そうではなくて、現在の社会で起こっていることに対して、新しい発想の空間をつくるとか、運営システムを構築するということが、重要ではないかと思います。

そんなことを考えながら、ちょうど開港150年という節目（2009年）に、社会的な転換期を迎える横浜市のこれからのあり方に関して、新しい構想をつくろうと議論を始めています（注8）。中身に関しては、もう説明する時間がないので、イメージだけでも見ていただこうかと思います。

都市の構想を考える時には、市民の「活動」がこれからどのように変わっていくかということを意識しなければなりませんし、さらにそれらの活動が、都市の中心部でどのように「移動」するかということを考える必要があります。横浜の都心部は便利だと思われているかもしれませんが、移動しようとすると、結構、障壁が大きいのです。また地理的にも機能的にも偏っていまして、オフィス街と商店街があるだけなので、これからは、多様な活動の拠点を計画していく必要があると思っています。

例えば、横浜の最大の公共空間は「水辺」なのです。この「インナーハーバーエリア」（図9）と呼ばれているエリアだけで1200haの水面がありますが、まったく活用されておりません。そこで、この水面の周りに多くの人が住んで、働いたり、交流できるような空間につくり変えていけば、非常に豊かなものができるのではないかと思います。

注8　海都（うみのみやこ）横浜構想2059＝東京大学（故北沢猛教授）、横浜国立大学（北山恒教授）、横浜市立大学（鈴木伸治准教授・委員長）、神奈川大学（曽我部昌史教授）、関東学院大学（中津秀之准教授）の5大学による連携組織として設立した大学まちづくりコンソーシアム横浜が、50年後の都心臨海部・インナーハーバーに関する研究結果や将来の都市像についてまとめた

図9　インナーハーバーエリア

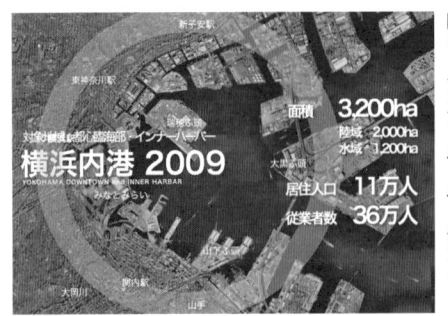

38

新しい視点で次の50年を構想する

都市計画にかかわってきた者としての反省なのですが、今までは埠頭地区とか、工業地区とか、オフィス街とか、機能ごとにゾーニングをしてきたのですが、そういった手法だと思うのです。やはり住んでいる場所と働く場所は、もっと近接しなくてはいけないと思います。

もちろんそのためには、空間計画だけでなく環境機能に関する計画が重要です。最近よく言われている「スマートグリッド」(注9)のような、エネルギーの新しい循環システムも必要ですし、当然ながら、現在の水辺周辺には緑地帯が非常に少ないので、もっと緑を拡張していかなくてはなりません。また建物を全部建て替えてしまうのではなく、建物自体をコンバージョンすることも積極的に検討しながら水辺を豊かにしていくことを考えています (図10)。

それでは、最後にもう1地区だけお見せしましょう。これは横浜港のど真ん中に、米軍が接収している瑞穂埠頭というエリアです (図11)。皆さんはほとんど行ったことがないと思いますが、横浜の水辺エリアで一番良い場所が、いまだに接収をされているのです。戦後60年以上経っても、まだこのような接収地があるのが横浜なのです。もちろん、これは返還交渉中ですが、遅々として進みませんので、具体的に「こうやって利用するのだ」、ということを提案し

図10　横浜・大岡川地区の緑拡張計画案

図11　横浜・瑞穂埠頭が返還された場合の利用イメージ

注9　スマートグリッドとは、火力や原子力などの従来の発電と、太陽光や風力発電を組合せ、情報技術を用いて電力使用と配電を最適化する次世代電力網

ていく必要があります。

また、今まで埋め立ててしまったエリアを、もう一度水面に返すことも考えてみたいと思っています。そして、その上に住むというような発想もあります。そうして空間的にも新しいイメージをつくり出していきたいものです。

横浜の歴史を振り返ってみると、開港した時に、どういう街をつくるかという議論がありました。それから50年間の明治時代から大正時代にかけては、港が充実してゆき、そこから工業が盛んになりました。そして工業都市として、どのように成長すべきか、という議論を含めて、1965年には、東京の巨大化にともなった人口増を踏まえ、住宅都市としてどうあるべきかという議論がありました。

まさにそれから50年近く経った今、人口減少という局面にきて、縮小していく社会の中で、私たちがいかに楽しく生きられる場所をつくることができるのか、あるいはそのためのシステムはどうあるべきか、次の50年を構想するための議論を始める時期にきているのです。

小領域の集合としてのランドスケープ　小泉雅生

小泉アトリエの小泉です。私は横浜の本町通りにある古い建物で、設計活動をしています。今日は2009年6月2日にオープンした、横浜港の象の鼻パークの説明をさせていただきます。これは、06年の11月に行われたプロポーザルで、私どもが設計者として選定されたものです。

象の鼻パークのデザイン

場所は日本大通りの突き当たりで、赤レンガ倉庫と山下公園の間です。ここは、今まであまり意識されていなかったかもしれませんが、まさに横浜の中心といえる場所です。歴史的に見ますと、開港にともない運上所という税関の前身が建設され、その脇に2つの防波堤ができて、横浜の港がスタートしました。この防波堤が時代を経て少しずつ形が変わっていくのですが、ある時点で先端が曲がった形になりまして、象の鼻のような形に見えるということで、「象の鼻防波堤」と呼ばれるようになったわけです。ところが関東大震災で大きな被害を受けて沈下して、やせ細った状態になって現在に至っていたところ、開港150周年に向けて再整備をしようということでプロポーザルが行われました（注1）。

私どもの提案は、この復元された象の鼻防波堤を包むように、赤レンガ倉庫に近い北側が「スクリーンパネル」と呼ばれるオブジェ状の壁柱を建てるという提案です。日本大通りの突き当たりは、「開港波止場」と呼ばれている芝生の大きな緩斜面です。

こいずみ　まさお

建築家
1988年東京大学大学院修士課程修了。大学院在学中に建築設計事務所「シーラカンス」を設立。2001年東京都立大学（現・首都大学東京）助教授、07年准教授。05年小泉アトリエ設立

れる広場で、イベントなどが想定される祝祭空間です。そして大桟橋へ向かう左側に復元された象の鼻防波堤があります。このように、三つの性格の異なるゾーンが組み合わされて、このパークは構成されています（図1参照、象の鼻パークの図は17、44、45頁に掲載）。開港の丘には、「象の鼻テラス」と呼ばれる小さな建築があります。これは、港湾施設としての休憩所兼芸術文化の発信拠点として使われる延床面積500㎡ほどの建物です。また、「スクリーンパネル」が広場を囲むように円形に並んでいて、内側に立つとスクリーンパネルの背景にランドマークタワーや赤レンガ倉庫、大桟橋、あるいは「キングの塔」（神奈川県庁、注2）や「クイーンの塔」（横浜税関、注3）といった横浜の名所が見えてきます。新しい横浜名所図絵がこの場所に出来上がるわけです。

そしてこれが夜景のイメージです（図5）。スクリーンパネルには照明が入っていて、夜になると大きな光の輪が見えてきます。それぞれのパネルの高さは、1mから4mなので、それほど大きくはないのですが、点列として並ぶことで地面の上に大きな図形が描かれます。横浜の原点を可視化するということを考えて、このような図形を提案したわけです。スクリーンパネルに仕込まれた光は、夜8時と10時に色が変わります。また特定日が何日かありまして、そのときには違った光のパターンとなるという演出もあります。

このスクリーンパネルは、2種類の材質を組み合わせてつくっています。近代を代表する素材としての鋳片面がFRP（注4）で逆側が鋳鉄です。

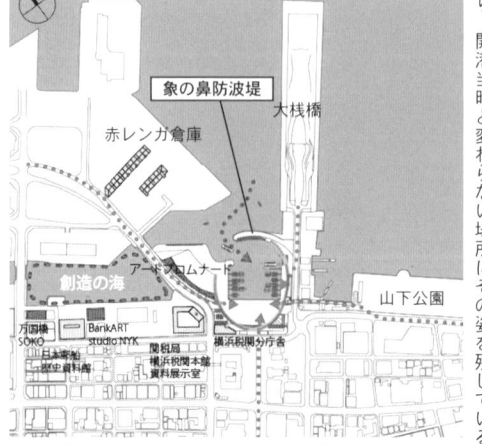

象の鼻防波堤と横浜の文化芸術創造のネットワーク

注1　横浜市が開港150周年（2009年）の記念事業として行った象の鼻地区の再整備計画。横浜港発祥の地である同地区を、横浜の歴史と未来をつなぐ象徴的な空間とすることを目的に、公募型プロポーザル方式で設計者を選定、小泉雅生氏（小泉アトリエ）の案が最優秀に選ばれた。象の鼻防波堤の歴史は、1858年にアメリカ、オランダ、ロシア、イギリス、フランスとの間に修好通商条約が結ばれ、横浜が開港した1859年までさかのぼる。開港当時は東波止場（イギリス波止場）と西波止場（税関波止場）の二つの波止場がつくられた。その東波止場が時代とともに少しずつ形を変え、現在の象の鼻の原形は明治29年ごろのその形が元になっており、開港当時と変わらない場所にその姿を残している復原された象の鼻防波堤は明治29年ごろのその形が元になっており、開港当時と変わらない場所にその姿を残している

鉄と、これからを指し示す新しい素材であるFRPを組み合わせて、このスクリーンパネルをつくりました（図3、4）。ただの鋳鉄の板だと、視覚的にも重くなるので、パンチングを施して、その穴がモアレ状の紋様を生み出すようにしています。横から透かして見ると、ぼんやりと向こう側を通る人のシルエットが浮かび上がってきます。

歴史的要素との一体化

この敷地は歴史的な場所ですから、少し掘るといろいろな遺構が出てきます。まず、広場の中央からは転車台が出てきました（図6）。昔の軌道の跡で、関東大震災で沈下してしまったそのまま埋められていたものです。また護岸工事では明治期の防波堤の石積みが、そのままの状態で発掘されました。こういったものが出てくるたびに、展示するのか移設するのかなど、議論しながら設計を見直していきました（図7）。

またキングの塔やクイーンの塔といった歴史的な要素が周辺に多く建っているので、それらの景観を損ねないように、ランドスケープと一体化するような建築として、高さを抑えた外観にしています（図8）。

建築を設計する立場でいうと、象の鼻テラスのような休憩所兼文化芸術創造のための場所

広場の内側と外側を自由に行き来ができ、かつ広場としての領域感をつくり出すこと、この二つの要件を、同時に成立させることを考えました。その先の開港の丘の芝生の斜面は、屋外劇場的な使われ方をすることを想定しています。その部分に特徴的な石の舗装パターンをデザインしています。平場にステージに当たる場所ができるので、その部分に特徴的な石の舗装パターンをデザインしています。また丘を横切る園路は、地面を掘り込むようなデザインとして、その途中に「たまり」と呼ばれるちょっとした大道芸などができる小広場を配置しました。

注2　神奈川県庁本庁舎（横浜市中区日本大通1）＝1923年の関東大震災で焼失した前庁舎を再建するために設計案を公募。当選した小尾嘉郎の案をもとに神奈川県内務部が設計、1928年竣工。スクラッチタイル張りの外壁と中央の高塔が特徴で、横浜市開港記念会館（ジャック）とともに、「キング」の愛称で親しまれている。地下1階地上5階建塔屋付。登録有形文化財

注3　横浜税関本関庁舎（横浜市中区海岸通1-1）＝3代目の税関庁舎で大蔵省営繕管財局工務部の設計、1934年竣工。高さ51mのイスラム風の塔が特徴で、クイーンの愛称がある

注4　FRP（Fiber Reinforced Plastics）＝繊維強化プラスチック。プラスチックの中にガラス繊維や炭素繊維などの繊維を入れて弾性率（変形しにくさ）を高めた複合材料

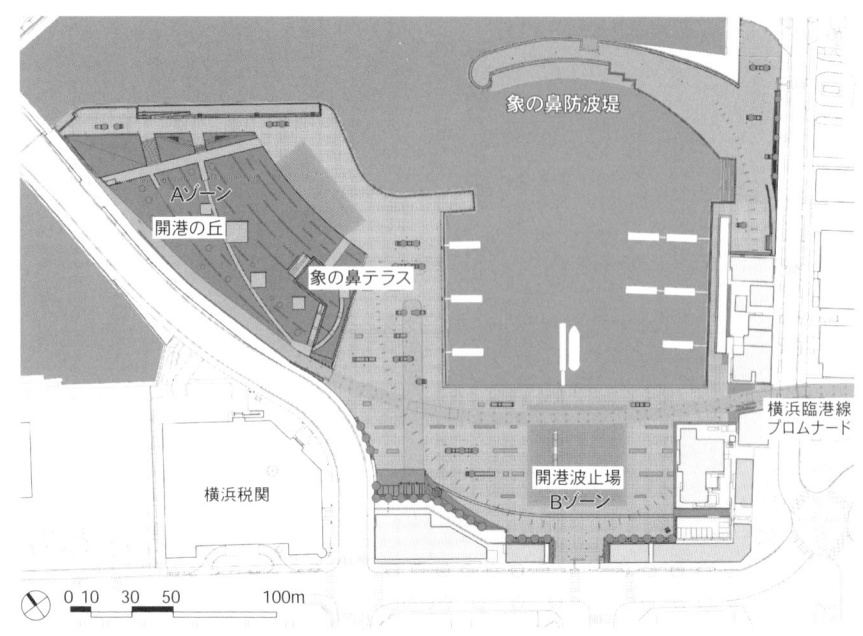

図1 象の鼻パーク、3つの性格の異なるゾーンが組み合わされて構成されている

図2 同、明治期の姿に復原された象の鼻防波堤

図4 同、鋳鉄側のスクリーンパネル 　　　　　図3 同、FRP側のスクリーンパネル

図5　同、夜景イメージ。象の鼻防波堤を取り囲むようにスクリーンの光が伸びる

図7　同、出土した明治期の小松石でできたベンチ。「たまり」の広場でパフォーマンスも行われる

図6　同、広場の中央から出てきた転車台の遺構

図8　同、開港の丘から見た象の鼻テラス

というのはプログラム上扱いにくい。文化芸術の発表や展示のためには、ある程度、光や外界の条件をシャットアウトすることが求められます。しかし、休憩所としては見晴らしが必要となります。それらを両立させるのがなかなか難しい。むしろ、開放的な空間の中での新しい文化芸術のあり方を考えていただければと思っています。

小さな領域の集合

ここからは、本日のテーマである「公共空間のあり方」について話をしたいと思います。

これは、数年前に大学の研究室で参加した、安中環境アートフォーラムのコンペ提出案です（図9）。群馬県に安中榛名という長野新幹線の新しい駅ができて、その駅前にコミュニティセンターをつくることが求められました。人がまだ住んでおらずコミュニティがまだない状況でした。そこで私たちは、住民が徐々に住み始めて街ができていく、それに併せて少しずつできていくような施設のあり方を提案しました。

これは南米、アンデス山中のインディオの集落風景です（図10）。インディオの人たちは、山の中腹に点々と離れて住んでいます。一方、これはベネズエラの首都カラカスという街の貧民街です（図11）。ここでは、人の家の上に自分の家を建てるようにして家々が接しながら住んでいます。まったく異なった様相を呈していますが、どちらの風景も、それぞれが思い思いに自分たちの領域を確保しているという点では同じです。ただ、その距離感が違うだけなのではないかと思います。

これは横浜の山下公園の風景ですが、芝生の上に、みんな思い思いに、自分たちの好きな場所に、自分たちの必要なスペースにブルーシートを広げています（図12）。

図9　安中環境アートフォーラム国際設計提案競技の提出案（優秀賞）。長野新幹線の安中榛名駅（群馬県）の駅前約2.5haの整備について、2003年に実施された

南米の例と同じです。

このような広場の使い方を、建築的に実現できないかということをコンペでは考えました。広い敷地の中に、それぞれのアクティビティに対応した、さまざまな大きさの広場を配置していく。大きなものもあれば小さなものもある。最初は単なるお祭り広場かもしれない場所が、大勢の人に使われるようになると、徐々に建築に変換されていく……というようなシステムの提案でした。

コンペの結果は残念ながら2等でしたが、地域の実情に合った、新しい広場と建築ができたのではないかと思っております。

もう一度、「象の鼻」の話に戻りますが、実はこの象の鼻地区も同じような考え方でできています。先ほど説明したように「開港の丘」には「たまり」と呼ばれる小さな広場が芝生の中に離散的に配されています。芝生の斜面にも、ベンチとなる石が離散的に置いてあって、人がそれぞれ場所を見つけながら憩うことのできる配置になっています。また広場内の矩形のベンチは、小さな突起が幾つかあって、幾つかのグループが、同時にこの縁台を共有できる仕掛けです（図13）。ベンチは、ひと組のカップルが座ってしまうと、なかな

図10　南米インディオの集落

図11　カラカスの貧民街

図12　横浜・山下公園

図13　象の鼻パーク、ベンチ（陸のポンツーン）

かその隣には座りにくいのですが、緩やかな仕切りがあると、次の人たちも座りやすい。こうやってそれぞれが距離をとることができる仕掛けを設けた結果、今では、格好のデートスポットとなっています。ぜひ皆さんもご利用いただければと思います。

都市領域マップ

もう一つ話題を提供しておきたいと思います。これは建築関係者の間では有名な、ノッリという人が描いたローマの地図です（図14）。何が面白いかというと、普通の地図では、建物と、道路を色分けするところを、ノッリは、教会のように、24時間、誰でも入れるパブリックな場所は道路や広場と同じ色で表現して地図にしたのです。つまり建築とか道路といった、物理的な存在を記すのではなく、街がどう使われているかを記述しようとした地図だということです。これは非常に面白い視点だと思います。

このノッリの地図に触発されて、今から20年ほど前に、私は「アクセシビリティから見た都市領域マップ」を描きました（図15）。外から見ると、整然とした街並みでも、誰でもアクセス可能な領域が、建物の中奥深くまで侵入していたりするのです。それを記述しようとしました。現代版のノッリの地図です。

建築や道路をつくって終わりということではなくて、そこがどのように使われるかということを考えるのが、非常に大事なのではないかと思っています。

図14 ジャンバティスタ・ノッリ（Giambattista Nolli 1701―1756年）はイタリアの地図製作者・建築家。1748年にローマの大地図を出版した

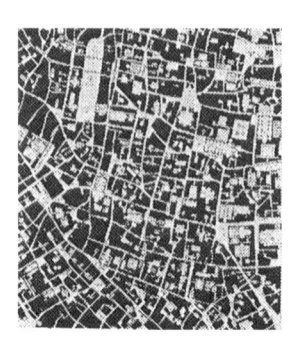

図15 アクセシビリティから見た都市領域マップ（東京・丸の内）

48

市民とつくるパブリックアート

たほりつこ

たほりつこです。私はアートの領域からお話ししたいと思います。基本的にアートというのは、特別な人だけでなく、誰でもできるわけです。つまり、国籍、性別、年齢など出自の制限なく、誰もがアートにかかわり始めることができます。何かを表現しようとする、その根源的なところにある行為そのものが、アートだと考えています。

今日は市民とつくるアートについてですが、まず私がアートを始めた経緯をお話しします。

想像力が生み出す風景

1960年代の半ば、ちょうど高度成長期に、周りの風景が急激に変わったことが一つの契機になって、何かを表現したいと考えるようになり、行き着いたところが、現代アートでした。もしランドスケープとか環境デザインがその当時あれば、最初に学んだと思いますが、そういう領域はなく、いろいろな素材に触れる工芸・工業デザインを勉強しながら「何をするべきか」を探して徐々に外に出て作品をつくり始めました。

もともと風景を何かの方法でつくりたいと考えていたので、景観デザインやアーバンデザインと重なる部分があるようでいて、私の場合は想像力が生み出す風景のことですから、アプローチに違いがあります。それが何かというと、個人的な感情とか、人が生きている空間や時間から発想するということです。また、その時代の制度的なものよりも、地球自体が持っている歴史やその経緯から考えることを心掛けています。

たほりつこ
アーティスト
東京藝術大学大学院教授
武蔵野美術大学大学院(1979年)、イェール大学大学院修了(85年)。人と環境との関係を問い直し、自然との共生への契機となるアートを提案、多様な「風景の創造」を目指している。アメリカ各地、日本で活動し、ランドスケープ彫刻と市民参加による新しいジャンルのパブリック・アートを行う。01年より東京藝術大学大学院教授

新しいコミュニティが生まれる「場」

「南芦屋浜団地」は、1997年に計画された公営の集合住宅です。ここの住民は1995年に起きた阪神・淡路大震災の被災者の方々で、主に高齢者で単身の方が多いニュータウンですから、あらためて新しいコミュニティをつくるために、「コミュニティ＆アート計画」が始まっていました（注1）。そして、その中で作品の依頼がきました。私が最初に提案したのは、公営住宅の周りの緑地を全部畑にして、好きな所に何でもつくれるように住民にはないので、畑づくりの前提となる土地へのアクセスや管理権は行政にあって住民にはないので、「即、ダメ！」となり、じゃあ、「中庭にランドスケープの彫刻をつくりたい」ということで始まったのがこの作品です。

その時にまず考えたのは、「公共空間でアートに何ができるか」でした。また「市民とつくる」ことの意義についても考えました。日本の公共空間は、「お上」といいますか、行政のような「支配層によってつくられる空間」という含みがあって、欧米におけるパブリック空間とは、少し意味合いが違っているのだと思います。

では、アートに何ができるかというと、地域や街の空間での「発見」とか、日常の中で何か違ったものに「気付く」ということがあります。そういう発見とか気付きが、生活の中に新たな認識をもたらしてくれます。空間的には、地域のシンボルを見つけたり、新たにつくり出して、それが時間の経過とともに、地域のランドマークになっていくのだと思います。日常生活の中で、新たな意味や価値を見出すことが重要なのです。

また時間はよどみなく流れていきますが、計ることのできる近代的な意味での時間とは違う時間がある。恋人を待っている時間はとても長いけれど、一緒に過ごしている時間はあっという間に過ぎてしまうように、心理的な、計ることのできない主観的なものを含む時間、

注1　南芦屋浜団地（芦屋市陽光町）コミュニティ＆アート計画は、阪神・淡路大震災によってなじみ深い家屋や風景を喪失し、仮設住宅、そして新しい住居へと移ることを余儀なくされた被災者の心の落ち着きと新たなコミュニティ形成に向けて計画された。アートワークは、新たな環境に対して居住者が積極的にかかわっていくきっかけをつくり出し、さまざまな人々との出会いの場となることを目指している

50

それが「時」というものです。人々がふれあい「時」を共に過ごすことで、意味とか価値が共有されて、人々が自然と集うようになれる、そんな「場」が必要です。時々刻々と変容する時間や空間の中に、「場」をつくり、「時」を過ごす。お互いに共感したり感動することがあって、それを分かち合うことでコミュニティが生まれるのだと思っています。

注文の多い楽農店

私が提案したランドスケープ彫刻は、「注文の多い楽農店」といいます（図1、18頁上段参照）。6棟の集合住宅に囲まれた中庭で、敷地の半分が市営の公営住宅、残りの半分が県営住宅です。私が参画した時には、既に建築家の方々のアクセスを計画されていて、歩くならここ、と決められていました。住む側にしてみれば、どこでも好きなように歩いていたいと思うでしょうけど、建築家は、まずは効率的な空間の提供を求められますから、その結果、歩く所はできるだけ真っすぐに歩き、立ち止まってはいけないということしまう。でも本当は「早く動く」ことが求められる街の中でも、立ち止まることのできる空間が、人と人とが出会える唯一の場所ではないかと思います。

公営住宅の中では、それぞれの部屋が小さく別れていて、私的な空間の集積によって全体ができているので、人が本当に出会える場所というのが限られています。屋外に広がりのある空間があったとしても、人はなかなか集えないので、住民がみんなで「時」を共有するためには、どうしたらいいのだろうかと考えた結果、畑での農を楽しむ、という「場」のプログラムを考え、いろいろと注文が出るということで、「注文の多い楽農店」としました。

最初に浮かんだ「だんだん畑」のイメージは、一番共有しやすいイメージだったと思います。ただ単に「畑をつくりましょう」と言うより、「だんだん畑をつくりましょう」と言っ

図1 「注文の多い楽農店」（1998年）。左図中の1と2の2カ所に「だんだん畑」を計画した

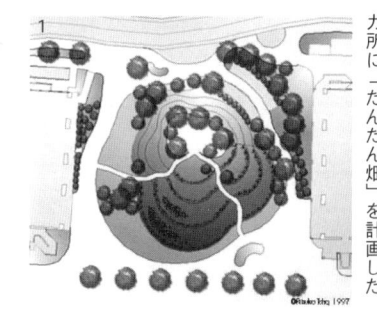

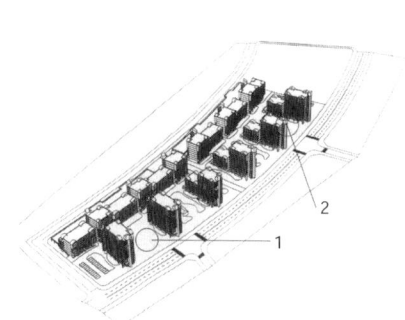

51

たときに喚起されるイメージが、地域のシンボルになったような感じがしています。

一緒にやることの重要性

里山とは違って都市の埋め立て地にあるこの「だんだん畑」は、街に山をつくり畑にするような夢も破天荒な注文ですが、都市に潜在する願望の回路につながるものです。住民の方々とは、入居の1年前からワークショップをやりました。最初からこんな風に畑仕事をしましょうねというプログラムではなく、震災で失った自分の家や、周りの風景、そして亡くなった家族との思い出がある植物について話してください、ということから始めました。そして畑開きの日に実際に植えていただきました。

また、植えた「思い出の花」がちゃんと育つように、畑の土についてなどのワークショップをしました。そのための土地改良が大変でした。埋立て地の土なので、実際に畑をつくるために、1年から1年半ぐらいかけて土を直していきました。最初の年にサツマイモを植えて、なんとか収穫ができたときは嬉しい限りでした（図2）。

畑仕事のはじめに、個々の住民が勝手にやるのではなく、皆で一緒にやらなければならないというルールをつくりま

図2　「注文の多い楽農店」（図1の1）、公営住宅の中にある住民管理の畑

52

した。これは重要なことなのです。でも、「あんな人と一緒にやりたくないわ」とか、「何であの人の言うことを聞かなくちゃいけないの」といったような意見がたくさんありました。けれども文句を言う相手がいるからこそ、楽しい場所になってほしいと思い、部屋の中で孤独に亡くなることのないような、日々声を掛けられる場所ができていったらいいなとも思う、そのために、さまざまなサポート体制を考えました。

「だんだん畑」のオープニングのときに畑起こしをやって、さわやかな海からの風の中で1日を過ごしました。1年目から音楽会とか収穫祭とか、地元のコーディネーターの方が、本当に奮闘してくださったおかげで、この「注文の多い楽農店」が10年以上続いてきました。

畑の付いた公営住宅

このアートプロジェクトによって、私自身が学んだことは、地震のような天災は、天災であると同時に実は人災でもあるということです。例えば、復興のプロセスで、それぞれの人たちは、本当に助け合っているのに、最後には弱い立場の人々がとり残されてしまう。問題となるのは、いろいろな社会の制度なのです。その制度によって、まったく新しいニュータウンに住むことになってしまった人たちにとって、一番大切なことは、日々声を掛け合うことですし、お互いにいろいろなことを認めて受け入れることなのです。時には住民同士でケンカも起きるのですが、そういうことの中から、日常の空間とか時間に、風を通すと言うか、都市がつくり上げた効率重視の空間を、少しでもマッサージするようなことができるのではないかと考えています。

それでは、現実に「注文の多い楽農店」によって、何が変わったかと言いますと、公営住

図3 同、収穫の様子（右）と、たまりのスペースでは合唱の練習なども行われている（左）

53

宅において、住民による土地の管理が初めて可能になったということです。実は、最初はダメだと言われていたのですが、ある時「畑をつくっても良いらしい」と、誰かが言い出したら、徐々にその噂が広まって、最終的につくってしまったわけです。誰が言い出したかは分からないのですが、一度前例ができてしまうと、お役所というのは全部よくなるものらしく、後日、あちこちに畑の付いた公営住宅ができていったという話を聞きました。

新しいニュータウンに住み始める高齢者とか単身者への配慮が、どのようにデザインの中に生かされるか、特に「街の記憶」や「風景の記憶」「人の記憶」が、これから生きていく人々にとって、生活の核になるのではないかと考えています。

また、「注文の多い楽農店」の活動を支えてくれているのは、本当に多様なコミュニティの人たちです。アーティストもかかわりましたし、学者の人たちにも来ていただきました。神戸や芦屋だけでなく、周辺の京阪神地区や、遠くは東京からも参加してもらいました。ちなみに私自身は、当時アメリカに住んでいたので、アメリカからの参加になりますね。このように私が住んでいる場所を超えて、いろいろなコミュニティとかかわりながら生きていくことの可能性について、自分自身、考えるようになったと思います。またそれを可能にするためのインターネットなどによる情報化は、非常に大きな要素だったのは確かです。

このプロジェクトは全国的に広く報じられました。それが契機になったのかは分かりませんが、こういう活動が、全国的に波及していったということは、社会制度の面では非常に意味があったのかなと思います。人生の生きがいとはどういうことかとか、人の温かさや人の輪ということについて、何か一石を投じられたのかなと、考えています。

注2 上勝アートプロジェクト＝徳島県上勝町で2007年10月27日から9日間開催された「第22回国民文化祭とくしま2007」において、上勝町が「上勝アートプロジェクト〜里山の彩生〜」と題して、5人のアーティストと地域住民による野外アートを制作した。作品の材料は木材などの地域資源を活用、制作ボランティアは延べ3000人。開催期間中は音楽祭などのイベントも開催され、人口約2000人の町に延べ1万3000人超の来町者があった

図4 杉の木と小さな棚田が広がる上勝町の風景

上勝アートプロジェクト「トポス彩2007」

徳島県に、上勝町という人口2000人足らずの四国で一番小さな町があります。そこで2007年に上勝アートプロジェクトが開催され、小さなだんだん畑だった土地をお借りして住民の方々と作品をつくりました（注2、18頁中段参照）。

上勝は、杉の緑につつまれた深い山と美しい棚田がある町ですが（図4）、リサイクルのシステムが定着していて、「ゼロ・ウェイスト」という明確なポリシーがあり、住民は誰もが山の尾根を越えて、ゴミを自分で収拾所まで持って行きます（注3）。30品目を超える分別回収が進んでいて、すべてのゴミの行き先が決まっているそうです。木材チップで温泉を沸かすなどエネルギー問題にも取り組んでいます。またミカンとか柑橘類の産地でしたが、一時、寒波で大打撃を受けたことで、葉っぱを売るビジネスを始めて全国展開しています（注4）。それはユニークな面白い発想で、65歳から90歳代の高齢のおばあちゃんたちが、コンピュータを使ってビジネスを発展させて、元気に生活しているのです。

上勝町は、高齢者が多いのですが、皆さん朝から晩まで元気に働いていらっしゃることもあり、男女を問わず参加できるポットづくりを提案しました。そして、棚田だった場所を整備して参加者の一人ひとりにつくってもらった手づくりのポットを配置することにしました。この町は、江戸時代に飢饉があった時、栗の実を食べて生き延びたということがあったそうなので、配置されたポットの中心に栗の木を植えましょうということで始めました。

結局、777個全部を野焼きでつくるのに半年かかりました。それを螺旋状に並べて、花を植え、中心のところに栗の木を植えました（図5〜7）。実際にある周囲の石垣も、住民の人たちと一緒に積みました。さらにこのアートプロジェクトがオープンした後、彼らはカ

注3　ゼロ・ウェイスト宣言＝上勝町は2003年9月、未来の子どもたちにきれいな空気やおいしい水、豊かな大地を継承するため、ゴミの再利用・再資源化を進め、2020年までに焼却・埋立処分をなくして同町のごみをゼロにすることを決意し、宣言した

注4　上勝町は1981年に局地的な異常寒波により、主な物産であったミカンがほとんど枯死、ミカンの売上げは約半分となった。この危機を乗り越えるため、日本料理を彩る季節の葉（つまもの）などを販売する「葉っぱビジネス」を町と地元企業出資による第3セクターが87年にスタートさせた

カシのアートや、竹で水をひいて小さな滝をつくるなど自由に創作してくださって、むしろそちらの方が住民の方々も生き生きと参加されて、面白いかもしれないと感じました（図8）。

山里で感じた危機感

そんな創作活動の間も、山の仕事は継続されているのですが、やはり人手が足りなくなってきていて、間伐や手入れもままならないようでした。枝が落とせないと、日光が地表面に届かなくなり森が暗くなって、下草が育たず動物の食べ物がなくなり、人里に出てくるようになるのです。よく鹿が撃たれたり、猪が捕らわれたりしているのを目にしました。

図5　上勝アートプロジェクト「トポス彩2007」、777個のポットを放射線状に並べた

図7　同、焼き上がったポット

図6　同、野焼きでポットを焼成

そうして山がダメになって、動物と人間の関係が崩壊すると、本当にどうなってしまうのだろうという危機感を非常に強く感じています。都市で生活していると、ほとんど分からないことに気付きました。私たちの周りにある自然の恵みは、ほとんどがこういった地域から送られてきていて、それによって私たちの生活ができているので、そのことをよく理解する必要がありますね。山や里の地域がダメになると、現在のような生活が絶対できなくなるということを、強く認識するべきだと思います。そんなことを考えながら、今も現地にはよく通っています。

市民とつくるLEDアート

徳島市内の新町川東公園に円形劇場のような船着場があって、ここでLED（発光ダイオード）を使ったアート制作の依頼がありました（注5）。市民と一緒につくりましょうということで、連続ワークショップがあり、最初は徳島大学の西田信夫先生にLEDに関するいろいろなお話を伺ってから制作を始めました。参加者の協力で完成した作品の周囲には、それぞれの参加者たちに、30㎝ぐらいの箱の中にLEDの作品をつくってもらいました（図9）。当日にはピアノの演奏があり、そのときの様子が徳島大学の工学部の方々が、ラジコンのヘリで撮影してウェブに掲載されています（図10）。

LEDがどうして発光するかというと、2つの電極バンドがあって、その間の電気的な小さなギャップに、電気が通ると発光するのですが、これを「Band-Gap（バンドギャップ）」と呼ぶそうです。2009年のバレンタインデーですから、あなたと私のバンドギャップに光を……という趣旨で、広い半円形野外劇場に光のアートですから、きらめく発光の作品を「Luminous Band-Gap on Valentine's Day」と呼ぶことにしました。ピアノ演奏とドリン

図8 同、住民によるカカシのアート（右）と竹を使った小さな滝（左）

図9 徳島市の新町川東公園内で作成中のLEDアート（2009年2月14日）、中央の作品を囲むように、ワークショップ参加者の作品を並べた

図10 同、ラジコンのヘリコプターから撮影

を楽しみながら発光体に包まれる不思議な体験の後、4月には、この「ふれあい橋」という橋でも水面に映るLED作品展示イベントを市民の方々の参加によって開催しました（18頁下段参照）。

これらの作品から、もともとこの地域にはLEDのような光の輝きが風景の中にあることを再認識した感じがしています。このように、一人ひとりの住民が、日常生活の中で地域の魅力を再発見すること、これこそがパブリックアートにおいて重要な要素だと思います。

注5 徳島市は「LEDが魅せるまち・とくしま」を推進していくため、LEDによる景観整備事業に取り組むとともに、徳島LEDアートフェスティバルを2010年4月に開催する。たほ氏は、アートフェスティバルに向けた市民参加のワークショップの講師として活躍、09年2月14日には参加者とともにLEDアート作品を展示した

ディスカッション　みんなの街を考える

司会　本日は「みんなの街を考える」と題して、公共空間のあり方について、建築、都市、ランドスケープ、パブリックアートの立場から、それぞれお話しいただきました。講演いただいた先生方には事前に、公共空間における「個人」と「公共」の関係について、どのように考えながら設計するべきか、具体的な事例を交えての話をお願いしてありました。

ご紹介いただいた作品は、建築業界の方であれば、皆さん良くご存じかとは思いますが、それがつくられたキッカケとか、個人的に考えていらっしゃったことなど、裏話も含めてかなり深い所までお話しいただいたと思っています。そこで議論に入る前に、簡単に各先生方の論点をリストアップさせていただきたいと思います。

長谷川先生からは、ローカルとグローバルの関係に関するお話の後、市民と役所の考え方の違いとか、建築家と住民の感覚の違い、またそういう「ギャップ」がキーワードとしてあったのではないかと思います。また設計した建築がどのように継続して使われていくか、そのためのソフトやシステムといったものを、どのように建築家がセットアップしていくかというところが、非常に重要だったのではないかと思います。

北沢先生のお話は、横浜のアーバンデザインから始まり、地方都市におけるアーバンデザインセンター設立や農村地域での集落計画を、地域の人や地元と「構想する」というように、アーバンデザイナーはファシリテーターとしての役割も持って、地域再生にも貢献できると

出席者
長谷川逸子　（略歴等は19頁参照）
北沢猛　（略歴等は31頁参照）
小泉雅生　（略歴等は41頁参照）
たほりつこ　（略歴等は49頁参照）

司会
中津秀之
なかつ　ひでゆき
関東学院大学工学部建築学科准教授
1985年帯広畜産大学畜産学部農業工学科卒業、87年筑波大学環境研究科修了、94年ハーバード大学デザイン系大学院ランドスケープ学科修了。長谷工コーポレーションを経て2000年より関東学院大学専任講師、05年助教授、07年准教授

59

いうお話でした。大学の設計演習で、学生がよく「活性化します」なんて言いますが、それを具体的な地域において、小さな力を集めて大きな渦に発展させる過程を示していただいたのだと思います。

小泉先生には、かなり具体的に「象の鼻パーク」の設計プロセスに関して伺いました。初めからすべてをデザインするのではなく、時代の流れとともに徐々につくられていくようにデザインすることによって、予定不調和な社会の流れにフレキシブルに空間が対応していくというお話がありました。この時、増殖していくような成長の過程をも含めてデザインすることで、社会の多様性に対応していく必要があるということだと理解しました。

たほ先生は、実は私がアメリカ留学中の指導教員ですし、南芦屋浜団地のだんだん畑は、私の実家のすぐそばですので、勝手にご縁を感じております。アメリカでは、コミュニティアートと呼ばれているコラボレーションが重要な要素ですね。どの作品も、住民の方々とのコラボレーションが重要な要素ですね。どの作品も、住民の方々とのの作品のつくり方は場所によってすべて違うので、試行錯誤しながらその成果を継続して地域が守っていくシステムの重要性を感じました。また徳島県の上勝町の事例では、町おこしのプロセスを通して、住民の公共に対する意識が、どのように変わっていったのかというところが、個人的には非常に興味のあるところでした。

市民と行政の関係

司会 簡単に総括するのが、私の仕事ではありませんので、会場からのご質問を中心に議論を進めていきたいと思います。ここに、管理に関する質問があります。管理と言っても、アフターケアではなく、どのように継続しながら地元の人たちに使われていくのか。またそれによって、自分たちの予測していなかった方向に成長していくことも

あると思います。そういうことに関して、何かより具体的に考えているとか、そういうシステムに対する提案に関して、ご発言いただきたいのですが、北沢先生、いかがでしょうか？ご自身が行政の立場にいらっしゃった経験を踏まえて、市民と役所の関係なども含めて、継続的に徐々に街が変わっていくための仕掛けに関して、「まちづくり」の視点から、ご意見をお願いします。

北沢 小泉先生の話もそうだったと思いますが、最初にすべてをつくり切ってしまうという時代ではないということですね。

おそらく戦後50年の間は、自分の人生は50年先には「こんなふうになっている」という予想ができたと思います。例えば「一戸建ての家を手に入れたい」とか、「こういう家庭を築きたい」という、誰もが共感できる『夢』があったと思うのです。今は「先が見えない閉塞した時代」ですので、時間やそれぞれの夢に合わせて積み重ねていく発想が必要だと思います。積み重ねを行政が実施するのは無理です。そういうスタイルを取った瞬間に、行政の公平性とか平等性とか、法制度の仕組みが壁になります。臨機応変にやりましょうという掛け声は素晴らしいと思うのです。しかし行政システムには、議会で承認を得、情報を開示して、これとこれは差がないですよということを、説明をしながら実施しなければならないという宿命があります。

一方で、最低限の生活保障、セーフティネットをつくることが再度必要だと思います。臨機応変に増殖的に多様な空間をつくっていくためには、『市民の力』が重要となりますからね。そのためにも、自分たちでやっていくための『自立の仕組み』をつくることが、最低限の生活保障となります。また現在の地方自治体は、中央政府との関係で言えば分権が求められていますが、住民との関係においては『主権が市民にある』ということ、つまりは『地域の自立』

ディスカッションでの北沢猛氏

を認識することです。財源としても、市民が出した税金はある程度、地域に還元する必要があありますね。

僕はアメリカの諸都市はあまり好きではないのですが、ミルウォーキーは評価しています。増進的で漸進的な都市再生を進めてきました、アーバンデザインは「計画ではなくて触媒だ」と言いながら、増進的で漸進的な都市再生を進めてきました(注1)。Planning ではなくて、Catalytic Approach と呼ばれて、何かをやると次のものが動き出すというシステムなのです。触媒的な効果を持った施策を、30年間も積み重ねたら、スタート時に意図していたものとはまったく違うけど、非常に魅力的な都市ができたということです。

しかし、このシステムによって都市が柔軟に増進し、変化していくためには、誰かが見守っていなければなりません。継続的に見守っていく立場の人がいないと、連鎖的には動いていかないのです。その役割もですが、住民には自分たちの生活があり、現実にはできません。だからこそ専門家が必要なのです。アーバンデザイナーが毎日現場にいる必要はありませんが、次のアクションを起こす時や問題があった時には、相談に乗りフアシリテートしていくものです。場合によっては直接デザインをすることも必要だと思いますが、住民の組織と専門家がいい関係をどう構築し、維持していくかが重要です。

時間軸を組み込んだデザインへ

司会 デザイナーの職能として、ファシリテーションが変わっていく中で、デザイナーの責任はどうあるべきかについて考える必要があります。先ほど、小泉先生から「安中環境アートフォーラム」のコンペ案で、市民と徐々につくり上げる話がありましたが、建築家として、これからの社会における役割に関してご意見をい

注1　ミルウォーキー市の都市再生では、一つのプロジェクトが他を刺激し、それらが連携することで全体の再生が行われるという考え方がとられた（触媒空間計画）。かつて繁栄の中心であったリバーウォーク地区（河川港地域）は、倉庫や工場、事務所が空き家となり荒廃していた。そこで、河川両岸の歩行者用デッキや水上交通などの公的事業を行い、これが刺激となって老朽化した建物を住宅や商業施設、文化施設へ転用する民間事業が進んだ。さまざまな用途や活動が混在し、住み働き、学び遊ぶという都市の文化が再生された

参考文献等　北沢猛＋アメリカン・アーバンデザイン研究会『都市のデザインマネジメント』（学芸出版社、2002年）

お願いします。

小泉 建築の評価にあたっては、構造性能や環境性能、または機能という、その時その場における評価軸に偏りがちです。本当は、建築はもう少し長い目で見なければならないし、都市は更にもっと長い視点でなければいけない。そのような長い時間を組み込んだ評価軸が必要なのだと思います。

ではなぜ、そういった評価システムが建築の分野で育たなかったかというと、写真という2次元のメディアでは時間軸を表現し切れないからだと思います。建築メディアの基本的な媒体が写真なので、竣工時の撮影した瞬間でしか評価されないのです。住民が参加することで、住民の生活がどう変わっていくのか。またそれによって、建築の使われ方がどのように変わっていったか、という事象を可視化することができないので、建築の本質を教えないくいのではないかと思います。そして建築メディアが取り上げないから、大学でも教えないという社会構造になっている。そこが20世紀の近代建築教育の弱点だと思います。時間軸を組み込んだ視点で、都市や建築をつくっていくことが建築家に社会的に求められているのではないかと思います。

司会 写真という媒体が、建築家の仕事を規定している可能性と、そのことが社会における建築界の評価方法にも影響を与えているというお話ですね。写真だけでは表現することのできない、デザインに関する評価軸のあり方を考える必要を強く感じております。

市民参加への壁

長谷川 実は私も南芦屋浜で、お花を植えるボランティアに参加していました。震災後の仮設住宅に住んでいるお年寄りが、自分で育てたお花を大事に持ってきて、それを植え変え

ディスカッションでの長谷川逸子氏

るのをお手伝いしました。誰でも参加できる庭づくりなのです。いろんな方々と手を触れ合いながら植物を植えるということは、ものすごく魅力的でしたね。あんなことのできるパブリックアートの仕事は、羨ましくさえ思いました。それに比べて、建築は視覚的にしか見てもらえなくて、もっと建築を取り巻く活動とか、成長のプロセスとか、もっと違う視線でも評価してほしいと思いますね。

私がやっていることは、市民に意見を出し合ってもらいながら、設計内容を知ってもらうために、市民と意見交換をしているのですが、なかなか行政は、同じような立場には立ってくれません。例えば、湘南台文化センターにしても新潟市市民芸術文化会館にしても、行政側は、夜間にアベックがいっぱい居るのは風紀上良くないと言って、敷地全体に塀をつくって入れないように管理しようとするのです。そこで行政の人が「塀をつくりましょう」と言いに来るたびに、私はいつも「NO！」と言っています。このように、行政のセキュリティに関する感覚は、市民が積極的に使うということと、相当矛盾していますね。

北沢 僕も行政マン（横浜市都市デザイン室）でしたから、今の話に関しては少々コメントさせてください。今から20年ぐらい前までは、長谷川先生が言われるように、「自分たちの側に問題が来ないように」という判断が、行政システムに多かったと思います。それから10年ほどの間に変革期があり、1990年代には『住民参加型ワークショップ』が、行政システムに定着していきました。ところが、最近戻っていってしまっているように思います。それは、特に大都市において、住民の意識や行動が行政システムを根本から変えるまではなかったからです。例えば世田谷区の冒険遊び場のように成功している地域もたくさんありますけど（注2）、それが広く浸透しなかった理由の一つは、住民に「自分たちの施設を自分たちで管理運営していく」という自立の意識が形成されなかったからではないでしょうか。

注2　世田谷区内には羽根木、世田谷、駒澤、烏山の4つのプレーパーク（冒険遊び場）がある。1979年に住民と世田谷区の協働事業として羽根木プレーパークが開園した。廃材や道具などを使いながら秘密基地づくり、木登り、穴掘りなど、子どもがやりたいことを優先して、禁止事項を設けずに「自分の責任で自由に遊ぶ」ことをモットーにしている。運営は住民などボランティアが主体で、大人のプレイリーダーが常駐している。82年に世田谷プレーパーク、89年に駒澤はらっぱプレーパーク、03年には烏山プレーパークが誕生した
NPO法人プレーパークせたがやの公式サイト（http://www.playpark.jp）

行政の責任も大きいが、我々専門家も主張していかないと、市民の大きな支持が得られないと思います。

長谷川 設計のプロセスで市民集会をやっている施設は、市民が自分たちでセキュリティネットをつくり出してくれます。湘南台へ行くと、駅のトイレは落書きだらけですが、私の設計した建物には誰も落書きをしません。新潟だって、施設周辺はごみ一つ落ちていません。建設前の長い意見交換で、市民は公共建築のあり方を理解しているのです。むしろ理解していないのは、市議会の人たちかもしれません。彼らは市民の代表のはずなのに、看板やごみ箱・灰皿が足りないと主張をします。施設を使っているわけではないし、事前の意見交換会にも出てきませんね。

北沢 確かに、地方議会の議論や行動、構想の質の悪さは痛感します。議会で説明をさせられることが度々あります。何をそこまでとも思いますが、議会が理解してくれないと予算も条例も執行できませんから。議員を選んでいる市民が悪いと言ってしまうとそれまでですが、地方特有の政治的構造があり、10年やそこらでは直らないのかもしれません。『議会改革』を市民が求めるべきで、建築家がどこまでやるべきか難しいですね。

文化芸術としての建築

司会 話題が、政治の方にどんどん進みつつありますが、地方政治というより、国の方針として、文化芸術としての建築のあり方が、日本と海外ではかなり違いますね。

たほ 海外と比較すると、フランスは芸術を非常に上手に活用していますね（注3）。もしかすると、行政が芸術を使い過ぎているくらいです。現代の表現を高める上で、どうやって伝える力を良く知っているからできることだと言えます。

注3　フランスは1959年に文化省を設立し、文化政策の目的を教育・啓蒙的なものから国民全体が文化芸術に接する機会の向上へ転換した。最近はテレビ、ラジオの分野も重視されるようになり、文化省が文化・コミュニケーション省と改組された。現在の文化芸術振興策として特徴的なのは、演劇、ダンス、音楽などの舞台芸術の創造に対する支援や若者に対する芸術教育の充実および、国際的な文化交流を推進する機関として「フランス芸術振興協会」が設置されており、さまざまな催しなどを国内外で開催している
参考文献等『平成18年版　文部科学白書』特集2第3節、諸外国の文化行政

長谷川　フランスでは、アニメーションと一緒に建築も文化・コミュニケーション省が扱っています。建築家もそこに属します。日本は国土交通省でエンジニアの扱いです。建築は「芸術」や「文化」として扱われることが、フランスでは定着していますね。

司会　建築家やアーティストの社会的な立場は、国によってかなり違いますね。ヨーロッパでは、何百年も前につくった建築を、中を変えながら使い続けていく文化がありますね。そういう国のアーティストや建築家の役割は、日本とかアメリカとは違うのかもしれませんね。

若い人へのメッセージ

司会　そろそろ時間が迫って参りました。会場を見渡すと、学生や若手の方々が多くいら

統的なものを現代に生かすかなど、多くのアーティストの試みを支援する必要がありますが、フランスは国策として、現代芸術を支援し、活用して、国を建てることを本当に実践しているような気がします。

イギリスもすごいと思います。ブリティッシュ・カウンシルのように、アートをマーケティングしている国はなかなかないと思います（注4）。世界中に自分の国の芸術を流通させて、世界中の広場にイギリスの彫刻家の作品をいっぱい設置しています。そうやって国の文化が海外に伝わっていくわけですから、自分たちを表現するのに、芸術ほどいい方法ってないと思います。自動車産業などの技術力は、もちろん素晴らしいと思いますが、もっと芸術分野の海外進出を支援する必要がありますね。フランスの美術大学の図書館にも日本の漫画の翻訳版があるので、フランスの若い人たちが日本の文化に直に接することができます。アニメーションの海外進出は、あっという間にビジネスとして成功しましたね。

注4　ブリティッシュ・カウンシルは、英国の文化芸術の海外での振興を図る機関。海外における英語および英国文化の普及、学術・技術振興での諸外国との永続的な協力関係の促進を目的として設立され、現在は世界100カ国以上で活動している。主に、海外における美術、演劇、映画、オペラなどの芸術活動の援助などを行っている
参考文献等『平成18年版　文部科学白書』特集2第3節、諸外国の文化行政、ブリティッシュ・カウンシル公式HP（http://britishcouncil.org/jp/japan.html）

ディスカッションでのたほりつこ氏

っしゃいますので、これから建築業界の荒海の中に飛び込んでいく若者に対して、どのように泳ぎ切っていけば良いかといったアドバイスを、お一人ずつお話しいただけますでしょうか。

たほ　若い人たちには、絶対に何か新しいことを始めてほしいと思います。今までまったくなかったようなものを立ち上げてほしいですね。新しいチャレンジが未来をつくっていくことになるわけですし、今抱えているさまざまな問題を変えていくことができるのが若者の力だと思います。本当に希望がないと嘆くのではなくて、自分で希望となるものをつくっていくことが重要だと思います。特に、大都市と比較して何の特徴もないと思われている「地域」から、何かを見出し、つくり出してほしいです。必ず何かになることを信じてください。

小泉　社会全体の傾向として、市民一人ひとりの表現に対する欲求が、すごく高まってきていると思います。インターネットのような通信機器の発達を背景に、個々人の基礎表現力みたいなものがどんどん上がっている。そういう社会環境の下で、表現のプロたるアーティストや建築家は、何をプロフェッション（職能）としてアピールできるかということについて、考えていただきたい。

時代のニーズとして、「表現する」というところにこだわるべきだと僕は思います。それは、北沢さんが唱えられている創造都市構想の、一番大きなバックボーンのような気がするのです。人間というのは、表現をしたいという欲求がある。それがどんどんこれからクローズアップされていくと思うので、プロの表現はこうなのだと言えるようなものを示し続けていくことが大事だと思います。またそういった表現のプロの職能は、「建築」という枠の中に収まらないのかもしれない。NPO法人を立ち上げるといった活動に行きつくのかもしれません。表現をしていくということは重要だと思うので、それを信じて、僕は頑張っていき

ディスカッションでの小泉雅生氏

ますし、皆さんも頑張ってほしいですね。

北沢 大都市の空間問題をずっと担っていたのですが、ブータンで集落調査をして、『豊かなもの』が鎖国状態の山々の小さな村にあることを知り、我々が失ったものは相当に大きいことに気付きました（注5）。日本の田舎をもう一度見てみたいと考えたのです。そこに都市を考えるためのヒントがありそうな気がしたのです。「大きなこと」も考えなくてはいけないと言いながら、地方の「小さな場所」に、ヒントや小泉さんが言われたことが潜んでいると思いながら、今は「タガが緩んでいる社会」ですから、皆さんが入り込む余地はたくさんあると思います。

アーバンデザインを志向して30年ほど実践的に考えてきましたが、日本語に翻訳できないまま使われている職業名です。アメリカで、建築、ランドスケープ、アート、アーバンプランニングというさまざまな職能が、近代になって確立されましたが、職能間のギャップが大き過ぎたので、それらの繋ぎ役として1960年代になって議論されてつくられた職能です。ヨーロッパでは最近になってアーバンデザインという言葉が理解されるようになってきましたが、もともと「繋ぎ役」という発想の職能はありませんでした。創造力を持つ、一握りの専門家が都市を描いてきたからです。

我々はアメリカ式の分業化を勉強してしまったわけですが、建築家の仕事は「必要だと考えるものを、必要な場所につくる」ことですから、建築家が都市をつくってもいいし、アートをやってもいいのです。またこれからは、職能間の垣根がなくなっていくので、生活にとって本当に必要なものは何かということを再考して、全体像をつくり直すことのできるクリエイティブな人たちが、もっと出現しなくてはいけないと思っています。皆さんには、ちょっと違う職能を考えてもらい、この職能のままでいこうと思っていますが、僕はもう年なので、

注5　ブータン王国は中国とインドにはさまれた南アジアの国家。1975年にワチェク前国王は国家目標として国民総生産（GNP）を増加させる政策よりも、あえて「国民総幸福量」（GNI）を優先させることを決定して注目された。近代化が進む中でも、あくまで開発は人のために国民中心で行われるとともに平等、均等であるべきとし、そのスピードをコントロールしつつ、独自の立場や伝統を守ろうとしている。2005年に行われた同国初の国政調査において、「幸せか？」の問いに9割以上が幸せと答えている

たいと思うのです。地方でも都市でも同じだと思います。今までにないプログラムを組み立てることのできる人が、必要だと思っております。

長谷川 今年の前半、パリのコンペをやりながら考えていたのですが（注6）、日本の市民は、個々人が異なる意見を持っていても集団全体としては繋がっているので、市民協働の設計手法が成立するのですが、ヨーロッパへ行くと身分制度の残る中で個人個人の主張が強いので、市民との協働作業は完全に拒否されるのです。多様な人たちと上手にコラボレーションする日本的な手法で設計をしたいことを審査委員長に話すと「そんなことは不可能だ」と、初めは拒否されました。でも時間をかけて、日本のローカル・コミュニティの素晴らしさを主張し続けて、最終的にお仕事をいただけることになりました。

そのような市民感覚の持ちようとか、専門家と利用者の距離の縮小といったことも日本独自のものだと思っていたことが主張することで、最終的にはフランスの政治家にも通じるということを目の当たりにして、フランス人の許容力に驚ききました。日本の伝統が培ってきた社会のシステムは、世界的にも共感してもらえるものなのだと気付きました。私たちが建築教育を受けたのは、モダニズムの時代でしたが、今の若い人たちはもっと何か積極的に日本の中で培ってきたことを受け止め、自分なりに思考し直して、今日の建築をつくっていってほしいですね。そうやって世代交代をしていかないと、日本の建築も先には進めません。情報化社会の中で得ることのできる大量の情報をどうとらえるか、私たちと違うやり方を、もっと積極的に提案してほしいですね。建築は人間の生命とかかわる仕事です。そして、建築は社会の変化を受けて変化していきます。その中で特に若い考えでリアリティをとらえたコンテンポラリーな建築を生み出していくことに期待しています。

注6　長谷川逸子氏は2009年4月、フランス、ポン・ディッシー周辺の再編成プロジェクトのコンペで最優秀賞を受賞した。長谷川逸子・建築計画工房とフランスのデザイン事務所 loci anima との共同プロジェクトで、約2万㎡の敷地にオフィス、商業施設、住宅などの複合施設を建設する。延床面積は約20万㎡。風や水、光を活用したパッシブソーラーを採用し、緑でつつまれるエコ建築の計画

司会 ありがとうございました。非常に重いメッセージが、先生方から会場の皆さんに投げかけられたのではないかと思います。初めに申し上げましたとおり、今日は「個人と公共の関係」について、どのように考えてデザインするかというお話をしていたのですが、「市民と建築家の関係」についてなど、社会システムに関する政治的な話まで伺うことができましたし、これからの社会における職能に関して考えるキッカケになったのではないでしょうか。

特に、建築家のアイデンティティとして、小泉先生が最後に力強く言われた「表現にこだわる」ということは、デザインにかかわるプロフェッショナリズムの中で非常に重要な意味があります。そこにこだわるからこそ、市民のリーダーになれるということに気付いてほしいと思いました。

私も研究室の学生と一緒に、子どもたちを集めて、まちづくりのワークショップをやっていますけれど、そういった社会活動とデザイン活動の両方を、バランスよく関係付けることで、これからの表現活動を展開していきたいと考えています。またそういうことが、建築家の社会における重要な役割であると再認識できましたし、これからの建築教育のカリキュラムを変革していく必要を痛感しました。

会場の皆さんの中には、もう若者ではないと思っていらっしゃる方がいるかもしれませんが、これからは、プロの方々との連携を強化して、大学をどんどん変革していく必要がありますので、これからもお互いに刺激しあいながら、地域に根付いた活動を継続していくことで、横浜を次世代に誇れる素晴らしい街に成長させていきましょう。

本日は、ありがとうございました。

ディスカッションの会場の様子。出席者の左端が司会の中津秀之氏

第2章 建築再生の今

連続シンポジウム「建築の今」第 2 回
2009 年 7 月 11 日
関東学院大学 KGU 関内メディアセンター（神奈川県横浜市中区）

民家の再生　降幡廣信

草間邸　民家再生の第1号　長野県松本市　1982

正面全景。280年前の民家を再生した

応接間の吹抜け。再生前の古い小屋組は、最大限そのまま生かされた

橋本邸　再生による新たな空間の創造　大阪府吹田市　1993

1階の板の間はピアノを据えたサロンスペースで、ホームコンサートが行われる

ピアノ側から見た板の間と和室

正面外観

藤城邸

埼玉県北葛飾郡杉戸町　1985

上：主屋正面外観。再生前の茅葺き屋根を葺きなおして、次の世代にも伝える
左：1階和室。雰囲気も一新された

小手川邸　大分県臼杵市　1985

古い蔵を再生した暖炉のある居間・食堂と茶の間

三村邸　神奈川県横浜市　1980

古い木材を生かした吹抜けのある居間・食堂

南イタリアの歴史的都市の再生　陣内秀信

Trani トラーニ

歴史的地区が見直されるとともに、建築の再生も進む。港周辺は深夜まで人で賑わう

Gallipoli ガッリーポリ

島には迷宮のような街並みが残っている

旧市街にあるパラッツォの広間

Otranto オトラント

街並みの連続立面写真。バカンス都市として歴史的建造物が生かされている

港周辺の風景

建物を保存、修復しながら生活を楽しむ

建築の保存デザイン　田原幸夫

使い続ける

現代も生き続けるベルギー・ルーヴァンにある16〜17世紀のレンガ造建築。グラン・ベギナージュ地区(左)とルーヴァン・カトリック大学コンサーヴェーションセンター(右)

東京駅丸の内駅舎(辰野金吾設計、1914年竣工)。1945年の戦災で南北のドームとすべての屋根、内装を焼失したが、ほとんど休むことなく駅として使い続けられている

各時代の痕跡を残す

オリジナルと調和しつつも区別できる現代の付加物。グラン・ベギナージュの新設窓のデザイン

東京駅丸の内駅舎における後世の増築部。壁面を少しずらして、オリジナルのデザインを延長

当初の姿に復する

グラン・ベギナージュ地区は1990年に全体の修復が完成。1998年にユネスコ世界遺産に登録された

東京駅丸の内駅舎の保存・復原工事は2007年に着工、2012年に完成予定。既存部分を保存しつつ、戦災により失われたオリジナルのデザインを再生する

耐震改修の現状と新しい動向　槇谷榮次

SPAC（スパック）工法

鋼板巻き立て工法と耐震補強繊維巻き付け工法を組み合わせることにより、単独工法よりも薄い鋼板と、約半分の耐震補強繊維巻き付け量でも、相乗効果により、高耐震性を実現する。

写真は汐見台会館（神奈川県横浜市磯子区、RC造5階建）の補強例。最初にブレース工法で検討したが、建物内外に多くの鉄骨が必要になることや、コスト高が問題となったことからSPAC工法を選択した。外観にほとんど影響を与えないことや、施工中でも建物を使えることに加え、ブレース工法よりも低コスト、約2カ月の短工期で耐震改修工事が完了した

耐震改修後の汐見台会館

耐震改修前の汐見会館

鉄骨ブレース工法による補強案

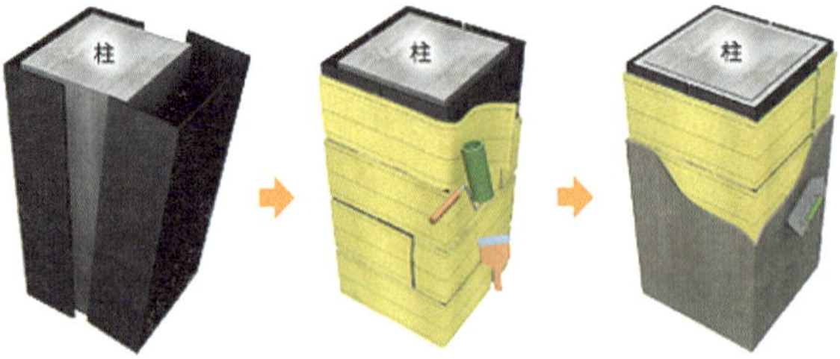

・仕上げ材除去
・鋼板設置①

・鋼板の段差修正
・耐震補強繊維の張付け②

・グラウト材注入③
・仕上げ④

柱の補強手順

実際の工事にかかる日数は、従来のブレース工法などに比べて約半分（建物構造により変動）。従来工法よりも鋼板が薄いので重機は必要なく、扱いが容易な耐震補強繊維により工期を短縮

① ② ③ ④

民家の再生

降幡廣信

皆さん、こんにちは。私は現在、故郷の長野県安曇野に住んでおりまして、松本を中心に仕事をしています。

私は、日本の民家は世界に類のない、稀な、日本の誇るべき文化だと思っています。今日はどうして日本の民家は素晴らしいのか、また同時に、いかに民家は自然と共に日本人の心を育ててきたのか、お話ししようと思います。

私が民家の再生第1号を発表したのは1983年、約25年前です（注1）。第1号というのは、発表したのが1番目ということであり、実はこれ以前にも同じようなことを続けていました。そして現在まで、全国に民家再生を約350棟行ってきました。いろいろな民家がありました。建物としての違いもありますが、民家は、そこに生活している人たちと、その家の伝統的な家風によって、それぞれ固有のものとして位置付けられてきました。

被爆した長崎の民家再生

昨年（2008年）は、長崎で民家再生をいたしました（図1）。ご存じのとおり長崎は、今から64年前に原爆によって灰に帰した街ですが、爆心地から1500mのところに、奇跡的に残った民家がありました。木造ですから燃えてしまってしかるべきものでしたが、この家が残った原因には、屋根が四方に寄棟になっており、しかも昔の民家だったので、軒が深かったことがあります。

ふりはた　ひろのぶ
建築家
青山学院専門学校建築科と関東学院大学建築学科卒業。卒業後、関東学院大学建築学教室助手を務め、1961年に長野県南安曇郡三郷村（現・安曇市三郷）の家業・山共建設を引き継ぐ。63年降幡建築設計事務所を設立。現在も同社社長、同設計事務所所長として、民家再生などで活躍。
民家の再生における方法論を確立するにいたった長年の業績で、90年に日本建築学会賞を受賞

原爆は地上500mの地点で炸裂しましたが、この家は爆心に近かったため、比較的真上から熱が照射されました。爆心地から1000mの地点では、1800度の熱線が4秒間照射されたのと同じ被害が出ています。地上では考えられない高熱ですから、ことごとく木造家屋は燃えてしまいました。その家は、奇跡的にも爆弾に割合接近しており、瓦屋根が上から熱を防いで、壁に熱が伝わらなかったために燃えなかったという、幸運な家でした。

原爆は地上に落ちてから、また炸裂して、今度は爆風を発生させました。爆心地から1000mのところで秒速170mであったというすさまじい爆風ですから、建物はことごとく吹き飛ばされてしまった。今も長崎には、片足で立っている石の鳥居があります（注2）。爆風が吹きつけて、片側の柱が飛ばされてしまったのです。もう片側は、何かに遮られたために風が当たらなかったか、もしくは威力が弱かったのでしょう。片足の石の鳥居が立っている姿を見ますと、いかにものすごい爆風だったかということがよく分かります。

幸いにも、私の関係しましたその家は、昔ながらの民家でした。日本の民家というのは木構造で、柱はしっかりしています。ところが壁とか建具は非常に簡単なもので、わずかな外圧で簡単に飛ばされてしまう。壁は簡単に飛ばされてしまい、爆風に対する抵抗がなくなって、構造のみが残った。この家は日本の民家の伝統的なつくり方である差鴨居（注3）で固められていました。柱の中間、目の高さより少し上のところ、鴨居の高さに厚い帯が入っていて、柱がしっかり固められていたために、倒れずに残ったのです。被爆後も恐らく、ほとんど家らしく垂直に建っていたと思います。戦後、残った構造に屋根を架け、壁を付けて、64年間徐々に家らしく手を入れて、今日まで生活してきました。

このような家でありましたが、今のご主人は当時2歳でした。放射能を受けている建物だから、いつか自分が新しくつくり替えなければいけないと思っていましたが、いよいよその

注1 民家の再生＝『住宅建築』1983年9月号の特集「民家の再生・数寄屋造の家」に草間邸（73頁参照）など5作品を発表した

図1 長崎の民家再生（永富邸）。再生前（右）と再生後（左）

80

段階になった時、我々を守ってくれたこの家を簡単に捨てることはできないじゃないか、と考えられて、そして私に相談があったのです。

再生をする段階になりまして、地鎮祭を行い、ご主人がご挨拶をしましたが、途中から背中を向けて、そして頭を垂れて、じっとしていた。おそらく込み上げる涙を耐えるために、そうされていたのだと思います。ご主人は、直接には原爆を知りませんけれども、長い生活の中で原爆の悲惨さを知った家と一体になって、心の通いあった生活をし、原爆を知ったからです。これが、人とのつながりをもった家であり、民家であります。そこに住んでいる長い間に、それぞれの家は、人と一体になった民家に変わっていくのです。また、人も民家の影響を受けて成長します。

今日は、私は何を目標にして民家の再生を手がけているのか、というお話をさせていただこうと思っています。

日本の自然環境

まずは日本の民家の内容について、お話をさせていただきます。日本の民家は木造であり、そして手づくりであります。先人のつくったものを、つくり替えながら完成度を高めてきた。そしてより良いところが残って、だんだんと完成度を高めてきた、というのが伝統の民家です。

さて、そういう中で、ぜひ皆さんに知っておいていただかないと思うのは、その木材です。日本の木材は、外国の木とは大変違っている。育つところが違っていますから、木も違っている。この木が育つ日本の自然環境を、ちょっとこの場で振り返ってみたいと思います。

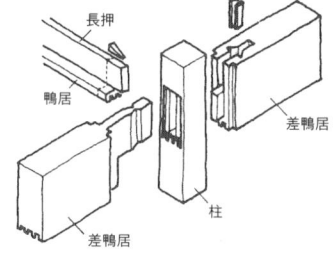

注2 山王神社(長崎県長崎市坂本)の二の鳥居(一本柱鳥居)。爆心地から約800mの高台に位置している

注3 差鴨居＝ふすまなどの開口部の上部に取り付ける通常の鴨居より太く、構造材を兼ねた鴨居。通常は梁などと同程度の断面を持ち、両端は柱にほぞ差しとしている

81

日本の自然は、四季の区別が非常にはっきりしているということは、どなたも言われることです。今、梅雨の時期ですが（二〇〇九年七月）、私はこの梅雨くらい、日本的な季節はないと思っています。日本の気候の特徴といえば、やはり湿度が高いことです。日本国内で写真を撮ると、遠景は湿気のために必ずぼけて写ります。ところがアメリカなどに行って写真を撮ると、遠景がぼけていない。空気が乾燥しているからです。

日本の年間降雨量は、海岸線に壁をつくって降る雨を溜めたとすると、平均して1m70cmぐらいまで雨が溜まります（注4）。東京ですと、1m50cmぐらいになります。パリ、ベルリン、ロンドンの辺りでは、大体500〜800mmです。ロサンゼルス辺りでは400mmぐらいですから、いかに日本は雨が多い国か分かります。しかもその雨は、年間を通してほぼ平均的に降っているのです。

私が5月、サンフランシスコに行った時、成田空港は新緑で、むせ返るようなみずみずしさでした。あちらも新緑だろうなと思って参りましたら、木々はまだ茶褐色でした。「どうしたんですか」と聞くと、「こちらはまだ乾季なのです」「雨季になるのは9月か10月です」との答えでした。

季節が乾季と雨季に分かれているところは、世界中の各地にあります。ところが日本が恵まれているのは、気候を大きく支配している季節風の存在です。現在は南からの季節風が吹いていて、南の海の湿気と暖かい空気を日本へ吹き寄せている。それが今度は冬になると、北側のシベリアの奥、大陸の寒気が北から日本へ吹きつける。そして日本海の湿気を雪へと変えて、日本海側に豪雪をもたらします。このように夏と冬とで、手のひらを返したような変化をもたらしているのが、季節風です。加えて、国土の周りを囲む海の存在が、季節風として日本に豊かな水をもたらしているのです。

注4 世界各国の降水量（水資源協会「日本の水2009」のデータから作成）

降水量 (mm/年)

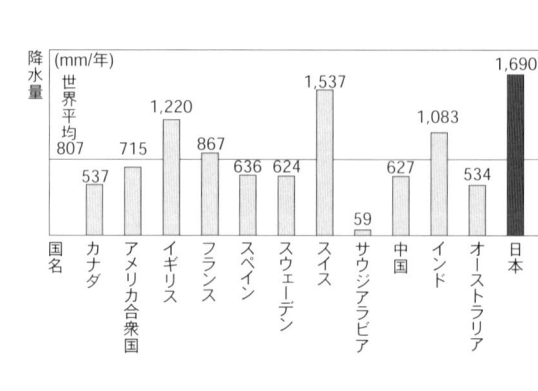

国名	降水量
世界平均	807
カナダ	537
アメリカ合衆国	715
イギリス	1,220
フランス	867
スペイン	636
スウェーデン	624
スイス	1,537
サウジアラビア	59
中国	627
インド	1,083
オーストラリア	534
日本	1,690

日本のように、気温と自然の植物とが歩調を合わせて、四季を演出しているという国は数少ない。春になると気温が変化していく中、自然の木々も若芽を芽吹かせ、花が咲く。今ごろの時期は新緑になり、最も水分を豊かに吸収しながら、木々が若やいでいます。そして雨とともに夏になり、秋になり、冬へと変化していく。そういう季節感を、自然が演出してくれる。一方で外国には、温度は高いのだけれども自然界の植木は眠っている、というようなところが多々あります。日本は3カ月ごとに美しい春・夏・秋・冬が訪れます。

こうしたことから、日本は自然環境に恵まれた、言うならば人に優しく、生き物に優しく、生活しやすい自然、であるといえます。

『国家の品格』を書かれた数学者の藤原正彦先生によれば、日本人は秋になると虫の音に耳を傾け、それを音楽として聴くけれども、虫の音を美しい音色に感じるのは日本人だけだそうです。韓国人も中国人もヨーロッパの人たちも、虫の音というのは雑音にしか聞こえない。このことは、日本人が優しい自然の影響を受けながら、いかに豊かな感性を身につけてきたか、そしていかに自然と調和し、自然を聞き分け、自然から学びながら生活してきたかを物語っています。

日本の木材

日本の木は、非常に恵まれています。我々、木を扱う者は、これを内地材と外材とに区別します。それは、日本国産の木は美しくて、そして材質が素晴らしいからです。それは取りも直さず、春から夏は暖かく、日照時間が長く、湿気が多く、雨が多い中で素直に成長し、しかも秋から冬にかけては寒くなって、雪も降り、木の材質が引き締まってきます。このため日本の木は、きれいな年輪を持った、そしてきめ細かな艶(つや)のある独特の材質をもちます。

日本の木は耐久力があって、民家としても、神社仏閣にしても、建築材料として素晴らしい効果を上げてきました。このような木でつくられているということ、これがまず民家の素晴らしいところだと思っています。

民家の精神

私の地元の新聞では最近月1回、「世界が見る日本」という特集をしています。一昨年、台湾の李登輝さんが登場されました（注5）。李登輝さんは日本のこともよく知っていますし、総統としても、世界各国の文化を学びながら、自分の国、台湾をどういう国にすれば良いかを研究された、世界でも数少ない人物です。彼の記事には、「世界に稀な日本の文化を捨てないでください」と書かれていました。彼によれば、日本の文化の特徴は、高い精神性だというのです。そしてもう一つは、自然との調和である、とはっきり述べておられました。

住宅について振り返ってみると、玄関で靴を脱いで、そして素足で生活しているのは、世界の国々の中でも日本と韓国、北朝鮮のみです。中でも日本の生活は格別です。そこで日本人はひざを折って挨拶をするのが、特徴としてはまず、床が清潔であるということが挙げられます。玄関でお客を迎えるのにも、ひざを折って両手をついて正しい挨拶をします。そしてお客を客間へ迎えても、もうひとたび、改めてひざを折って、両手をついて挨拶をする。ひざを折って両手をついて挨拶する姿は、非常にへりくだった心の状態を表しています。日本人は、書道や華道、茶道においても、すべてひざを折って学びます。こうした行為には精神的なものが伴いますから、「道」という精神的な意味が付け加えられているのです。スポーツである剣道においても、始める前にはひざを折って、それから始めます。それは心を正し、心を改めて、ことを進めるという姿なのです。このように日本では

注5　李登輝（り とうき）　1923年―）＝中華民国の政治家、農業経済学者。中華民国第8、9期総統。1943年に京都帝国大学に入学。終戦後の46年に台湾に帰り、台湾大学に編入している

日常の生活においても、高い精神性をもつ一面が見られます。

民家と自然

日本の生活のもう一つの特徴は、自然との調和です。素足で生活しながら、自然素材でつくられた畳に肌で触れる。あるいは障子やふすまといった、自然の植物を使った紙で張られた建具にも、床板や建具や柱の木にも触れる。そういうものに身近に触れることで、自然にも触れているのです。

かつての日本の家はどこでもそうでしたが、畳の部屋の外側に、縁側のある家が一般的でした。縁側の先の庭の外側には必ず、塀をつくります。それは、自分の部屋から縁側を設けて室内を庭まで延長させるという一例をみても、自然との調和が見られます。日本の生活の特徴は、縁側を設けて室内を庭に連続させるという一例をみても、自然との調和が見られます。先ほど申し上げた自然環境と、そして自然と深い関わりを持った、我が国固有の木で構成された室内での日常生活とが、日本人固有の心を育てて保ってきたように思えてなりません。

ところが洋風の家では、建物の外壁が内部と外部の境であり、室内と外を区別している。そして窓があっても庭とは連続しない。日本の生活の特徴は、縁側を設けて室内を庭まで延長させるという一例をみても、自然との調和が見られます。部屋と外部の境は塀にある。塀までは室内と同じ意味を持っていて、いつでも庭へ出られる、という意識です。

日本にはいろいろな、それぞれの地域に合った、特徴ある民家がつくられてきました。この茅葺きの家は、信州にある民家です（図2）。周囲には先ほど申し上げたように塀が巡らされ、中に樹木を植えて庭をつくる。そして、昔の人はものを大事にしましたから、火災や盗難から財産を守るための蔵を配置して、こういう一つの家構えができているという一例です。

図2　信州の民家、右奥に土蔵が見える

地方によって、いろいろな民家がありますが、これは白川の隣りの五箇山の合掌造りの家です（図3）。民家は地方の証明書とも言われるのですが、こちらは信州、安曇野の本棟造りです（図4）。双方の民家では共に養蚕で生活しています。この横に広がった屋根と、同じく養蚕で生計を立てていた五箇山や白川郷の急勾配の茅葺きの屋根が、どうしてこういう違いが出たのか。それは、自然環境によるものです。

五箇山や白川郷は周囲が山に迫られて、平地が少ない。そのため各家の建つべき敷地が狭かった。また雪が非常に多いところなので、上から雪を下に落としやすい急勾配の屋根にした。こうした条件から、屋根の中にさらに何層か設けて、床面積を増やした。一般には、3階、4階まで床として使っています。急勾配の屋根は、敷地が狭いことで床面積を増やし、そして雪を落としやすくするために選ばれたかたちでした。

先ほどは、日本の家の精神性が高いということで、畳と床の生活といった話をしました。同じ床の生活をしている韓国と日本とで違う点は、韓国は板の間であり、それから冬の寒さのためにオンドルの部屋があります（注6）。日本では寒さ、暑さへの対策を兼ねて畳を使っていますが、畳は寒い冬に触れても大変暖かい。しかも蒸し暑い夏の汗ばんだ手で、ひざをついて手をついて挨拶するときにも気持ちの良さがある。手の湿気を、畳がそのまま吸い取ってくれるからです。暑い夏、清潔な畳の気持ちの良さの上で、生活していくことができる。

それともう一つの違いは、韓国の生活は立ちひざ中心です。畳は、日本の生活をどんなに精神性の高い、世界に類のないそんな違いがあるのかもしれません。畳は、日本の生活をどんなに精神性の高い、世界に類のない特徴ある民家として仕上げているか知れません。

図3　富山県・五箇山の合掌造りの家

古民家の再生

私が古い民家の再生を始めるまで、日本の建築界では「再生」ということは行われていませんでした。建築とは、新築と、それから復元の2分野でした。そこに新しくつくるのが新築です。これまでは、建物が古くなって不便になると一回捨てて、そしてまた新築するという歴史をたどってきました。唯一、文化財として認められた建物のみ、復元工事によって保存するという仕事が行われたのです。ですから言うなれば、日本の建築の仕事は、新築か復元かの二者択一の世界でした。古くなれば捨ててつくり替えるか、あるいはそのまま保存するかという、二つの方法のみでした。

そういう中において、私は信州で、新築とともに古い家との付き合いを持ち続けました。出来上がったものは意外に、新築よりも内容があるように思えたのです。その道を探求して、たどり着いたところを「民家の再生」として発表する段階になったのが、松本の草間邸（図4）でした。それを1983年9月号の『住宅建築』に発表したのが、日本で「民家の再生」が発表された始まり、ということになろうかと思っています。

この横に広がった草間邸は、私どもの地方にある本棟造りです。当地は先ほどの合掌造りと同じように、農業と養蚕で生計を立てていた地方です。こちらは敷地となる土地の余裕がありました。それから雪が少なく、降り積もる雪も少量ですから、屋根の上に乗せておいても、落とさなくてもいいという考え方でできた家です。

これが再生された姿です（図5、73頁参照）。最初訪問した時は、人に例えれば、お坊さんが線香を上げているような場面でした。築後約280年が経過した、元禄時代の建物でした。それまでも私は、病んでいる家を健康に、老化した家を若やがす、言うなれば建物の医者のような仕事をしていましたが、この家の状態は、人

図4　長野県・安曇野の本棟造りの家（草間邸の再生前）

注6　オンドル＝朝鮮半島などで用いられてきた床暖房方式。居室の床下に石や土などで煙道のトンネルを設け、台所で火を使ったときの煙や蒸気を通すことで床全体を暖める。かつては、薪やわら、練炭などを燃料としていたが、現在はガスオンドルや電気オンドル、温水などを使用していることが多い

図5 草間邸（長野県松本市神田）＝1982年12月竣工、木造2階建（本棟造）、敷地面積1500.45m²、建築面積215.72m²、延床面積280.28m²（1階203.27m²、2階77.01m²）竣工時の家族構成は老夫婦＋若夫婦＋子供2人。再生では、生活様式が変わった現在の生活に適用させるため、床面積を縮小し、採光や風通しを向上させた

2階平面

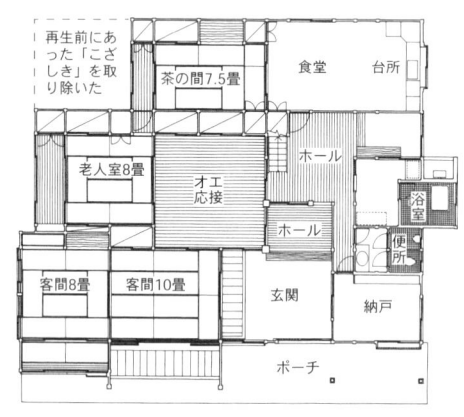

1階平面　S = 1:300

配置

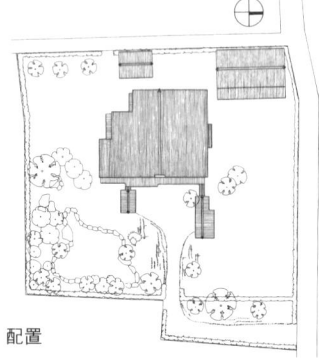

● 主な外部仕上……屋根／亜鉛カラー鉄板横葺、壁／ラスモルタル下地漆喰塗、建具／木製建具・カラーアルミサッシ（内部は木製建具）● 主な内部仕上……天井／玄関は根太天井、応接は吹抜小屋組現し、客間はねずこ竿縁天井、壁／玄関・応接室は漆喰塗、客間はジュラク塗、床／玄関は土間コンクリートモルタル刷毛引き、応接室はナラフローリング、客間は畳

図7 同、応接（73頁下段も参照）

図6 同、食堂

88

に例えれば、もう血が通っていない、脈を打っていない人のような家に訪れたという思いがしました。

この痛んだ家を再生しまして、私の再生民家第1号となりました。若い奥さんの夢をかなえるために、このような台所と食堂を設けました（図6）。

こちらは応接室です（図7）。日本の木造の魅力は、直線的な柱や梁の構成にありますが、これらは屋根のなかに隠れていることが多い自然の曲がった木材です。かつては囲炉裏を使って、煙を抜くために天井を張らない部屋が多くありました。そういうところに見える自然の梁の姿には、言いしれぬたくましさと、そして木を大事に扱っている職人たちの、木に対する愛情のようなものが伝わって、民家のもつ多くの特徴の一面を表現しています。これはこうした梁が見える場所を、応接間へと再生した一例です。

杉戸の家

これは埼玉県の杉戸町の民家です（藤城邸、図8）。正面から見ると、屋根下の庇の瓦が大きく波打っている姿が見えます。普通でしたら、人は住んでいられないような家でした。それが、こういうかたちで再生されました（図9、75頁上段参照）。

この家が完成した時、施主のご親戚の方で、町の中学の先生が、民家を版画にしていて、この完成した民家の一部を借りて展覧会をしました。5月初旬の連休に、玄関を入ったところの土間と、お座敷を借りて、版画の展覧会をすることを町の広報に出したところ、3日間で1100人がここを訪れたのです。外から見ると現代の屋根と違って、茅葺きの屋根が、とても奥ゆかしく上品で、ぜひ家を見せてほしいと思った方が大勢いらしたのです。長い歴史のなかで工夫が加えられ、いいところが残り、そ民家のデザインというものは、

図8 藤城邸の再生前

89

図9 藤城邸（埼玉県北葛飾郡杉戸町）＝1985年4月竣工、木造2階建、敷地面積約3200㎡、建築面積187.19㎡、延床面積212.67㎡（1階177.06㎡、2階35.61㎡）。竣工時の家族構成は夫婦＋老母。約200年前に建てられたもので、過去何回かの増改築がなされていた

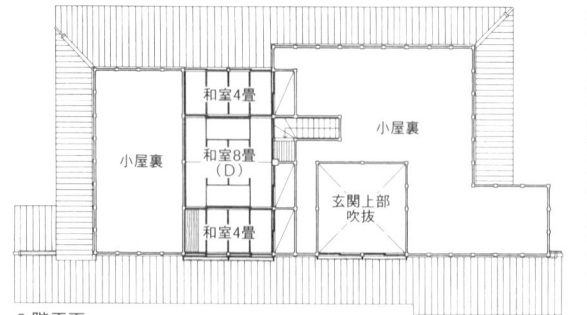

2階平面

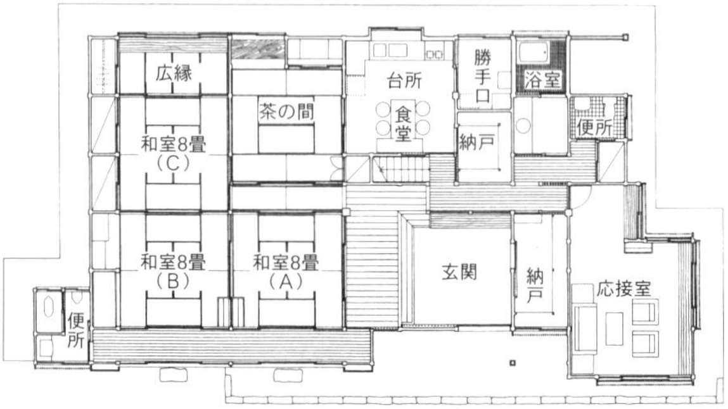

1階平面　S = 1:300

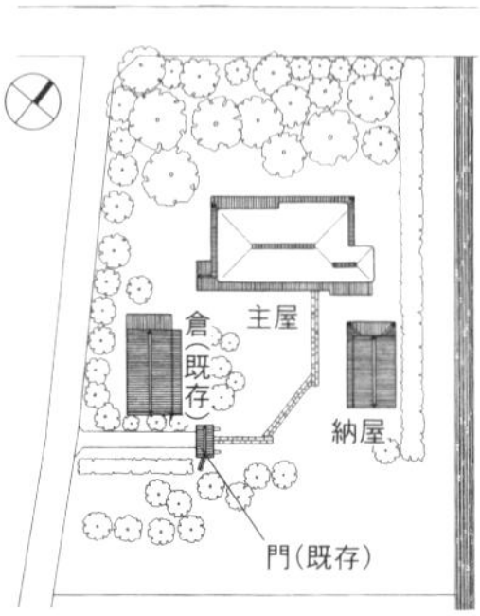

配置

図10 同、再生前の内部。写真右の玄関は、板戸が傾いていた

●主な外部仕上……屋根／茅葺（一部日本瓦葺）、壁／ラスモルタル下地漆喰塗、腰・板張、建具／カラーアルミサッシ、一部木製雨戸●主な内部仕上……天井／玄関は小屋裏化粧天井（旧土間天井材使用）、和室Ａと茶の間は化粧梁根太現し（米松板）、和室ＢＣは竿縁天井杉無垢、2階和室は竿縁天井（ねずこ板）、応接室はプラスターボード下地クロス張、壁／玄関・和室Ａ・茶の間・応接室はラスボード下地漆喰塗、和室ＢＣ・2階和室はラスボード下地ジュラク塗、床／玄関は土間コンクリート下地瓦タイル張（式台はケヤキ板）、和室ＡＢＣ、2階和室はラワン合板下地畳敷込、応接室はラワン合板下地カーペット敷込

図11 同、再生後の玄関

して新しい工夫が加えられて、完成度を高めてきました。これは屋根の意匠だけでなくて、内部においても同じことが言えます。ところが今日の住宅は往々にして、短期間に、ごく少数の人が製図板に向かって、その時の流行を取り入れた新しい設計をする、というようなくり方になる。民家の場合、大勢の人とそれぞれの多くの時代が、今見る、このかたちをつくり上げている。さまざまな時代を経過し、影響を受けているために、時代が変わっても、建物の姿、意匠に古さを感じない。いつになっても美しさはある。また時代や流行が変わっても、人が変わっても古さを感じない。いつになっても美しさはある。新しくはないけれど、いつでも誰でも無理なく生活ができる、そういう内容をもっているのが民家です。

これは再生前の内部の様子です（図10）。柱と板戸の上下の位置で7・5㎝傾いていました。いかに古くなっていたかが分かります。それがこういうかたちで再生されて、健康体に戻りました（図11）。

民家再生の例

これは、臼杵の町並みと再生した民家です（図12）。町並みとは複数の民家が集り並んでいるものなので、建物それぞれの時代や特徴が出ています。こうした家の特徴を生かし利用するために、古い蔵を使って生活の中心の部屋にしました。柱には昔の家の歴史が刻まれていて、不思議な落ち着きがあります。また過去から今日までのこの家の歴史が、それを通して家族に共通した思いを持つことによって、祖先と、そして子孫とをつなぐ絆になっています（図13、75頁下段左参照）。

大阪の吹田市で行った民家再生では、再生した家の一角に、音楽会を開くために新たなピアノが据えられました（74頁参照）。と申しますのは、ご主人と奥さんが、再生した民家を、

図12 大分県臼杵市の町並み。右側は再生した小手川商店と住宅の門

図13 小手川邸の居間と食堂。かつての蔵を再生した

お友達や親戚を招待してお見せしたのです。そうしたら、「素晴らしいわね、昔の日本の民家って素晴らしいじゃないですか。こんな素晴らしさを知らない人は、この周辺にどんなに大勢いるかしれません。あなたたちはご先祖からいただいたから、こういうところで生活できるのだけれど、ただ住んでいるだけじゃなくて、祖先の残してくださった日本の素晴らしい家を周辺の人たちにご案内するのも、あなたたちの役目じゃないですか」というふうに言われたそうです。そのため、ここにピアノを据えて、そして音楽会を開いて、ここに集まっていただきながら、地域の方に民家の良さを伝えているのです。

このように、現代の方たちにとっても、日本の民家というのは素晴らしいものです。民家は良質な木材をふんだんに使っているということもありますが、そこにこもっている精神的なもの、これが日本の人たちの心を育て、守ってきたのだろうと思います。

年を経た木材

こちらの例は幾分、洋風がかった再生の方法です(図14、75頁下段右参照)。この中にあって特に魅力的なのは、歴史を経過した木材の持っている落ち着きです。新しい木材というのは、伐採した木から、その中の一部を抜き取ったものであり、新たに生まれたのと等しいものです。日本では昔から、木は2度生きると言われてきました。最初はもちろん、地面に根を張って、成長しながら毎年年輪を刻む一生です。それらの木は伐採され用材になってからも、一年一年、年を取っていくということで、木は2度生きるといわれている木材です。これは5歳とか10歳の家で使われている木は、年齢ですと200歳になっているのです。この新しい木とは全然違った趣をもっており、木が生きものであるという中でこそ初めて漂う美です。

図14 三村邸(神奈川県横浜市)の居間。櫓(やぐら)造り民家(甲府)からの解体材を使っている

図15 小沢邸。中央に囲炉裏を置く

こちらは新築住宅ですが、中に囲炉裏があります（図15）。畳と床の間、あるいは縁側というようなもの、これは日本独特のものです。囲炉裏があった昔の生活が、今見ても決して古くない、違和感がないのは、民家が、長い歴史と大勢の人たちの感性によって出来上がったものであり、さまざまな時代感覚を内に秘めているものだからです。ですから今後、時代が変わっても、この家に漂う美しさは失われないと思います。

再生の方法

再生の方法ですが、古民家にとって一番弱いところは基礎です。図中（図16）にあるように、1番目の現状に対して、2番目で既存の壁を取り、それから3番目で建物を持ち上げて、その下に今日のきちんとした基礎をつくり、耐震的に、また長もちするようにします。そして4番目、基礎と建物とを定着させて、新に屋根を架けた建物を持ち上げて、壁を付けて完成となります。上の図は屋根を架けたまま建物を持ち上げて、基礎工事をしています。下の図は屋根を取って軽くして、雨をしのぐシートなどをかけておいて、軽くなったところで持ち上げて、下に基礎工事をします。

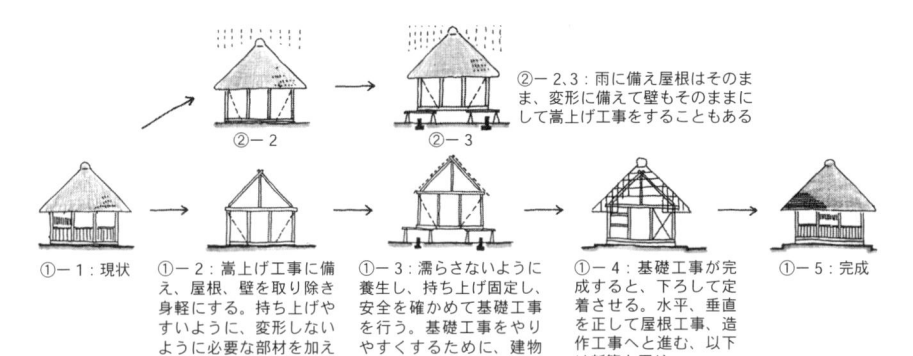

①-1：現状

①-2：嵩上げ工事に備え、屋根、壁を取り除き身軽にする。持ち上げやすいように、変形しないように必要な部材を加える（土台、柱筋交い等）

①-3：濡らさないように養生し、持ち上げ固定し、安全を確かめて基礎工事を行う。基礎工事をやりやすくするために、建物を移動することもある

①-4：基礎工事が完成すると、下ろして定着させる。水平、垂直を正して屋根工事、造作工事へと進む、以下は新築と同じ

①-5：完成

②-2、3：雨に備え屋根はそのまま、変形に備えて壁もそのままにして嵩上げ工事をすることもある

図16 民家再生工事の順序

図17 基礎工事、嵩上げ

図18 同、新しい基礎の打設

民家の再生に込めた思い

時間になりましたが、一つだけお話しさせてください。内村鑑三（注6）先生が大正15年、昭和元年ですが、いつも軽井沢へ避暑に行かれる時に、定宿としているホテルがありました。そこのご主人が亡くなりまして、20歳の息子さんが家業を継ぐことになった。内村鑑三先生は「成功の秘訣」十箇条というのを原稿用紙に書いて、跡を継ぐ息子さんに送ったのです。その「成功の秘訣」はまさに真理だったので、息子さんは大事にして、それをホテルの売店でお分けしていた。それを私は、今から25年ほど前に譲ってもらったのです。

その中に、こういう一節があります。十箇条ある内の、その一つです。

「成功本位の米国主義に倣ふべからず、誠実本位の日本主義に則るべし」

それからもう80年以上が経過しましたが、今日はまさにこの言葉が身に染み、心に染みます。今日の企業のもろもろの問題も、成功本位からです。結果さえ良ければいい、儲かりさえすればよい。途中の経過は二の次だという。そういう中において、さまざまな問題が起きている。それは企業ばかりではなく、我々の家庭においても、そういう面があります。

かつて外国人が日本を訪れた際、その多くは、日本の人たちはとても親切だ、そして目がきれいだと言っています。ラフカディオ・ハーン（注7）も、日本人は非常に自然を大事にする、そしてとても親切で、人間関係が非常に素晴らしいと述べていますが、それは言うなれば、誠実本位の日本主義だったからです。そういう中において、私は、この民家の再生をしながら思うことは、ただ便利で快適な成功本位的ではなくて、誠実本位の日本主義が行われるような民家の再生を心掛けねばならない。またそれを通して、誠実本位の日本にもう一度戻ってほしいということを、民家の再生に込めていきたいと思います。

注6　内村鑑三（1861—1930年）＝文学者、キリスト教思想家・伝道者。「成功の秘訣」は1926年、内村鑑三65歳の時に書かれたもの

注7　パトリック・ラフカディオ・ハーン（1850—1904年）＝小説家、随筆家、日本研究家。1896年に帰化、日本名は小泉八雲。代表作は『骨董』『怪談』など

南イタリアの歴史的都市の再生

陣内秀信

じんない ひでのぶ
建築史家
法政大学デザイン工学部建築学科教授
工学博士
1973年から75年にかけてイタリア政府給費留学生としてヴェネツィア建築大学に留学、翌年はユネスコのローマ・センターに留学。帰国後、83年東京大学大学院博士課程修了。同大学助手、法政大学助教授を経て、90年法政大学教授。ヴェネツィアとの比較から江戸・戦前の東京が水の都であったことを論じた『東京の空間人類学』で78年にサントリー学芸賞、建築史学会賞、日本建築学会賞などを受賞

今、降幡先生の感慨深いお話をうかがって、日本の民家が、いかに普遍性を持つものであるか再認識するとともに、また現代の我々にとっても、非常に価値のある存在だと思いました。今日の私のお話は、ちょうど木造と対極にある、石づくりの家についてです。

私のイタリアとの付き合いも37～38年ぐらいになります。イタリアの状況をずっと見ていますと、本当に大きく変化してきました。同国での建築再生の取り組みは非常に早かったのですが、その目指すもの、実現したものの範囲はかなり広がり、現在ではさらに面白い展開になっていると思います。その軌跡を急ぎ足でたどりながら、今回は南イタリアの中でも最も代表的な、プーリア地方を中心にご紹介します。

先ほど講演者の田原さんと「考えてみると1975年ごろは熱かったよね」という話になりました。当時は日本もヨーロッパも、建築と都市の再生に向けての新しい試みがたくさん出てきました。

私は1973～76年にイタリアに留学していました。当時、ボローニャという街では、非常に先進的な試みを進めていました（図1）。老朽化した歴史的街区のかなり広い範囲をローコストの庶民用住宅として再生する、郊外にニュータウンをつくる代わりに、歴史的街区の修復再生にお金をかけるという、非常に画期的な事業を始めたのです。建物のアイデンティティをキープしながら、伝統的空間の骨格を生かして再生したのですが、これが非常に成功しました。その後、都市の中の住宅は、個人あるいは民間企業などの小さい単位で、より

高い品質で保存、再生、修復を進めていく時代が来ました。

チェントロ・ストリコの再生

1970年代末から80年代にかけて、イタリアではチェントロ・ストリコ（歴史的中心地区）に残る古い建物、日本では町家にあたるものをもっと集合住宅化した建物ですが、これを再生する事業が一般化してきました。

これはトレヴィーゾという街です（図2）。街の端から端まで歩いても15分ぐらいの小さな街ですが、町中に住むのは非常に快適で、しかも充実感がある。歴史的街区の再生とともに商業も活性化されて、人が再び旧市街に集まるようになりました。この街はベネトン社の故郷でもあり、ファッションやグルメのタウンでもあります。歴史的な建物を生かしながら、街全体が元気になってきた時代、これが1980年代なのです。

降幡先生は日本文化における自然との調和をお話しされていましたが、石やレンガの文化であるヨーロッパでも、自然の再発見、再評価が進みました。1980年代は、都市と自然のあり方が、大きなテーマの一つだったと思います。この町では城壁だったところに、緑のプロムナードができた。かつての堀や城門の辺り、また街の中にも流れている清流が、さりげなく生かされています（図3）。

田園の再評価

その次のステップとして同じく1980年代に、田園の評価が起こりました。これはトスカーナ地方や北イタリアのヴェネト地方など、裕福な地域から始まりました。日本の場合は、民家の再生が最初にあって、その次に町家に移っていったと思いますが、イタリアの場合は、

図1 ボローニャの都市再生の試み

図2 トレヴィーゾの中心広場

96

都市内に残る歴史的建物が最初に注目され、その後に周辺の小さい村々、日本で言う集落へと視点が移っていきました。

最初にトスカーナが評価されましたが、外国人が評価してくれた。そうすると地元の人もフランスやドイツの人もこういう小さな街が好きたちで広がっていきました。やがては、それまで誰もあまり価値を感じていなかった田園風景へと、興味が広がっていったのです。1980年代に入ると、フィレンツェの土産物屋でも、トスカーナの田園風景が絵はがきの素材になった。都市周辺の風景を美しいと、みんな思い始めたわけですね。これはやはり、文明の成熟だと思います。

カルチュラル・ランドスケープ

我々が親しくしているローマ大学のP・ファリーニ先生は、大いに頑張って分厚い調査報告をまとめられて、その甲斐あって、トスカーナ地方にあるオルチャ渓谷の小さな五つの街が連合して、世界文化遺産に登録されました（図4）。こうしたカルチュラル・ランドスケープ（文化的景観）は近年、非常に注目されています。こうした畑や田園を開発する中には、古代エトルリア、ローマ文明の名残があるし、そして中世のいろいろな段階で、人間の手が加わっている。今見る自然風景は、人間の創意工夫と美意識がもたらした、カルチュラルな風景なのです。

そして1985年、歴史家であり、当時文化省政務次官だったG・ガラッソの提唱で、自然環境だけでなく歴史的景観としての集落や田園を含めた環境を保護する目的の景観法（通称ガラッソ法）という法律が制定されました。これはヴェネト地方のヴィチェンツァ近郊で訪ねた、アグリツーリズモと呼ばれる農家民宿です（図5）。降幡先生のお話の中で、まず

図3 清流と緑が美しいトレヴィーゾの街

図4 オルチャ渓谷の田園風景（ユネスコ世界文化遺産）

傾きかけてぼろぼろの民家の姿が映し出され、その後に見事に再生された作品が紹介されていましたが、イタリアでも主人に聞きますと、昔はこんなひどい状態だったという古い写真を、たいてい見せてくれます。再生がいかに大変だったか、いかに楽しみながら創意工夫してやったかを話してくれるのです。そしてこんな風にぴしゃっと出来上がりまして、見事にアグリツーリズモとして機能しています。

南イタリアの都市再生

最近では南イタリアが非常に注目されています（図6）。1970年代から80年代にかけて、ヨーロッパ全体で共通して歴史的なものを評価し、建築家がその再生デザインを行うようになった。こうした時代の中、南イタリアにもだんだんと、都市再生のアクティビティが下りてきたわけです。

このような目で見つめ直すと、まず歴史が古い。そして、古い建物がより多い。建材も石が多いので、より持久力がある。ただ近代化に遅れたために取り残され、貧しいままに放置され、近代への幻想がずっと続いていた。ところがようやくこの10年で、南イタリアの都市が徐々に甦ってきたのです。

図5　ヴィチェンツァ近郊のアグリツーリズモ（農家民宿）

図6　南イタリアのプーリア州はイタリア半島の「かかと」に位置する

図7　トラーニ、ロマネスクの教会（右）と城（カステッロ、左）

トラーニ

トラーニという街は、以前はロマネスクの教会だけが有名でした（図7）。歴史的地区は半ばスラム化しており、旧港もあまり人気がなかった。一方で街の反対側には立派で近代的な都市空間があり（図8）、以前はこちらばかりに光が当たっていたのですが、だんだんと歴史的な地区へと関心が移ってきたのです。

成熟した時代において、より豊かさと個性、地域性があり、ドラマチックな空間を求める段階になってくると、歴史をもつ地域固有の都市空間が見直されてきた。そこで効力を発揮したのが、建築の再生です。この城も修復、再生されて、国際会議やイベントのための公共空間になりました（図9）。私も国際会議に招かれて行きましたが、この街全体が見事に甦っている姿にびっくりしました。

普通の集合住宅の1階にも、新しい店舗がどんどんオープンしました。「エノテカ」と呼ばれるワインショップが出てくると、都市再生の徴候が現れたしるしです（図10）。エノテカは都市周辺の農家、ワイナリーを回って、地産のワインを集めて販売している。だからその営業は、田園の評価にもつながっているわけなのです。

こちらは夜の港周辺です（図11）。夏の間は深夜の1

図8 同、緑の多い近代の街並み

図9 同、修復・再生され、多目的に活用される城

図10 同、エノテカの店内

図11 同、夜の港周辺の風景

時、2時まで、賑やかに人であふれています。みんな古い街、港の周り、そして歴史的な、甦りつつある建物のレストランやバーで食事をし、くつろぎ、本当に豊かな空間と時間を共有しています。

ガッリーポリ

ガッリーポリは南イタリアの中でも最も南に位置する、島の中にある街です（図12）。ここは古代ギリシャ起源の街ですが、迷宮のような中世の都市空間が見られます。個性的な旧市街には、本当に豊かなパラッツォ（貴族の邸宅）が残り、そして中流階級の建物前面には「ミニャーノ」とよばれる特徴的なバルコニーがある。各所に伸びる袋小路と、社会階級に応じて伝統技術を使った古い石造の建物が、さまざまなバラエティをもちながら個性的な都市空間を構成しています（図13）。

具体的には個々の住宅レベルで修復、再生が少しずつ進んでいるわけですが、並行して、もう少しお金をかけた宿泊施設あるいはレストラン、商業空間の開発も進んでいます。今は特にB&B（ベッド&ブレックファースト）といって、地元住民でも簡単に開設できる民宿が大流行しています。旧市内に数多く見られます。

図12 ガッリーポリ、上空からの写真。左側の島には迷宮のようなチェントロ・ストリコの街並みが残る。右側は区画された近代的な街並み

図13 同、歴史的建物で構成される都市空間。右はパラッツォ、左はミニャーノのある前庭型住居

この建物はもともと、中流階級の1家族用の住まいで、前庭があり、外階段を上がると道側にはミニャーノもあります。この住宅の1階がB&Bになります（図14）。パティオ（中庭）に面して客室を置き、もともとの家族は2階に住んでいます。そんなにお金をかけて改造したわけではないのですが、もともとの躯体がしっかりしているので、ちょっとセンスよく手を入れれば、本当に見違えるようになる。現代のセンスで歴史的空間をまとめ直しているのです。

こちらは18世紀バロック様式の、素晴らしいパラッツォです（図15）。南イタリアでは、迷宮空間の中にバロックが入り込み、独自の都市空間としての面白さを持っています。ガッリーポリを代表する名家であり、リソルジメント（19世紀イタリアの近代化運動）の花形女性を生みだした家系なのですが、その屋敷の一部がB&Bになりました。

こちらは大広間です（図16）。このゴージャスな空間は、歴史的様式をキープしながら修復されました。その一方、B&Bに改装された部分は食堂、客室として、それぞれ現代的に甦りました。1週間に一度、宿泊客は貴族の住宅全体を見学できます。ですから、まさに貴族になったような気分で滞在できるわけです。

こちらもパラッツォの一部がB&Bになっている例です

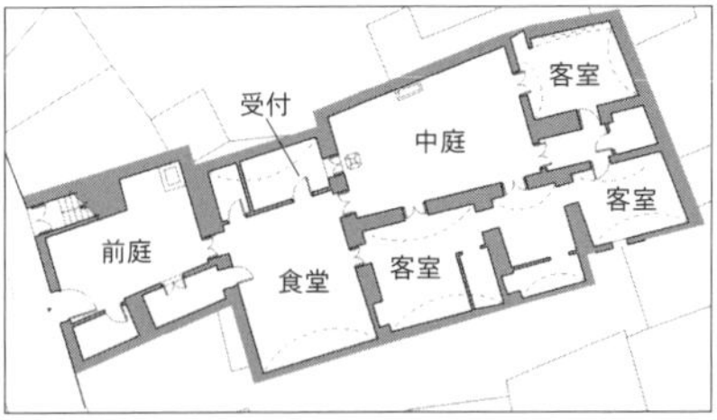

図14 同、中流階級の住まいを改装したB&B。写真はパティオ（中庭）

図15 同、B&Bを開設したパラッツォ。左はそのパンフレットの一部

図16 同、図15のパラッツォの大広間

101

（図17）。ここのオーナーの奥さまと一緒に、海を見ながら大広間で朝食が食べられる。この家族はもう一軒、田園の中でB&Bを経営しています。貴族はもともと、市外に農場を持っているのが常であり、都市と田園がつながっているのがイタリアの大きな特徴です。

農場で採れた果物をジャムにして、田園や市内のB&Bで朝食を食べる。まさに地産地消です。

ライフスタイルの見直しと建築再生

建築の再生は、我々の現代の暮らし、ライフスタイルや価値観全部をもう一回見直す、ということとリンクしています。現代の我々にとって自然との調和とは、もう一回自然を取り戻すということと、建築資産の見直し、活用というものが結びついている気がするのです。つまりイタリアに今起こっていることは、歴史的資産と自然の恵み、この両方を現代的なかたちで取り戻そう、という動きではないかと思います。

急ぎ足ながら、田園の甦った農場を幾つか、ご紹介します。マッセリアと呼ばれる農場が再生され、新しい命を与えられました（図18）。もともとの所有者ではなく、お金持ちやクリエイティブなセンスを持っている人が買い取っ

図17 ガッリーポリ、パラッツォを改装したB&B。写真は大広間

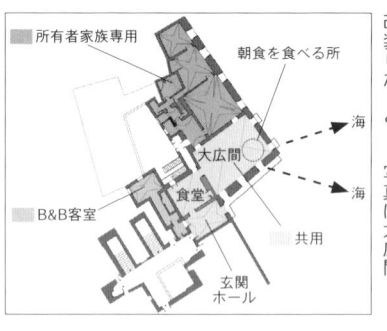

図18 農場（マッセリア）を再生したアグリツーリズモの施設

て、新たな企業家意識で経営する例もありますが、この場合でも農場を経営し続けることが義務付けられています。

今、アグリツーリズモが各地で盛んになっています。アグリツーリズモはトスカーナから始まって、その後に法律でも擁護され、今ではサルデーニャでも、シチリアでも、プーリアでもどんどん起こっています。さり気ない普通の民家、農家、町家が、すべて工夫次第で、戦後つくられてきた近代建築よりも、もっともっと個性的で豊かな生活の器として甦る、ということをみんな察知してきたわけです（図19）。

オトラント

最後にオトラントという、生活感あふれる都市をご紹介します。これは写真家の鈴木知之さんがつくった報告書のページですが、写真をコンピュータ上でつないで連続立面図にしました（図20）。

ここは非常に生き生きとしたバカンス都市で、地元の人以外にも、周辺の町から来た人、大都市や移民先から帰省する人々など、いろいろな立場の人たちが長期滞在して、それぞれ建物を修復、再生しながら、夏場1カ月の生活をエンジョイしています。そういう場として、歴史的な建造

図19 アグリツーリズモでの農作業スペースの再生。家畜小屋（右）を客室に再生した（左）

図20 オトラント、合成写真による連続立面図

物が大いに生かされている。これはここ5〜10年の、非常に最近の現象です。

こちらは報告書の表紙に使ったショップですが、全部、石造のヴォールト天井です（図21）。まさに建築の原点ともいえる素朴な建物を、現代のセンスでデザインすると、今の我々の感覚にぴったりな空間になるわけです。南イタリアでは、こういう歴史的なものが永らく無視されていました。日本の木造民家の素晴らしさと同時に、イタリアの、この何でもない石造の民家の素晴らしさというものが、奥深くあるのだということを痛感します。

サルデーニャ

我々がサルデーニャ島で出版した、日本語、イタリア語、サルデーニャ語と英語の4カ国語による本が幸い評価されて、サルデーニャ建築家協会から表彰されました。こちらはその際のエクスカーションでのひとこまです。山岳部の本当に小さな村に残る、ローカルな鉄道遺構をミュージアムにしている例です（図22）。

マリア・ライという、すごく面白いインスタレーションや環境アートをやっている女流アーティストがいるのですが、日本にも来たことがあります。彼女の生まれ故郷に、こうした車庫やプラットホームが見えるローカル鉄道の終着駅がありました。これが再生されました。周りにはサルデーニャの素晴らしい風景が広がっている。海も見える。山も見える。さり気ない空間ですが、こんなところに大変しゃれた現代的なセンスで、アートの発信基地ができたわけです。

建築再生というのは、最も現代のアートとも結びつくし、さらには地元の文化を掘り起こし、歴史とイマジネーションを膨らましてくれる、大変可能性のある分野だということを、この小さな経験から味わいました。

図21 オトラント、石造のヴォールト天井をもつショップ

図22 サルデーニャ、鉄道遺構を改装したミュージアム

建築の保存デザイン

田原幸夫

私が実務家として保存修復の仕事を始めたのは、今から25年ぐらい前になります。1980年代にベルギーのルーヴァン・カトリック大学にありますコンサーヴェーションセンター（保存修復研究所、図1）に留学したのが、私が保存修復を手がけ始めた、そもそものきっかけでした。こちらはアレンベルフ城と呼ばれておりまして、16世紀の貴族の館をそのまま大学の研究所として活用している、非常に象徴的な場所です。

ヴェニス憲章

当時、このセンターにはレイモン・ルメール教授という、世界的な保存の権威がいらっしゃいました。私はまず、その教授のもとで「ヴェニス憲章」を勉強するところから始めました（注1）。ユネスコ世界遺産（文化遺産）の概念の中にも、この憲章をベースにオーセンティシティ（Authenticity）という考え方が取り入れられています。

この憲章は、正式には「記念建造物および遺跡の保全と修復のための国際憲章」と呼ばれています。制定されたのは1964年ですが、いまだに基本的な理念は古びていないと思っております。

前文の中で、文化遺産とは人類共通の財産である、と言っております。その後に、オーセンティシティ（憲章の日本語定訳では「真正な価値」）という言葉が出てまいります。そして、我々実務家にとって非常に大きなテーマは、修復をする場合には推測でやっては

たはら　ゆきお
建築家
ジェイアール東日本建築設計事務所
丸の内プロジェクト設計監理総括
東京駅丸の内駅舎保存・復原プロジェクト設計監理総括
1973年京都大学工学部土木工学科卒業、75年同大学同学部建築学科卒業、83年ベルギー政府フェローとしてルーヴァン・カトリック大学コンサーヴェーションセンター留学。日本設計を経て現職。イコモス日本国内委員会理事などを歴任

ならない、とうたわれていることです。過去になかったものを、自分たちで勝手につくりだしてしまうことは、歴史を偽造することになるわけです。

また、修復の場合には往々にして、オリジナルの姿に戻すことが最大のテーマになります。しかし必ずしもそれだけではなくて、建物がたどってきたそれぞれの時代の重要なところは大切に残していくべきだ、というのが、現代の保存・修復理念の基本にもなっています。これは非常に重要なことです。

さらに、これはデザイナーにとって一番分かりやすいテーマですが、古いものに手を加える場合には、全体と調和して一体となるようにすると同時に、オリジナルの部分と区別できるようにしなければならない。新しい要素が、古いものとまったく区別がつかなくなってもいけないし、まったく違和感のあるデザインを行って、全体が調和しなくてもおかしいのです。

もう一つ、今の日本で非常に大きなテーマは、復元についてです。復元とは、あくまでも新しい材料によるつくり直しを意味する言葉であり、保存とは違います。ですから「ヴェニス憲章」でも、リコンストラクションという意味における復元は、一切排除されています。ただ「アナスタイローシス」と呼ばれる、現地に残っているオリジナルの材料を組み上げる作業は、許されるとしている。これは材料のオーセンティシティに絶対的な重きを置いた概念ですが、現在は徐々に考え方が変わりつつあります。

グラン・ベギナージュの再生

ルーヴァンの街（図2）にはグラン・ベギナージュという10 haほどの、13世紀を起源とする女性だけの宗教的なコミュニティによって建設された地区が残っており、ルメール教授の

図1　ルーヴァン・カトリック大学コンサーヴェーションセンター（ベルギー）。手前の四角い現代建築はルメール教授の設計による講義室。奥のアレンベルフ城と材料を合わせつつ現代の表現としている

106

ヴェニス憲章（抜粋）
記念建造物および遺跡の保全と修復のための国際憲章

1964年　第2回歴史記念建造物に関する建築家・技術者国際会議（ヴェネツィア）
1965年　イコモス採択

前文（抜粋）　幾世代もの人々が残した歴史的に重要な記念建造物は、過去からのメッセージを豊かに含んでおり、長期にわたる伝統の生きた証拠として現在に伝えられている。今日、人々はますます人間的な諸価値はひとつであると意識するようになり、古い記念建造物を**人類共有の財産**とみなすようになってきた。未来の世代のために、これらの記念建造物を守っていこうという共同の責任も認識されるようになった。こうした記念建造物の**真正な価値（authenticity）** を完全に守りながら後世に伝えていくことが、われわれの義務となっている。

第1条　「歴史的記念建造物」には、単一の建築作品だけでなく、特定の文明、重要な発展、あるいは歴史的に重要な事件の証拠が見いだされる都市および田園の建築的環境も含まれる。「歴史的記念建造物」という考えは、偉大な芸術作品だけでなく、より地味な過去の建造物で時の経過とともに文化的な重要性を獲得したものにも適用される。

第3条　記念建造物の保存と修復の目的は、それらを芸術作品として保護するのと同等に、歴史的な証拠として保護することである。

第9条（抜粋）　修復（restoration）は高度に専門的な作業である。修復の目的は、記念建造物の美的価値と歴史的価値を保存し、明示することにあり、オリジナルな材料と確実な資料を尊重することに基づく。**推測による修復を行ってはならない**。

第11条（抜粋）　ある記念建造物に寄与した**すべての時代の正当な貢献**を尊重すべきである。様式の統一は修復の目的ではないからである。

第12条　欠損部分の補修（replacement）は、**それが全体と調和して一体となるように行わなければならないが、同時にオリジナルな部分と区別できるようにしなければならない**。これは、修復が芸術的あるいは歴史的証拠を誤り伝えることのないようにするためである。

第15条（抜粋）　**復元工事（reconstruction work）はいっさい理屈抜きに排除しておくべきである**。ただアナスタイローシス、すなわち、現地に残っているが、ばらばらになっている部材を組み立てることだけは許される。

日本イコモス国内委員会訳に著者一部加筆。太字、（ ）内は著者

注1　ヴェニス憲章＝歴史的建造物の保存に関する国際憲章。1964年にヴェネツィアで開催された第2回歴史記念建造物に関する建築家・技術者国際会議において採択された。1931年のアテネ憲章を基本的に継承したもので16条から成る。なお、レイモン・ルメール氏はヴェニス憲章起草時の書記長。ヴェニス憲章起草の翌年にイコモス（International Council on Monuments and Sites　国際記念物遺跡会議）が国際的な文化遺産保存の専門家による非政府組織（NGO）として誕生。現在はユネスコの記念物および遺跡の保護に関する諮問機関であり、世界遺産登録の審査、モニタリングなども行っている。31年のアテネ憲章は国際博物館事務局の呼びかけにより、ギリシャ・ローマの遺跡保存への対応を主眼とした都市計画および建築に関する理念のアテネ憲章とは別にアテネで開催された国際会議の決議文。これをもとに作成された宣言が、翌年の国際連盟の総会において採択された。CIAM（近代建築国際会議）が1933年に発表・採択された

研究室では、その修復工事を指導していました。残されている建築は17〜18世紀につくられたものです。私は幸運にも、その中の手付かずの地区の修復設計に参加させていただいて、ヴェニス憲章を実践的に学ぶことができました。

ここでは第1条の文章が、非常に象徴的に反映されていると思います。つまり歴史的記念建造物とは、偉大な建築作品だけではない。地味な過去の建造物でも、時の経過とともに文化的な重要性を獲得したものには適用される、という考え方です。

この地区はフランダース地方によく見られる、レンガの家並みが連なった地区です。今日の私の話も、ほとんどレンガに関する話です。これは期せずして降幡先生の木造、陣内先生の石造に続いて、建築材料別のシリーズという面白い結果になりました。

これはグラン・ベギナージュ地区の再生後の写真です（図3）。地区の中心部には教会があり、一つの街になっています。周りはレンガの壁で囲われていて、門が何カ所かあり、かつては夜になると木戸が閉まって、誰も立ち入れなくなりました。

修復の仕事というのは、出来上がったものを見るよりも、意外と何ということはない、と思われることが多い。ですから修復前の状態を見ていただくのが、一番良いでしょう（図4）。このように誰が見ても、これは取り壊したほうが良いのではないかと思うような状態だったわけです。こういったものの価値をプロとして見抜くのが、修復建築家として非常に重要だということを、この時に強く教えられました。

工事は1964年から続いていましたが、1990年に全地区の修復が完了して、1998年にユネスコ世界遺産に登録されました。こうした、いわゆるバナキュラーな、群としての建築も、世界遺産として認知される時代になってきたのです。クロスウインドウと呼ばれる、石の十文字の枠を持つ象徴的なデザインの窓も、すべて改

図2　ベルギー・ルーヴァンは、ブリュッセルの東25kmに位置するフラームス・ブラバント州の州都

図3　グラン・ベギナージュ、再生後の中心部

変されていました。先ほど、すべての時代の貢献を大切にする、と申しましたが、この辺りはあくまでもオリジナルのデザインを評価して、厳密に当初の形状に戻していきました（図5）。

内部はもともと、女性たちの暮らす共同住宅で、屋根裏は使われていませんでした。ルーヴァン大学が全街区を買い取り、学生たちのアパート、教授の住宅、あるいは研究室や会議場として再生しました。これは屋根裏に設けられた、学生たちの部屋です（図6）。小屋組みや梁、階段には、とても立派な樫の木が使われております。現代においてはこうした材料も非常に貴重なものです。

調和しつつ区別できるデザインを象徴する一例を見てみましょう（図7）。増築部分は、レンガ造の

図4　同、再生前後の様子。1964年から修復工事が続けられ、90年に完了。98年に世界遺産に登録された

図5　同、窓周りの修復。クロスウインドウの窓も当初の形に戻して修復した

図6　同、学生寮に改装された屋根裏

図7　同、増築部（中央）と既存部（左）。調和しつつも区別できるデザインとしている

全体の中に、非常に自然に納まっていますが、近づいてみると、下までスリットが切られたガラスの構成になっていて、屋根材も変えている。デザイン手法も現代的であり、ここは明らかに現代の仕事だと分かります。しかし全体としては、17世紀の建物との調和を崩していない。こういうことをしながら、各時代の痕跡をうまく残していくというのが、グラン・ベギナージュにおける修復の仕事の基本的なデザイン理念でした。

東京の変遷

私は1975年に東京で設計の仕事を始めましたが、勤め始めて2年目ぐらいに、東京じゅう歩き回って写真を撮りました。これは1977年の東京ですが、2007年にはこのように変わった（図8）。ここにあるのは私がヨーロッパで勉強してきたこととはまったく違う、経済の問題です。日本の現代都市においては、保存プロジェクトをいかに経済的に成り立たせるかをまず第一に考えねばならない。それがないと、プロジェクト自体が成立しないわけです。

ここに映っている明治生命館も、後ろに高いタワーを建てたことによって、全体の経済的バランスの中で残すことができた。そういったことと保存の理念とを、いかに折り合いをつけていくか。オーセンティシティを経済のシステムの中でどう考えるかが、私にとっての一つのライフワークでもあります。

東京駅丸の内駅舎の保存デザイン

東京駅は現在、超高層ビル群の中に沈んだかたちになっていますが、昔は駅周辺の建物はすべて高さ100尺、31mまでと規制されていました。これは丸の内地区の変遷を示す鳥瞰

図8　東京・丸の内の変化。明治生命館は1934年竣工、岡田信一郎設計。97年に昭和の建造物として初めて国の重要文化財に指定された

1977年　明治生命館

2007年

写真です（図9）。皆さん、この写真を見て「昔は建物のスカイラインがそろっていて美しかった」と言われますが、実は「特例容積率適用地区制度」（注2）によって、東京駅の使われていない容積を、超高層計画で容積が必要な周辺街区に売却することで、東京駅の修復プロジェクトは経済的に成り立っているのです。単なる理念では解決できない課題に囲まれながら、何を最善のものとしていくかということが、特に都市の中における保存プロジェクトにとっては、非常に大きなテーマなのです。

今日は、私が設計監理チームの一員としてかかわっている、東京駅丸の内駅舎の保存・復原における主要な課題について、少し触れさせていただきます。

JR東日本は、国の重要文化財である東京駅丸の内駅舎の保存・復原工事を2007年5月に着工しました。当時のプレス発表には〝駅舎の安全性と利便性の向上を図りながら、駅舎の恒久的な活用を実現するとともに、文化遺産である歴史的建造物を未来に継承し、首都東京の風格ある都市形成に貢献する〟とあり、我が国の重要文化財の保存と活用にとっては、新たな時代を切り拓く画期的な事業として期待されております。

さて、設計者としての視点から、いくつかの課題についてお話をします。まずは先ほど申し上げた、「復元」というものは世界的にも、非常に厳しい関係です。現在、「復元」というものは世界的にも、非常に厳しい関係です。

図9 東京駅周辺の俯瞰
1978年　2006年

注2　大手町・丸の内・有楽町地区特例容積率適用地域＝東京都は東京駅周辺地区の都市計画・整備・保全などを誘導・制御するため、同地区（約117ha）を特例容積率適用地区に指定した。特例容積率適用地区制度の最初で唯一の適用地域でもある。地区内では容積率や高さの上限など一定の制限のもとに、各建築敷地間で容積率の移転ができることにした。容積率の敷地間での移転は、高度利用地区ほかでも原則として隣接していれば行うことができる。特例容積率適用地区は、隣接していなくても、その地区内ならば行えることが特徴。「空中権売買」などとも呼ばれている。東京駅の保存・復原工事においては、容積率による残余床面積を分割して他の建物に移転している

111

く制限されています。ただ、戦災によって失われたものについては、そのコンセプトなり状況によっては、復元も認められ得るというのが、ユネスコなどの考え方です。一方、丸の内駅舎の場合、1945年の空襲で失われた部分を、厳密な資料に基づき原型に戻す、ということであり、これを日本では「復原」と呼んでいます。戦災でダメージを受けた建物を修復して、辰野金吾（注3）のオリジナルデザインに戻す今回の復原は、現代におけるグローバルな保存の理念に照らしても、十分な正当性がある、と私は考えております。

また、すべての時代の正当な貢献を尊重するという点については、面白いディテールがあります。丸の内駅舎には一部、後世の増築部が残されていますが、オリジナルのコーナーから面を少しずらしながら、増築部の壁面をつなげています（図10）。これは増築の痕跡を残しつつ、既存部との調和を意識した、なかなか巧みなやり方ですので、当初のものではないけれども保存する予定です。

また保存というのは、ハードだけではなくシステムやプロセスを含んだテーマです。建物は使い続けられるのですから、長く生きられるのですから、いかに維持管理をしていくかという、メンテナンスへの配慮を含めた「保存のシステム」も、設計者にとっては大きなテーマなのです。これらの多くの課題に取り組みながら、2012年の完成を目指して作業中です。

これは、鉄骨が上棟された時の写真です（図11）。実に細かく、2mピッチぐらいで鉄骨が入っており、関東大震災でもびくともしなかった。これが竣工時の写真です（図12）。しかし1945年5月に駅舎は戦災を被り、特徴的なドームも失われてしまいました（図13）。

ここで特筆すべきは、終戦直後、当時の技術者たちが資材のない中、非常に短期間で今の形をつくり上げたことです。屋根と建具・内装は完全に焼失してしまい、外壁もかなりダメージが大きかったので、中央部と南北ドーム以外の部分はあえて1層削って、2階にしたの

注3　辰野金吾（1854-1919年）＝1879年工部大学校（後の帝国大学工科大学、現在の東京大学工学部）造家学科第1期生として主席で卒業。英国留学後に工部大学校教授に就任。帝国大学工科大学学長、日本建築学会会長を歴任。明治期における建築家の第一人者で、東京駅のほか日本銀行本店など多くの作品が現存している

図10　東京駅丸の内駅舎、増築部分の壁面

図11 東京駅丸の内駅舎、鉄骨の上棟時

図12 同、竣工時

図13 同、戦災による破壊状況

図14 同、戦災復興時

図15 同、保存・復原計画案（2012年完成予定）

です。かつてドームがあった位置には、形状を単純化した多面体の屋根を架けた（図14）。丸の内駅舎が現在まで、取り壊されることなく建ち続けたということについては、こうした戦災復興時の技術者、デザイナーの貢献によるところが非常に大きい、と私は思っています。

実は現在でも、ドームの内部には当初のレリーフの一部が残っており、それを修復しつつ、屋根を復原するというのが、今回のプロジェクトにおける大きなテーマの一つです（図15）。

今回、駅舎は免震化によって、隣接する建物と地震時の動的性状が大きく異なってくるわけですが、総武地下駅・中央線高架橋という既存構造物に囲まれた特殊な条件の中、構造設計者は相当苦労して計画を成立させました。今回の大きな貢献の一つだと思います（図16）。

隣接部分との関係では、現在、中央線側1階には店舗などが張り付いていて、赤レンガの駅舎が見えません。これらは撤去して、赤レンガの外壁が見えるようにします。駅舎と中央線の間には各種配管・ダクトなどが通っており大変

図16　東京駅丸の内駅舎　周辺状況

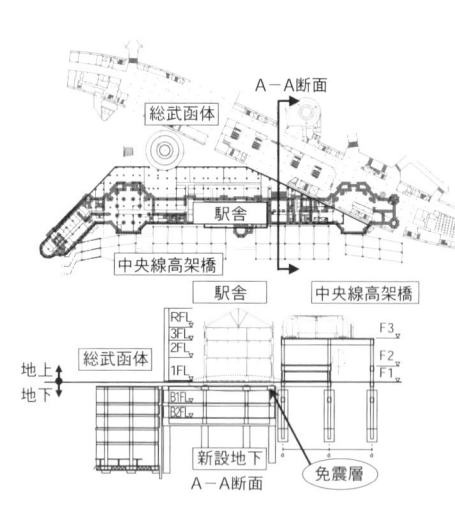

図17　同、線路側の再生計画

図18　同、建設当初のドーム内部

図19　同、戦災復興によるドーム

図20　同、ドーム空間の再生イメージ

114

な状況なのですが、これを撤去して、自然光が入るようにしよう、という計画です（図17）。この写真は、オリジナルのドーム内部です（図18）。そして戦災復興で、これもなかなか上手いのですが、当時の技術者が、八角形の内部にローマのパンテオンを模したようなドームをつけた（図19）。これを撤去してみると、当初のレリーフの一部がまだ残っているのが分かりました。レリーフを復原した、完成後のイメージです（図20）。

都市空間と保存デザイン

最後に、歴史的都市において建築のデザインをどう考えるかということについて、一つの経験を通してお話をさせていただきます。

これはロンドンのビッグベンの横にある新議員会館（図21）で、マイケル・ホプキンスの設計です。隣には19世紀にクイーン・アン様式でつくられたリチャード・ノーマン・ショー設計のニュー・スコットランドヤード、元のロンドン警視庁（現在は議員会館）がある有名な歴史的建物で、確かに赤い煉瓦の壁面に白い帯を配したデザインは、東京駅によく似ています。

マイケル・ホプキンスがこの由緒ある建物の横に建てた作品は、歴史的都市における現代建築デザインの、一つの優れたモデルになっていると私は思います。新議員会館は、吊り構造のためのポストが屋根から突き出ている現代のハイテク建築です。しかし数年前、初めてこの建物を訪れた後、テムズ川を渡り、対岸からふと遠景を眺めた時、私は目からうろこが落ちた気がしました。新議員会館の特徴あるスカイラインが、実は隣の歴史的建物の煙突のある屋根の姿と見事に符合していたからです（図22）。ホプキンスが、新議員会館の設計において、歴史的な建物とは異なる最先端のデザインを行いつつ、既存の環境との調和を非常

図21　新議員会館（ロンドン）

図22　テムズ川対岸から見た新議員会館と周辺の環境

に高いレベルで実現していることに、改めて感動したものです。

アレンベルフ城と使い続けるデザイン

最初にお話ししたアレンベルフ城も、使い続けるとはどういうことかを教えてくれます（図23）。16世紀に建てられたアレンベルフ城は、19世紀に大学に寄贈されて以来、大学の研究所として使われてきました。1984年の写真は私がいた当時の姿です。面白いのは1900年前後のドーマー窓と、私がいた頃の窓とは、ちょっと違うのです。一部だけが残されて、他のものは復原されている。さらに2000年には、現代的なデザインのドーマー窓が混じっている。これはセンターの学生や先生たちが歴史的なものと現代を区別すべく、いろいろ試行錯誤して手を加えた結果だと思います。こうした作業はこれからも延々と続くのでしょうが、歴史的なものと付き合うというのは、こういうことなのかもしれません。新たな発見があれば、また元に戻すとか、そういった非常に柔軟な考えの中で、とにかく建物を使い続けていく決意をすることが、とても重要なのではないかと思うのです。

日本の都市の状況は、建築の保存にとってはかなり悲観的にならざるを得ない部分もありますが、実務家として常に原点に戻りながら、少しでも目標に近づけるよう努力したいと思っている次第です。

図23　使い続けられるアレンベルフ城

1900年前後

1984年

2000年

耐震改修の現状と新しい動向

槇谷榮次

ただ今お二人の先生方から、石造とレンガ造の建物についてお話がありました。日本では今日、木造を除くほとんどの建物はコンクリートや鉄骨を使ってつくられています。今回、私は主にコンクリートについてお話をさせていただきます。

コンクリートの歴史は非常に新しくて、まだ200年も経っておりません。1800年代ぐらいの中ごろにできた材料なので、コンクリート自身は歴史の浅い建築材料と思っていただければよろしいかと思います。この材料を使ったたくさんの建物が建てられてきましたが、実は我が国で1981年以前に建った建物の3分の1は、大きな地震が来ると壊れてしまうのではないか、という状況です。このため、何とかして大地震が来ても壊れないような建物につくり替えようというのが、耐震改修の大きな目的です。

耐震改修の現状

どうして地震で壊れてしまうような建物ができたのかといえば、これは建築基準法と関係しております。日本では建築基準法に従ってすべての建物が建てられています。1981年以前の建築基準は非常に緩やかなもので、特に地震に対しては緩やかな基準となっていました。当時でもしっかりした建物はありましたが、建築基準法とは最低の基準を規定するものですから、これに準じると耐震性能が低くなってしまう、という面があったのです。現在では耐震改修促進法という法律があり、一定規模以上の建物のオーナーは耐震診断をして、診

槇谷榮次　まきたに えいじ

関東学院大学名誉教授　工学博士
1961年早稲田大学第一理工学部建築学科卒業、73年工学博士。65年関東学院大学助教授、77年同大学教授、2007年同大学名誉教授。専門は建築構造学。RC構造物の耐震補強を行うSPAC工法の開発者であり、建築研究振興協会技術顧問や国土交通省中央建設工事紛争審査会特別委員を務める。主な著書に『鉄筋コンクリート造建物の設計』（森北出版）、『図解RC造建物の耐震補強』（オーム社）ほか多数

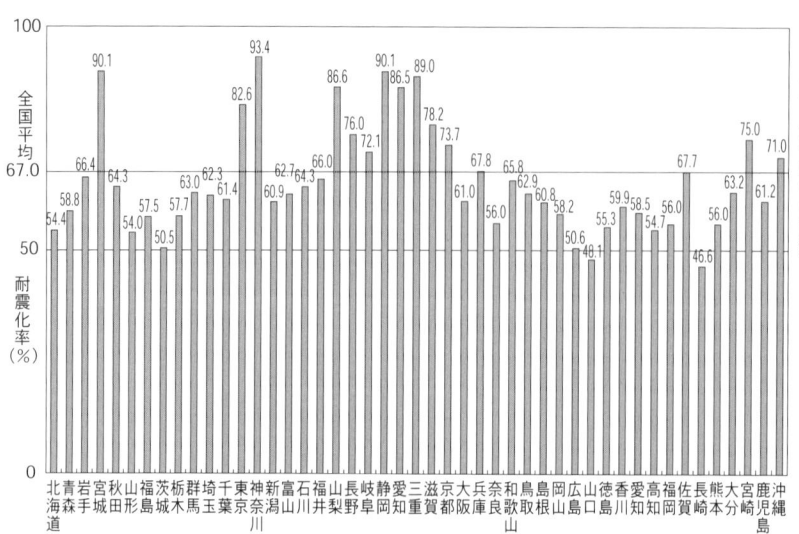

断の結果、耐震性が低いと分かれば補強しなくてはいけない、とされています。しかしこの法律はまだ漸進的規定、努力義務といった段階にあり、耐震性能が低くても、なかなか実際に補強するまでに至らない建物が非常に多いのが現状です（耐震基準、耐震改修促進法は126頁参照）。

そこで、まずは学校の建物を最初に補強することになりました。なぜなら学校は、大地震が起こった時の広域避難場所になっており、ここが壊れてしまったら皆さんも避難できません。そのため国は、まず学校から補強を始めようと決めたわけです。学校は文部科学省の管轄なので、補強した建物については文科省が半分補助することで始まりました。このため現在、各地で学校の補強が行われていますが、地域差が非常に大きい。福田康夫元首相の在任中は、助成額が2分の1から3分の2に増額されたため、より補強しやすくなりました。しかし予算がない地方では、工事するには手元のお金を使わないといけないので補強が進まず、学校の耐震補強の遅れが深刻な問題となっています。

この図では都道府県別、2009年4月現在における学校建築の耐震補強の状況がまとめてあります（図1）。神奈川県は全国の中でも一番補強が進んでおり、93％以上の建物が補強済みです。静岡県、それから宮城県など、意識の高い自治体はお金を費やして学校の建物を補強していますが、地方ではまだ半分以下しか補強されていません。例えば、長崎は50％以下の耐震化率です。全国の平均値は67％ですが、ほとんどの自治体で平均か、それ以下に留まっています。

図1 都道府県別公立小中学校の耐震化率（2009年4月1日現在、文部科学省調査）

2007年と比較すると、全体的に見て学校の耐震化は非常に遅れており、この2年間にたった2、3％しか補強が進んでおりません。

耐震補強の方法

それでは、どのような補強方法があるかを考えてみましょう（図2）。既存の建物を強くする方法としては、まず壁を入れたり、ブレース（筋交い）を入れたりして、建物を強くする。これは強度補強と言いまして、地震が来た時には真っ向から勝負しようとするものです。要するに、襲ってきた地震以上の強度をもつ建物につくり替えるものです。今日では、この工法がほとんどメインであり、80％以上の建物が、これを使って補強されていると思います。

また、靭性補強と呼ばれる補強工法があります。靭性、つまり粘り強い補強をしようというもので、これは主に柱に対して鋼板を巻いたり、繊維を巻いたりなどしながら補強するものです（図3）。要するに、柱に粘りをつけて補強しようという一つの考えです。私は、鋼板と繊維を併用するSPAC工法を考案しまして、これを世に広めようと日夜努力している次第です。

他にも免震、制震という、新しい補強工法が出てきました。免震とは、ゴムと鉄板でできたアイソレーターを、建物の一番下や上、中間につけまして、地震力をできるだけ軽減しようというものです。制震とは、オイルダンパー、摩擦ダンパーなどいろいろありますが、こうした装置を

図3　靭性補強の例

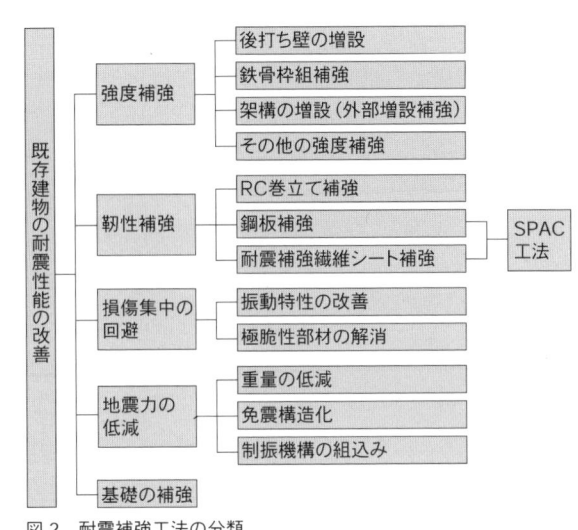

図2　耐震補強工法の分類

建物の中に組み込んで、これで地震のエネルギーを吸収しようというやり方です。こちらも最近では増えてまいりました。

これは壁補強の例です（図4）。何もないところに壁を入れる、窓で穴が開いているのを塞いでしまう、また柱の近辺に壁を入れるなど、壁を新たに増設する工法ですが、これをそで壁方式と呼んでいます。

ブレース工法の問題点

これが現在、一番使われているブレース工法です（図5）。建物の中に、このような鉄骨のブレース（筋交い）を入れますと、工事も比較的簡単で、地震に対して即抵抗できる構造ができます。このため、今の補強工事のほとんどが、この工法を使っています。ブレース工法とは、そもそもは学校建築を補強するために考え出されたものでした。これが今ではオフィスビルを始め、さまざまな建物で使われています。

しかし、これは学校の校舎に向けて考え出された工法ですから、これを他の建物に転用するというのは、ほとんどの場合で問題があります。つまり、開口部に鉄骨をつけたために非常に機能が損なわれたり、外観が悪くなる。学校建築のために考え出されたブレース工法を、他の建物にもどんどん使うことについては、やはりよく考えなければいけないのでは

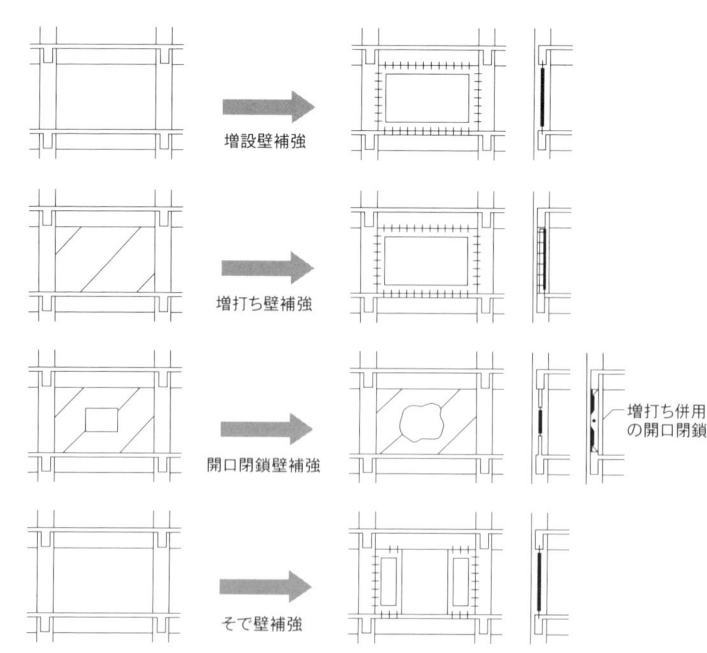

図4　コンクリート増設壁工法

ないかと思っています。

ブレースを使うと、ほとんどの場合、外観を崩してしまい、美しくは見えない。構造補強するにしても、美しいなと思われるような補強にするべきだと思います。これに対して、とにかく鉄骨を入れておけば強くなるから入れておこうというような、構造を最優先したような使い方は、私は良くないと思うのです。やはり意匠も機能も考えた中で、美しく補強して、結果として使いやすい建物となるのが理想的です。さらには周辺環境とのマッチングなど、総合的な視野から耐震補強を考えなければいけないと思います。

これは、私が横須賀市と共同で開発した工法ですが、校舎の外側から鉄骨構造を取り付けて、一切元の建物をいじらない、壊さないという考えで補強したものです（図6）。横須賀市に勤める卒業生から、私の所に相談が持ちかけられ、外側から補強する考え方が実現したわけです。これは外付け工法と呼んでいますが、日本で一番最初の事例として非常に注目されました。横須賀市にある馬堀中学校という、小泉純一郎元首相の出身校ですが、ここで初めてこの工法が使われました。

東京工業大学では去年、興味深い補強方法が行われました（図7）。東京工大の建築学科の先生方が結集して、構造のみ

図5 鉄骨ブレースの形状

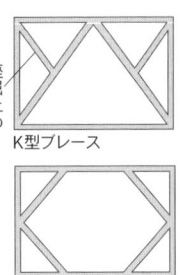

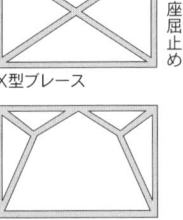

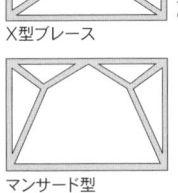

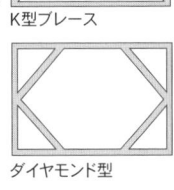

X型ブレース　K型ブレース（座屈止め）

マンサード型　ダイヤモンド型

図6 外付け鉄骨補強の例（神奈川県横須賀市）

図7 東京工業大学緑が丘1号館の耐震補強。2007年度グッドデザイン賞の金賞を受賞した

を考えた補強というのは問題があるんじゃないか、やはりもっと建物をきれいに見せるような補強であるべきだという観点から、きれいにルーバーをつけた建物を設計されました。そろそろ、補強ありきではなくて、デザイン性を取り入れた補強が今後は増えていくのではないかと思っています。

SPAC工法による補強

それでは、私が考案したSPAC工法を、簡単にご説明したいと思います（78頁も参照）。これは柱巻きの補強例です（図8）。既存の柱をコンクリートや、鋼板で巻いて補強します。ここではアラミド繊維という、非常に衝撃性の強い、ピストルで撃っても貫通しないような繊維を使って、ぐるぐると柱の周りを巻いて補強します。こちらはPC工法と言いまして、柱の周りにピアノ線に似たものを巻き付けて外側から補強しています（図9）。これにはタイバー巻きと名前をつけました。

SPAC工法は柱をある程度補強するという一つの考えであり、特徴として外観を壊さない、元の設計を壊さない、なおかつ使いやすいことが挙げられます。さらに工事もしやすく、経済性が非常に高いことも、特徴の一つです。

これは1966年にできた、ピロティの柱がすっと地面から立ち上がった、意匠の良い建物の耐震補強です（図10）。この

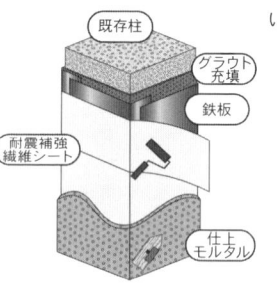

図9 タイバー巻き補強

図8 SPAC工法Sタイプによる柱の靭性型補強（鋼板、繊維シート）。鋼板の巻き立て工法と耐震補強繊維巻き付け工法を組み合わせたもので、鋼板を薄くすることに加えて、耐震補強繊維の量を従来の約半分とすることができるため、コストダウンと短工期化が図れる。建物の外観にほとんど影響を与えない

図10 SPAC工法による耐震補強例。施工期間は約2カ月、同工法施工費は約3500万円。ブレース補強案だと、工期約4カ月、施工費約1億円だったので、工期短縮、コストダウンを実現した
▽汐見台会館（神奈川県横浜市磯子区）＝神奈川県団地住宅福祉協会の所有、1966年竣工、久米建築設計事務所の設計、RC造5階建

建物を耐震補強する事になりました。当初は、ピロティの柱間全部に筋交いを入れて補強するという計画でしたが、これを見た理事長は「これじゃ使えない」と思われた。何かいい方法がないかと一生懸命探した末に、私たちが考案した工法を採用していただいたわけです。柱の周辺が1〜2cmほど太くなった程度で耐震改修も果たせ、元の形状と変わらない、非常にきれいな外観に生まれ変わりました。

補強の工法については、数え切れないほどたくさんの実験を重ねて、確実な裏付けを取りながら考えていきました。ある時、姉歯氏が手がけた建物について、相談を受けました。姉歯氏の建物は非常に壁が薄くて弱く、厚さ15cmくらいの壁しか使っていないので、これを補強するとなると、厚さを70cmくらいにしなければいけない。これでは大変だというので、鋼板と繊維を両方巻き付けて補強できないかという実験をやりました（図11）。

最近ではSPAC工法の改良を試みて、さまざまな実験を行っています。鋼板の周囲にぐるぐると繊維を巻いた上で、グラウト・モルタル中に、四隅に鉄筋を入れて周囲を補強しますと、非常に大きな耐力と靱性が得られました（図12）。この柱2本の耐力で、筋交いと同等の耐力が得られることが分かりました。要するに、この工法ならばブレースを入れな

図11 振動実験。耐震強度偽装事件の姉歯元1級建築士が構造設計を行ったマンションの耐震補強方法について、検討を行った

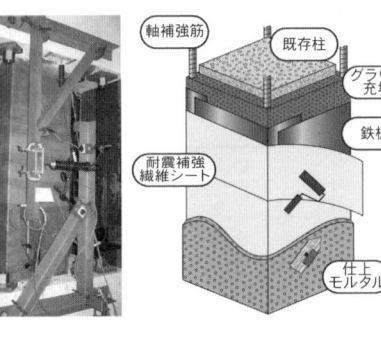

無補強—開口あり　　　　　　　SPAC工法Sタイプ補強—開口あり

振動実験前　振動実験後　　　　振動実験前　振動実験後

図12 SPAC工法Mタイプ（曲げ耐力向上タイプ）。柱の四隅に補強鉄筋が入っている。写真右はピロティ柱を想定した独立柱の実験。写真左は腰付き柱と片側のみの補強での実験

軸補強筋　既存柱　グラウト充填　鉄板　耐震補強繊維シート　仕上モルタル

くても良いわけです。

マンションなどは内側に入って工事をするのは難しいので、バルコニー側と外側だけを補強して済ましてしまう、居住者が住んでいながら補強がいつの間にか終わっているという、外側から補強する方法を考えました。

こちらは体育館の補強の例です（図13）。実際に地震で壊れてしまった建物ですが、田中角栄元首相がつくった体育館なので、絶対壊せない、何とか補強したいという話でした。柱の上部、全部コンクリートが剥がれてしまったところを補強して、現在も使われています。

他にもマンションや幼稚園、病院などで、居住や営業を通常どおり続けながら、補強工事を行ってきました（図14）。

これは漁港施設です（図15）。海岸の建物には常に強い海風が吹いてくるので、鉄筋が錆びてしまいます。補強前は、鉄筋はぼろぼろに錆び、鉄筋を覆っていたコンクリートは全部剥離していました。痛んだ柱の周りには鋼板と繊維を巻き付けて、グラウト・モルタルを詰めて補修しました。

美しい補強

最後に結論として、耐震補強のあり方について考えようと思います。何のために耐震補強をするのかというと、大地震があっても壊れない、あるいは壊れても最小限の被害で抑える、そのための補強を行うのが一つの大きな目的です。これに対して、建物の長寿命化や再生はより大きな意味をもっています。地震が来ても壊れないように建物を強く、使いやすく、美しくする。寿命を50年、100年、あるいは200年と延ばしていく。そういうような補強と改修でないと、やる意味がないでしょう。地震が来ても壊れないだけの補強では、目的意

図13　体育館の補強（新潟県）。左は補強前の柱上部コンクリート

図14　幼稚園の補強（横浜市）。耐震補強繊維の巻き付け施工中

識が低い。せっかくやるのであれば、やはりさまざまな点から総合的に考えなければいけないのではないか、と思うのです。

また先ほどから申しておりますが、耐震補強を行ったために、建物の外観が崩れてしまった、美観が損なわれてしまったというようなことが多々、起きています。これは建築デザイナーとのコラボレーションが行われておらず、構造の補強だけで終わってしまっていることに由来します。これからは構造家と建築デザイナーとが協力関係をつくりながら、美的にも機能的にも満足のいく、美しい補強をつくっていくべきです。この点が今、欠落している部分なのです。我々構造家も反省しながら、デザイナーとの連携を高め、最終的には美しい補強をつくってゆく、これが今後の大きな目標になっていくと思っています。

長周期地震の問題

最後に、特に構造関係者にとって非常に興味のある話をしましょう。今まで耐震補強では短周期、非常に短い周期を持った地震を対象としていたのですが、最近はけっこう大きな周期が地震の波形の中に含まれることが分かってきました（注1）。超高層ビルのほとんどにおいて、長周期を対象とし

図15 漁港施設の補強（千葉県）。外観をほとんど変えることなく、しかも漁業を中断せずに耐震補強を完了した

施工前の漁場施設

海風の塩害などにより劣化した補強前の柱

コンクリートのはつり（仕上げ材除去）

鉄筋の防錆処理後、鋼板を設置

耐震基準

　地震に対して建築物が有するべき最低限度の性能（耐震基準）は建築基準法および同法施行令、国土交通省告示により定められているが、1981年の法改正により大きく基準が引き上げられた。改正以前の基準が旧耐震、改正後は新耐震と呼ばれている。新耐震基準では、旧基準で要求していた中規模の地震（震度5程度）に対する建物の損傷防止に加え、数十年から100年に1度起こるかもしれない比較的大規模な地震（同6以上）に対しても、建物が崩壊せずに人命を保護することを基本としている。この方針により、許容応力度計算（中規模地震対応、1次設計）に加え、小規模な建築物以外については保有水平耐力（比較的大規模な地震対応、2次設計）の検証も求めている。また、地震によりかかるであろう建物への外力についても、地震の揺れにより建物の高さに応じて生じる力（層せん断力）を、建物の揺れ方（振動特性係数）や過去の地震活動（地震地域係数）を加味して算定することで、地震による建物への影響をより正確に見積っている。

　また、2000年の建築基準法改正では、建築が備えなければならない「性能」規定の概念が導入され、限界耐力計算、時刻応答解析などの構造計算が認められることになった

建築物の耐震改修の促進に関する法律（耐震改修促進法）

　1995年1月の阪神・淡路大震災の教訓をもとに同年12月に施行、現行の耐震基準（新耐震）を満たさない建築物について積極的に耐震診断・改修を進めることとされた。一定規模以上の学校、病院、社会福祉施設、庁舎などの特定建築物の所有者に対しては、現行耐震基準以上の性能を確保することが努力義務となった

　た構造設計はなされておりません。今までは、超高層ビルは安全だ、壊れないという迷信的なものがありましたが、やはり地盤の周期、あるいは建物の周期を持った地震に対して安全なように設計しなければいけないということが、今後多々起きてくるでしょう。さらに耐震補強の範囲も、これまでの中低層の建物だけではなく、今後は高層の建物にも広がっていく可能性が高いといえます。

　一つの例として、大成建設が超高層の東京・新宿センタービルを補強しました。現状建物の振動解析を行った結果、長周期地震に対して非常に弱いということが分かったため、制震構造を中に組み込んで補強をしたのです。長周期の問題は特に超高層に対して非常に大きな影響を与えると思いますが、これからの耐震補強のあり方はこうした点も含めて、考えていかなければならないでしょう。

注1　長周期地震動＝短周期の通常振動とは異なり、数秒の周期でゆっくりと揺れる地震動。周期が長いため減衰しにくく、数百kmはなれた遠方まで伝わる。また、超高層の建物固有振動数と一致しやすいため、大きなダメージをもたらすことがある。2004年の新潟県中越地震では、震源から約200km離れた東京港区の六本木ヒルズ森タワー（地上54階建、高さ238m）で、震度3にもかかわらず、エレベーター6基が損傷した

ディスカッション　建築再生の今

司会　それではディスカッションを進めていきます。降幡先生から順番に、他の先生のお話を伺って思われたこと、またご講演に加えて補足したい点や、他の先生方へのご質問などありましたら、よろしくお願いします。

降幡　私のしておりますことは、日本の文化、日本人の心と大変関係があると考えております。先生方におかれましても、皆さんのお仕事が日本の文化、日本人の心にもたらす影響を、当然お考えだろうと思います。

というのは最近、日本人の心が非常に悪くなったと、どなたも申されております。私は今年80歳になりまして、戦前の日本の一般の人と、今日の人との心の違いも分かる年ごろになりました。生活が便利になって、経済活動が活発になればなるほど、日本人の心は疲弊して、変わってきたと思うのです。先生方におかれましても、そういうことをぜひ念頭においていただいて、またこれについてどのようにお考えなのか、お聞きしたいと思います。

司会　降幡先生から日本人の心と経済効率という問題が挙げられました。再生はもちろん、建築をつくることは経済行為の一つですから、こうした効率主義は必ずかかわってくるものですが、各専門分野の先生方が、どのようなスタンスでこれに臨んでお仕事をされているのか、というご質問だったと思います。

陣内先生からは南イタリアでの都市再生のお話を伺いましたが、イタリアでは経済活動と都市、建築の再生がどういうふうにつながっているのか、ご説明いただけますか。

出席者

降幡廣信（略歴等は79頁参照）
陣内秀信（略歴等は95頁参照）
田原幸夫（略歴等は105頁参照）
槇谷榮次（略歴等は117頁参照）

司会
黒田泰介　くろだ　たいすけ
関東学院大学工学部建築学科准教授
博士（美術）
イタリア政府給費留学生として1992—94年にフィレンツェ大学建築学部都市・地域計画学科に留学。95—98年にM・カルマッシ建築設計事務所（フィレンツェ）に勤務。帰国後、2000年東京芸術大学大学院博士課程修了。01年より関東学院大学に勤務。専門はレスタウロ（都市と建築の再生）計画。著書に『建築を知る』『住宅をデザインする』（鹿島出版会）、"LUCCA1838"（Maria Pacini Fazzi Editore）など

文化としての建築の再生・修復

陣内 たしか15年以上前だと思いますが、ヴェネツィアで歴史的建造物の修復の設計監理をやる友達が日本に来た際、講演してくれました。彼の話では、イタリアではもう20年くらい前から、建築の仕事の50％以上が既存建物の修復や再生、再構成になっているそうです。ヨーロッパ全体がこのような状況に近づいているし、ニューヨークのマンハッタンなどはまさにそうです。建築の再生とは、もう経済そのものなのです。例えばヴェネツィアの街中には、修復作業のクレーンがいっぱい立っています。そういう中で建築の世界が成り立ち、設計者も職人も働いている。再生という、新しい市場ができているわけです。

日本ではそう簡単にはいかないと思いますが、私の周りの建築家は若手を含めてマンションや一戸建ての改修などを相当やっていますし、現実にこうした領域が国内でも確実に広がっています。これからは、こうした仕事をもっとポジティブにとらえ、面白いクリエイティブな仕事であると、価値観を変えていかなければいけないのではないかと思います。さらには再生の技術やデザインの手法を文化にしていく必要があるでしょう。

イタリアを始めヨーロッパでいいなと思うのは、レストレーション（修復）、イタリア語ではレスタウロですが、これが一つのしっかりとした文化になっていることです。若い人も含めて、みんなあこがれる。絵画も彫刻も、新聞やテレビのメディアが積極的に取り上げる。建築の再生・修復は注目されているのです。

ところが日本国内、特に東京では、先ほど田原さんがご説明された超高層と部分的保存の共存、妥協という、経済論理の中でしか成り立たない保存というアイロニーがあり、非常に難しい状況にある。しかし、一方ではヨーロッパのように、保存が経済の中にちゃんと論理として入っているところもあるわけです。だから日本も、日本流のやり方で、こうした道

降幡 私は、経済至上主義で事が進められることに対して、問題が残りはしないかと思うのです。このまま経済至上主義で行きますと、やがては世界中、同じような箱の建物が主役になってしまい、それぞれの国の文化が影を潜めてしまうことになりかねない。現実に、日本はそういう傾向があるものですから、そんなことも心配しているのです。

陣内 それは本当にそうだと思います。保存か経済かの対立で語ること自体が、もうアイロニーの中に入ってしまっている。だからやっぱり、大切にすべき建築、こだわりや文化が何なのかを真剣に考える必要があると思います。

畳の部屋の減少

司会 続いて陣内先生、よろしくお願いいたします。

陣内 降幡先生は、日本の民家にとって、畳に座ることが非常に大切だ、スピリチュアルであるとのお話をされました。私は去年、韓国に招かれたのですが、彼らも床に座る生活を非常に大切にしていました。オンドル（注1）というものがありますが、韓国では本格的に客をもてなす時には、椅子やテーブル席よりも、床の席に導きます。日本は最近、畳の部屋が急速に減っていて、これは大変な問題ではないかと、普段から思っていました。特に韓国と比較して、気になりました。どうしたらいいのでしょうか。

降幡 そもそも、床の上で椅子は使うものではない。洋家具に類した椅子は、靴履きのところの椅子なのです。外国、靴履きのところでは、床は道路の延長です。床は手で触れたり、衣服に触れる場所ではない。ですから、体を支えるために椅子を使っている。その椅子を、日本の清潔な畳の上、そもそも必要のないところに持ってきたことに、無理があるのです。

保存と経済性に関して意見を述べる降幡廣信氏（右）と陣内秀信氏（左）

注1　オンドル＝87頁注6参照

陣内　日本は戦後、本来は伝統を踏まえて近代化していくべきところを、他国のものを用いて最も楽な方法で済ましてしまった。私は、日本と違った風土のアメリカ文化をそのまま日本へ取り入れてしまったことに、日本の伝統の流れを途絶えさせた大きな原因があると思っています。これを今後、改善していかなければいけない。

私がしている再生は、椅子を使わなかった本来の日本の住宅が、戦争がなくて、戦前の延長で伝統によって今日まで成長したとしたら、このような住まいに変わっただろうというものです。再生によって、そのような家をつくりたいと思っています。アメリカのものを取り入れずに、日本人が設計者とともに苦労しながらつくった日本固有の民家はどんな姿だろうか、それを想像しながら仕事をしているつもりです。

陣内　ヨーロッパの人たちも、室内でくつろぐ時には、靴を脱いではだしになったり、スリッパを履いたり、腰の位置が低いソファに座るようにもなっています。彼らも床での生活の良さを感じていて、むしろ向こうの人たちが、フォーマルな空間の高い椅子やテーブルを、もっとアットホームにしていく方向にある。それは日本からの影響があるような気がしますが、今のお話を伺って、肝心の日本人がその良さを忘れているように思いました。

建築再生と補助制度

陣内　それから槇谷先生のお話を大変興味深く伺っている内に思い出したのですが、阪神・淡路大震災では多くの中層の建物がダメージを受けました（注2）。ある専門家が著書の中で、修復、再生できるマンションがいっぱいあったにもかかわらず、日本の建設業界の価値観や法律の体系が、そういうものを壊して建て替える方にばかり目を向けているため、使えるものまでみんな壊してしまった。非常に遺憾である、と書かれていました。技術的にも再生は

注2　阪神・淡路大震災＝1995年1月17日に淡路島を震源として発生した兵庫県南部地震（マグニチュード7・3）による被害で、消防庁のまとめによれば、神戸市須磨区鷹取・長田区大橋、中央区三宮などで震度7を記録、兵庫、大阪など広域にわたり大きな被害をもたらした。住宅全壊10万4906棟、住宅以外でも4万0917棟が損傷、公共建物も1579棟に被害がおよんだ。建物の被災状況では、中程度の損傷とされたものも多く、マンションなどでは建て替えるか、修復するかが問題となった。写真は6階部分が潰れた神戸市役所2号館

可能だったし、コミュニティ、居住者の連続性と言いますか、もともとの家にもともとの住民が住み続けることが仮にできたとすれば、そちらのほうがよっぽど良かったのではないか。
ところが、今は新築にしか補助が出ない。小学校も保存、改修に対してはなかなかお金が出ないけれども、新築にはどんどん補助金が出ている。今では状況も少し変わっているかもしれませんが、そういう問題も同時に思いつきました。
また阪神・淡路や新潟の地震（注3）の後、建築史の専門家は、普段からどこにどのような建物があるのかを認識して、データベース化し、きちんと把握しておく必要を議論しました。地震で壊れた時、多くの建物が、これはだめだ、使いものにならないと「×」をつけられて、すぐに壊されてしまった。もしも歴史的に価値があり、大切にすべき建物がきちんと認識されていれば、みんな壊してしまう前に、これは使えるか、修復できるかどうかと検討する猶予があったはずだろうにと、話し合ったのです。地震の復興時に、建築史も重要な分野として、議論に関与していった経緯があります。

槇谷 陣内先生のお話は、私もいつも考えていることです。どうも日本はスクラップ・アンド・ビルド、古くなったら壊して新しいものを建てるという考え方がずっと染みついています。阪神・淡路大震災の時も、本当は救えるのに、壊してしまった建物は、ずいぶんたくさんあったと思います。

私も阪神・淡路大震災の時、まだ十分に使えるいくつかの建物に関して、裁判にかかわったことがありました。市は、この建物を壊さないと二次災害が心配だという。すぐに補強するなら良いが、そのまま放っておかれたら困る、早く壊せというのです。2年以内であれば市が解体費を全額出すけれども、それを1日たりとも過ぎたら、お金は出さないといわれた。私もその建物を救おうと一生懸命やっていたのですが、結局オーナーはそれだけのお金がな

注3 新潟県中越地震＝2004年10月23日に新潟県中越地方を震源として発生したマグニチュード（M）6・8の地震。新潟県のまとめによれば、川口町で震度7を観測、建物被害は住宅全壊3175戸など。
新潟県中越沖地震＝2007年7月16日に新潟県中越沖地震を震源として発生したM6・8の地震。新潟県のまとめによれば、長岡市、柏崎市、刈羽村、飯綱町で震度6強を観測、住宅全壊1331戸

いので、残念ながら壊してしまう方に傾いてしまった、ということもありました。やはり当事者の方は、地震後の建物をより長持ちさせようか、あるいは壊して新築した方がいいか、かなり悩んでおられる。これはマンションの場合でも同じで、あるいは直して使うべきか、何年かけても結論が出ない。いまだにそのまま、何もせずにおかれているマンションもあります。やはり災害に対しては、もっと国が助成金を出すような制度をつくらなければ、現状では建物を残すのは非常に難しい。

学校建築も、今は文部科学省が助成金を出しているので、やっと補強工事が進んでいます。もしも助成金が出なかったら、下手するとほとんどの建物は補強されずに放置されてしまう可能性もあるのではないでしょうか。

司会　建築再生のことを考える際、どうしても法律という問題、それは規制であったり、また補助金の有無だったりと、きびしい状況が目の前に立ちふさがってきます。槇谷先生、続いて他の先生方に何かご質問はございますか。

中世のレンガの材料劣化

槇谷　イタリアやベルギーなど、ヨーロッパではレンガや石づくりの組積造が非常に多いのですが、先ほど見たようなレンガの建物を保存する場合、材料そのものの劣化や耐久性の問題は、どのように考えられているのでしょうか。

田原　私は材料の専門家ではありませんが、経験から言いますと、ベルギーの場合、歴史的建物に使われているレンガは非常に焼成温度の低い、今のレンガとは違う柔らかいもので、本当に大丈夫かなという印象はありました。しかし建物の壁体自体が非常に厚く、さらに昔は表面に石灰が塗られていました。それは表面の保護以外にも、衛生的にも真っ白にしてお

質問に答える田原幸夫氏（右）と槇谷榮次氏（左）

くという意味があったと思います。

ただ僕らも非常に悩んだのは、レンガの肌の美しさを見せたいという要望があるので、大体において修復後、石灰は全部剥がされてしまった。多分、建築当初はレンガがむき出しったと思いますが、人が住むにつれて壁の表面を保護し始めた。それを修復の際、元に戻したということかもしれません。ですから、建物外壁の表面はかなり劣化していますが、幸い躯体が厚いものですから、構造的には問題ないかと思います。

あと、ベルギーはかなり寒いところなので、大体の場合において、外部レンガ躯体の後ろに空気層を取って、さらに内部に二重の壁をつくっています（注4）。この方法は文化財保護的にも上手く働き、古い壁体をほとんどいじらないで済みます。つまり古い建物の中にもう一つ、新しいユニットを入れてしまうという考え方です。

それから目地は石灰モルタルを使った、いわゆるぱさぱさの目地なので、壁はまるで積み木細工みたいなものです。日本では地震を考慮して全部モルタルでがちがちに接着してしまうので、一度出来上がったらなかなか解体できない。ところが向こうの目地は、一個一個レンガを取り外せる。これは地球環境的にも非常に良く、古いレンガの再利用が可能です。非常に柔らかな社会というか、建設システムになっていると思います。

あとちょっと一言だけ。1980年代半ばに僕がベルギーから帰ってきた時、ちょうど降幡先生の民家の再生がいろいろな雑誌に取り上げられていました。僕は文化財の保存を勉強して帰ってきて、日本におけるオーセンティシティとは何かと考えていました。当時それは、あくまでも重要文化財的なものに関する議論だったのですが、降幡先生の民家の再生を見て、これぞ日本における建築のオーセンティシティを実感させる、本当に素晴らしい仕事だと感じたことを、今でもはっきり憶えております。

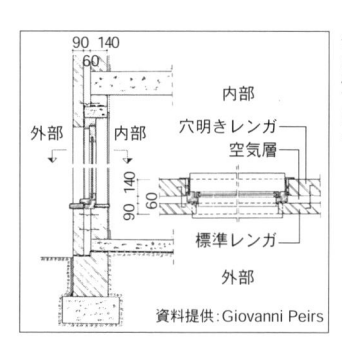

注4 ベルギーのレンガ造の標準的なディテール。内外の壁が空気層で分かれている

資料提供：Giovanni Peirs

降幡　ありがとうございます。

民家再生のオーセンティシティ

司会　降幡先生、今、オーセンティシティという、今日のキーワードが出てきました。この語は日本語では「真正性」などと訳されますが、私などは学生向きにもっと分かりやすく「本物らしさ」などと呼んでいます。このような、古い建物が持っているもともとの歴史的な価値や質といったものを、先生はどのようにとらえて自己の再生作品に生かされているか、お言葉を添えていただけるとありがたいのですが。

降幡　私が再生を始めたころは、そんな深いことは考えなかったですね。ただ、捨てしまわれる民家が非常に惜しいと同時に、日本の大事な文化が捨てられていくと思いました。文化といいましても、個々の家にあります生活文化や家風を含めて、捨てられていくということです。私は新築もたくさんしたのですが、新築は、過去と訣別して、これから先の新しいことに焦点を合わせてつくっていく、というものになりやすい。仏壇だけは家の中にありますが、往々にして祖先との縁がだんだん薄くなっていく傾向があるのです。住む人も、現在と将来だけを見越して、そして家の祖先とのつながりが消えていきました。ところが私は、再生という行為は、祖先から受け継いだものを、子孫のために役立つものとして残すことだと思います。ご先祖、ひいおじいちゃんの残したものを、お父さんが、またはそのお嬢ちゃんが、私たちのためにこういうふうにして苦労して、お金をかけて残してくれたんだよね、ありがたいよねと思う。民家の再生を通して、お父さんやおじいちゃん、さらに先祖とのつながりを保つことができるものになりはしないか、と考えた面がありました。

私が民家の再生を始めたことを皆さんが評価してくださるのはうれしいのですが、本当に日本の生活そのものを残しているか、ちょっと反省させられました。というのは、椅子の問題であります。現在どこで民家をつくりましても、かくゆう私も食堂では椅子を使っています。畳の部屋で生活をされている方もおられますが、本当は畳がもうちょっと生活の中で生き生きと使われて、そして畳屋さんも繁盛するような、そういう家があって初めて、私は民家の再生だろうというふうに思わされました。

今まで日本の椅子は、4本足のついた洋家具をそのまま取り入れたため、畳とは合わないものになっていました。しかし今、この場所で思いつきました。籐でできた高さ40cmくらいの四角いものを置いて、その上に日本の伝統的な座布団をかぶせて座る。これなら足の悪い方も楽に座れる。夏型のちょっと薄めの座布団を使えば、様になる。この座椅子を実現させれば、生活を含めた民家の再生を初めてしたことになるかもしれない、というふうに思いで、今ちょっとわくわくしております。

ファサード保存の価値は

陣内 田原さんに一つ質問します。去年スペインの街を見てちょっとびっくりしたのは、相変わらずファサード保存（注5）が行われていることです。私の師匠の稲垣栄三先生（注6）、もう亡くなられてだいぶ経つのですが、彼が若いころから亡くなる直前まで、あらゆる段階で保存論の素晴らしい論文や論考を書いておられていて、それをもう一回振り返って全部読む機会がありました。我々日本人が1970年代にヨーロッパから街並み保存を学んだ時、稲垣先生は、街路や広場に面しているパブリックスペースは公共のものだから、ファサードは大切にしなきゃいかん、だけど中身は近代建築に置き換えてもいい、というのがヨー

注5 ファサード保存＝歴史的建物の外壁（ファサード）だけを残し、内部を新たな構造体でまったくつくり替える方法。構造補強、設備の更新、床面積の増加などに効果がある。都市景観の保存にはある程度貢献するが、歴史的空間を含めた建物の本質を生かすという視点からは、多くの問題が指摘されている

注6 稲垣栄三（1926—2001年、建築史家、東京大学名誉教授）＝1948年に東京大学卒業、大学院進学、助手、講師を経て60年助教授、73年教授。68年「寺社建築史に関する研究」で日本建築学会賞受賞。83年に日本建築史学会を設立、代表となる。神社建築、住宅、都市、茶室・数寄屋、近代建築、歴史的環境保全問題など幅広い分野を対象に業績を残している

ロッパの考えである。日本もそういうことを学ばなきゃいかんと言われていた。

その後、僕はだんだんヨーロッパも変わっていったものと思っていました。イタリアでは当然、建物の内部空間、歴史的な建築物の内部こそが素晴らしいという認識になってきて、インテリアを建築家が設計し、デザインする。新しいセンスで、オーセンティシティも考えながら、内部に新しい表現を加えた空間をつくる。これは歴史的建物がやっぱりそこにしかない、価値のあるものだという認識が一般的になった成果だと思います。南イタリアの石づくりのような建物であればあるほど、内部の豊かさを引き出すための現代的なセンスが重要なのです。

ところが、スペインに行ったら19世紀の街並みが残るゾーンの中に、壁だけ残して、後ろ全部を取り去っている建物がいくつもあった。先に関東学院大学が国際シンポジウム（注7）を開催した時に、イタリア人の先生が、ローマのスペイン階段の脇にある建物の大規模改修（注8）についてお話しされていました。60年代につくられた内部を全部取り払って、まったく新しい内部空間をつくるという、非常に面白いプロジェクトの紹介がされたのですが、女性の先生が、イタリアではファサード保存は必ずしも認められていません、というコメントをつけられていて、非常に印象的でした。フランスやベルギーではどうなのでしょうか。

それと日本の再生事例に見られるような、ある程度の奥行きだけを保存しながら超高層ビルを建設するという手法ですが、結局は経済的に成り立たせるための方策なのだけれども、やっぱり本来、建築がもっている内部空間の豊かさに対する理解や認識が弱いように思えます。それを大切にしながら、現代的なデザインでもう一回甦らせて現代に活用するというスピリットが、まだ弱いから負けてしまって、外側を残すだけでいいというふうになってしまっているのではないかという懸念があるのです。

注7　関東学院125周年記念工学部主催国際学術シンポジウム「イタリア・歴史的都市と建築の再生の最先端に学ぶ」（2009年1月、於BankART 1929 YOKOHAMA）

注8　イタリア美術史研究の世界的拠点のひとつ、ヘルツィアーナ図書館のこと。建築家N・バルデヴィッグの設計により、歴史的ファサードと地下のローマ遺跡を残しながら内部を完全改修する、大規模な再生工事が進行中である（写真参照、作図L・カル計A・パルドゥッチ、デッリツキオ）構造設

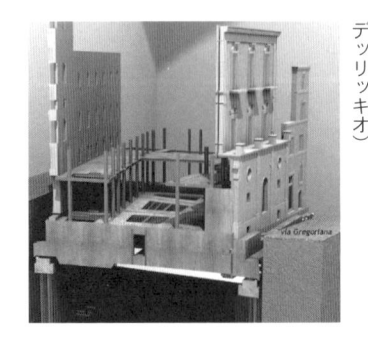

田原　私も本当に日々悩んでいて、まだ結論は出ていないのですが、感じていることだけお話しします。

私がヨーロッパにいたのは1980年代、陣内先生の次の年代です。私が行ったのはベルギーですが、当時のユネスコの思想、それもどちらかというとラテン系の学者の思想の影響が強かったと思います。ファサード保存なんかもってのほか、オーセンティシティから言っても全然意味がない。その考え方が建築家として分かりやすかったのは、現代建築もそうだからです。たとえばコルビュジエを代表とする近・現代の建築家の思想において、ファサードだけデザインするような考え方はありえない。総体としての建築の価値が重要なのである、それは歴史的建物も同じだよ、というふうに習った。僕には非常に分かりやすかったのです。

日本にいると、保存は表面だけ残せばいい、というような雰囲気が当時からありました。ファサード保存もいろいろ試み始められたころで、私が大学時代に、京都の中京郵便局が初めての大々的な事例として発表されましたが（注9）、誰も疑問をもたなかった。だけどヨーロッパでは、新築も保存も、建築のあり方という意味では同じ考え方なのだ、ということに気付かされたのです。

ただ、その中でもゲルマン系のオランダやイギリスでは、意外とファサード保存に抵抗がなくて、当時もかなり事例はあったと思います。ところがベルギー、フランスと南に行くに従って、ファサード保存なんて当時はあまりなかった。僕も近年ヨーロッパに行った折、ブリュッセルの街にファサード保存があった、というだけでびっくりしてしまいました。昔はそんなものは目にした記憶はありません。

私なりに理由を考えると、やっぱり経済のグローバル化の中で、経済的な要素が非常にシビアになってきたことが挙げられると思います。しかしヨーロッパは、昔はまだある程度の

注9　中京郵便局＝赤レンガづくりの外観が特徴的なネオルネッサンス様式の建築。通信省設計により1903年竣工。1978年改築。日本における本格的なファサード保存の第一号といわれている。本局舎は京都市有形文化財、景観重要建築物

ゆとりがあった。またもちろん、自国の歴史に対する大きなプライドがあります。でもそれがグローバル化の中で、変な保存の例を目にすると、もしかすると部分的にせよ、オーナーが外国人に変わったのかもしれない、地元の人だったら、こんなことしないだろうな、などといろいろ考えるわけです。経済のグローバル化が影を落としているのか、日本が逆に、ヨーロッパでもファサード保存がどんどん増えています。ファサード保存の先進国に思えることすらあります。

また、高層ビルの足元にファサードを張り付けるなんていうのは、もう建築のオーセンティシティとは一切無縁の社会です。あれは全然、保存でも何でもなくて、一つの経済ベースの中で折り合いをつけているだけの話だと僕は思っていますので、それは別のところで議論しなくてはいけない。当然、そういうものが必要な世界もあると思いますが、それは保存や再生とは分けて考えないといけないでしょう。

降幡先生のお話の中で、とても印象に残っているのは、再生をやり始める前は新築と復元しかなかった、と言われた点です。つまり、復元というものは新しい材料による、つくり直しなのです。特に、まったくのゼロからの復元というのは、もう新築の話、あるいは経済の話としてとらえなければいけない、と私は思っています。保存・再生はあくまでも今あるものを、いかに使って生かしていくかということであって、それを新築の話とごっちゃにしないほうがいい。ですから日本の都市における保存の問題は、なかなか議論にはなりにくいというか、私自身、あまり議論したくないという状況です。

司会　田原先生に、ずばっと現代日本の状況を先生の視点で切っていただいて、聞いていて胸がすっとしました。

会場の皆様からいただいたご質問を、各先生方におたずねしたいと思うのですが、内容が

重複するものもあるため、今回は1件だけに絞らせていただきます。降幡先生へのご質問をご紹介させていただきます。「現代において再生した古民家は、50年後、100年後、もう一度再生することが可能かどうか」。このご質問、実は田原先生がご紹介されたヴェニス憲章の概念とも、大いにリンクする点があります。降幡先生、ぜひお答えください。

建築を長く使い続けるために

降幡 本来の施工をしていれば、もう何回でも再生可能だと思います。ところが昨今では、補強に金物を使います。心ある人は金物を使わなくても、日本の木組み、伝統的な仕口の工法で仕上げたいと思っている。しかも日本の木材は粘り気があって繊細で、非常に素晴らしいものです。きめが細かい、と言ったほうがいいかもしれません。

再生は何回もできると思いますけれども、補強のために使う金属で、木が傷めつけられるのです。また変形しないように固定する金物を使いますと、地震などで揺れた時に、さらに木を傷めるということも考えられます。私は、民家の木材は何回でも使えると思いますけれども、その工事の仕方によっては、幾分なりとも心配が残るかと思っています。

重要文化財に指定された神社仏閣を見ますと、大体100年ごとに小規模の修理、それから300年ごとに解体修理をしています。2回くらいの修理ではちゃんと立派にしておりますし、さらに今後、何回修理していっても、永久とまでは言いませんが、法隆寺は1200年ももっていることからすれば、木の寿命から言いますと、1000年くらいは使える、保存できると思います（注10）。だから3回修理しても1000年くらいは大丈夫でしょう。一般の住宅についても3回くらい、今回再生しましても、あと2回くらいは再生できていると思います。

注10　文化財（建造物）の解体修理の最近の例では、唐招提寺（奈良県奈良市五条町）の金堂平成大修理がある。2000年に事業着手し、解体調査、修理、組立を行って、09年11月1日から3日間、落慶法要を行った（写真）。唐招提寺の金堂は759年創建で国宝。同寺院によれば、これまで平安、鎌倉、江戸、明治の過去4回の大修理が行われてきたが、平成大修理は過去最大規模

らいは再生ができるだろう、と私は思っております。

司会 どうもありがとうございました。木材は弱い材料と思われがちですが、本物の材料、そして本物の伝統工法を使えば、手を入れながら長く使い続けることができる。このことは石づくり、レンガづくりのヨーロッパの建物でもまったく同じです。例えば１９９７年にイタリアのアッシジで大きい地震がありまして、大聖堂の天井が崩れた事故があったのですが、あの時も実は、後世にコンクリートで補強されていた部分が重くて、そこだけが崩れてしまったのです。

建築の保存、再生には、耐震、構造補強が欠かせないのですが、槙谷先生がご研究されているような新たな技術をもって、美しい補強、建物の質を損なわない再生を目指す。なおかつ陣内先生に今回ご紹介していただいたように、建物本体だけではなく、それを使い、住まう人たちのライフスタイル、さらには歴史的都市や風景の保存、環境保護も含めて、トータルに考えていくことが大切なのではないかと、私などは先生方のお話を聞いて強く思いました。

降幡 ちょっとお願いがあります。私はこの機会を通して改めて、生活の再生に邁進したいと思っております。そのためには日本の畳の部屋の再生ということで、椅子、畳、座布団の問題を解決したいと思っています。また皆さんのご意見がありましたら、ぜひお寄せください。これをライフワークとして完成させて、私は人生を終えたいと思っています。よろしくお願いいたします。

司会 それではこれにて、ディスカッションを終了させていただきます。先生方、長い時間お付き合いいただき、どうもありがとうございました。

ディスカッションの最後に「生活再生」へ向けた熱意を語る降幡廣信氏

第3章 光・風・熱・水をとらえる環境技術

連続シンポジウム「建築の今」第 3 回
2009 年 10 月 3 日
関東学院大学 KGU 関内メディアセンター（神奈川県横浜市中区）

環境要素をデザインする　湯澤正信

周囲の緑を楽しむ住まい　Ni 邸　神奈川県横浜市中区　1997

2階食堂からテラスを見る

道路側外観

2階食堂

庭と一体となった住まい　Mi 邸　神奈川県茅ヶ崎市　2006

厨房から居間・食堂、庭を見る

庭側外観。左側はオーニングの架かるパティオ

建物のリニューアルと環境共生技術　大塚雅之

関東学院大学環境共生技術フロンティアセンター　神奈川県横浜市金沢区　2005
大沢記念建築設備工学研究所の環境共生技術による再生

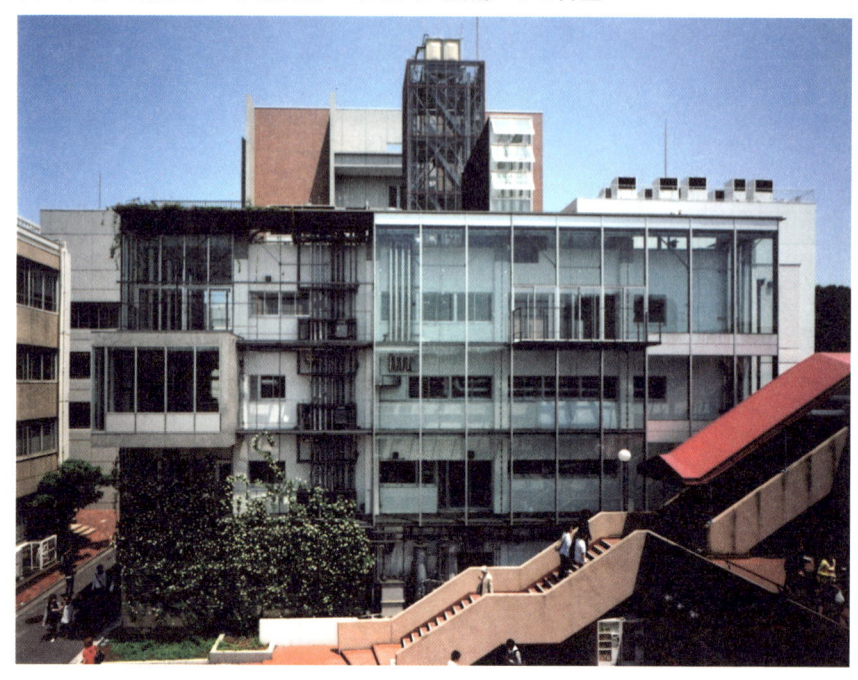

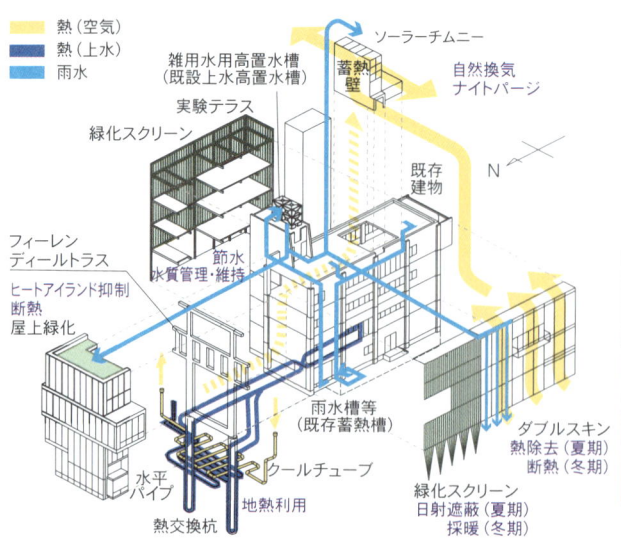

図A　既存建物のリニューアルと適用する環境共生技術

凡例：
- 熱（空気）
- 熱（上水）
- 雨水

ラベル：
- ソーラーチムニー
- 蓄熱壁
- 自然換気ナイトパージ
- 実験テラス
- 緑化スクリーン
- 雑用水用高置水槽（既設上水高置水槽）
- 既存建物
- フィーレンディールトラス
- ヒートアイランド抑制
- 断熱
- 屋上緑化
- 節水
- 水質管理・維持
- 雨水槽等（既存蓄熱槽）
- クールチューブ
- 水平パイプ
- 熱交換杭
- 地熱利用
- ダブルスキン　熱除去（夏期）断熱（冬期）
- 緑化スクリーン　日射遮蔽（夏期）採暖（冬期）

建築、構造、設備技術を統合化した外皮による熱負荷削減システム→熱・空気の利用：ダブルスキン＋ソーラーチムニー

増築部基礎杭と埋設配管を活用した臨海部特有の地中熱利用システム→熱の利用：土壌・地中熱の有効利用

既存地下蓄熱槽や既存高置水槽を活用した雨水利用システム→水の有効利用：雨水利用＋節水・節湯化技術の組合せ

ダブルスキンとソーラーチムニーによる熱負荷削減 (本文 164 頁)

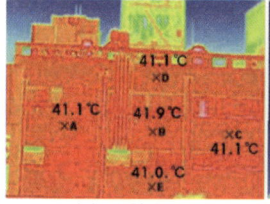

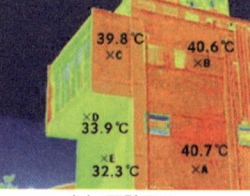

〈a〉西壁面 1 　　〈b〉西壁面 2

図B　改修前の建物と西面の温度分布（夏期）。建物は南北方向に長く、西面は日射の影響を大きく受けていた。特に夏期には、西外壁面・窓付近が40℃を超える高温となる

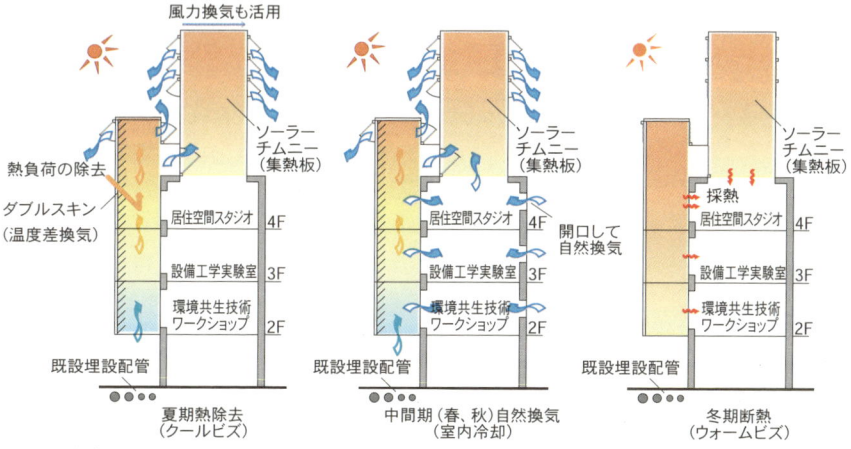

図C　ダブルスキンとソーラーチムニーの効果を示した原理図

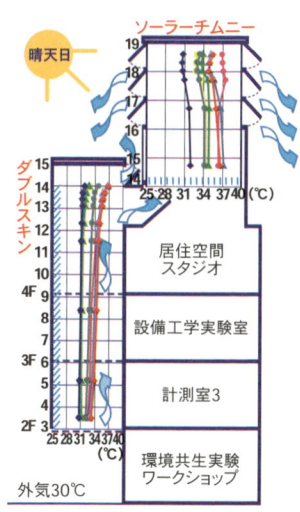

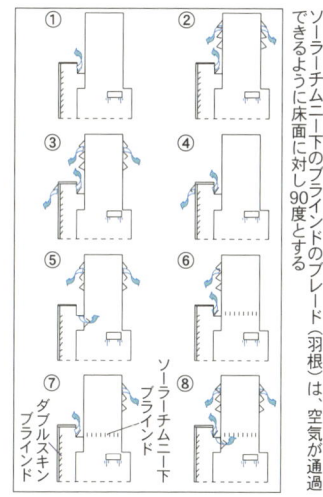

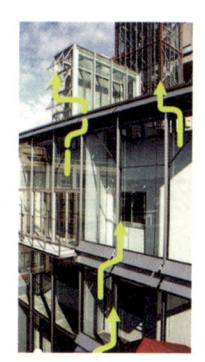

図D　ダブルスキンとソーラーチムニーの連動による通気効果の促進

図E　ダブルスキンとソーラーチムニー内温度分布（上部空気温度31℃〜34℃）

土壌・地中熱の利用（本文166頁）

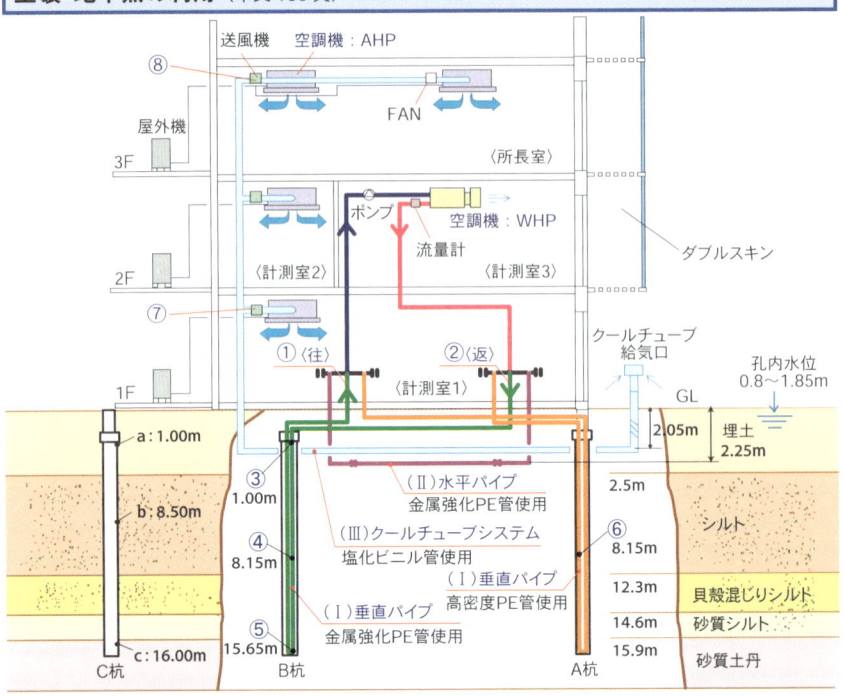

図F　地中熱利用空調システム系統図

図H　杭利用垂直パイプシステムの施工（高密度PE管）

図G　クールチューブシステム（塩化ビニル管）

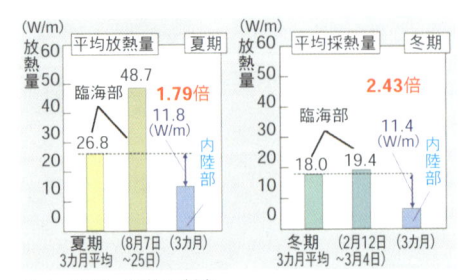

図J　放熱・採熱の割合

図I　水平パイプシステム（金属強化PE管）

雨水利用と節水・節湯化技術の組合せ （本文168頁）

図K　改修前の給排水設備システム系統図

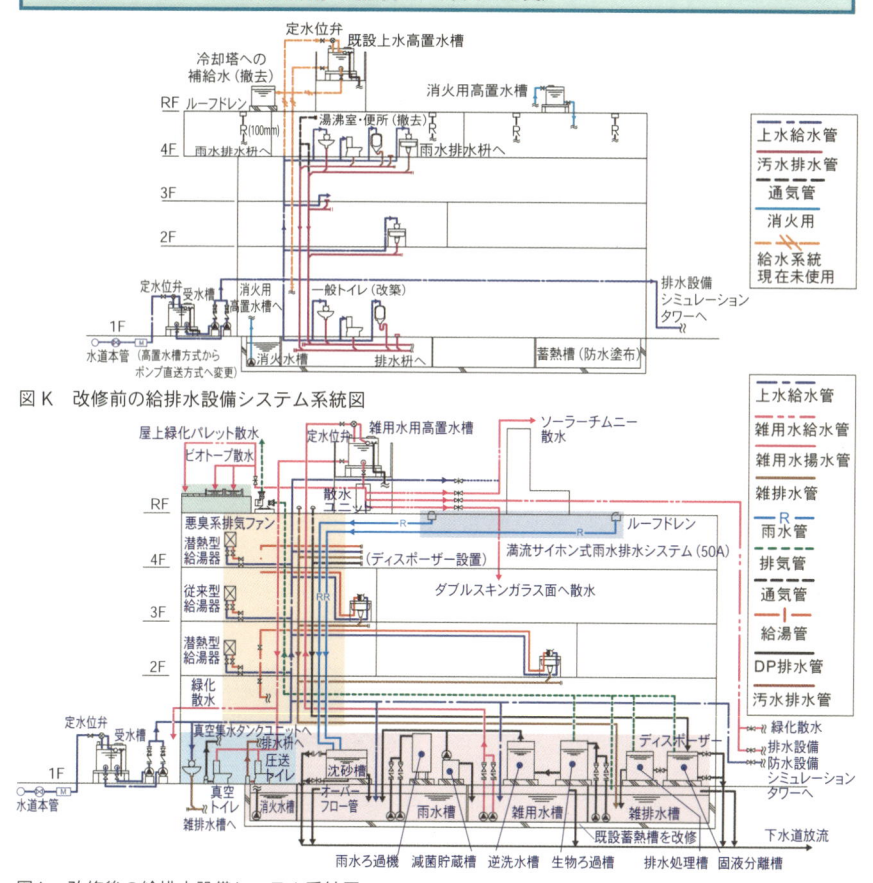

図L　改修後の給排水設備システム系統図

図M（写真右上）　屋内に取り付けていたパイプシャフトを外壁に取り付けた
図N（写真右下）　改修前の地下蓄熱槽を雨水槽などとした

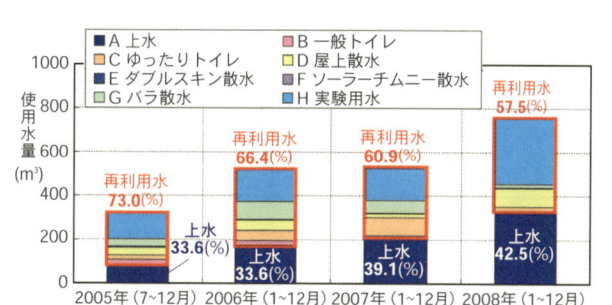

図O　当該施設での水使用量と用途別使用割合。節水型トイレシステムなどの採用で、年間平均上水代替率68％を実現

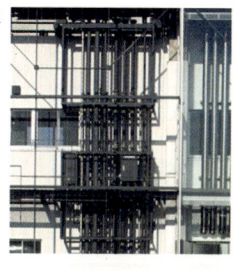

環境負荷の少ない快適な街づくり　梅干野晁

ヒートアイランド現象 (172頁)

仙台市の緑被分布と夏季・晴天日における市街地の熱画像 (図A)

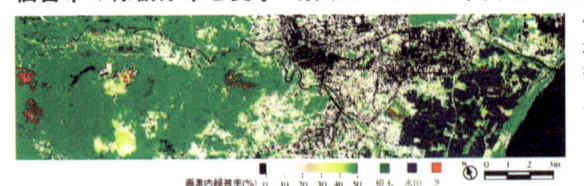

仙台市の緑被分布図
右下の黒い部分は太平洋。中心部分に広瀬川が流れ、その右側が市街地

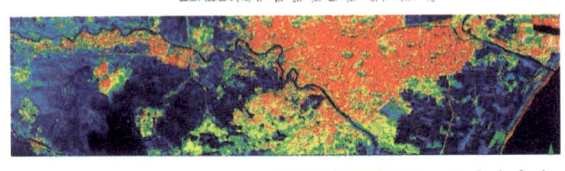

仙台市の夏季・晴天日の熱画像
仙台市街地の赤い部分は約50℃で、大気温度よりも約20℃高い。海岸線の砂浜と同じ表面温度である。左側の森は、ほぼ大気の温度と同じ

夏季・晴天日における市街地の熱画像 (図B)

東京・池袋のサンシャイン60から収録
中央のまとまった緑は護国寺の森。左手前は木造の建物が密集した地域。右側の高速道路沿いに鉄筋コンクリート造の建物が並んでいる

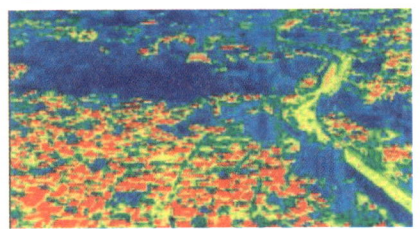

同・夏の昼の熱画像（1990/7/28 12:00）
左手前の木造建物の屋根が最も高温になる。高速道路の舗装面も高温を示す。護国寺の森の温度は気温とほぼ等しく、木造建物の屋根はそれより20℃以上高い

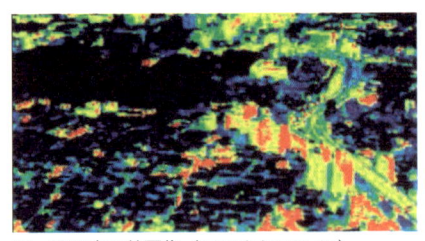

同・夏の夜の熱画像（1990/7/28 21:00）
木造建物の屋根は大気放射によって急激に表面温度が下がる。護国寺の森は昼と同様に気温とほぼ等しい。鉄筋コンクリート造建物の壁面は日中吸収した日射熱が蓄熱され高温を保つ。舗装道路も高温を示し、熱帯夜の発生を助長する

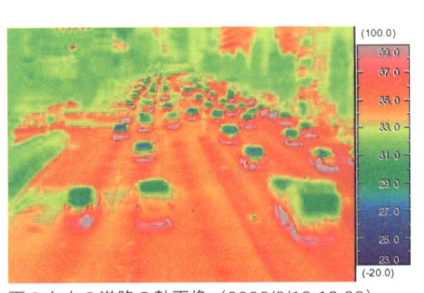

夏の夕方の道路の熱画像（2005/8/19 18:20）

夏の昼の公園の熱画像（2005/8/19 11:57）

放射熱と表面温度 (174頁)

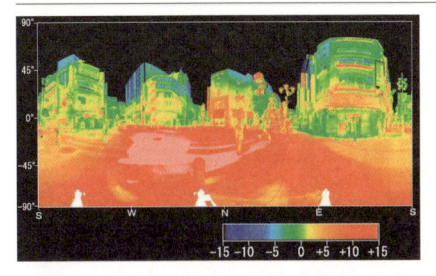

全球熱画像（図C）
横軸が東西南北。縦軸はゼロが目の高さ、90℃が真上で-90℃が真下。観測者を囲んでいるすべての面の表面温度を可視化

東京・新宿駅東口の街路の歩道上
(2002/6/6 13:57、外気温29.2℃、湿度36％、風速1.0m/s、全天日射量770W/㎡)
道路表面の放射温度は気温より約15℃高く、気温を高めている

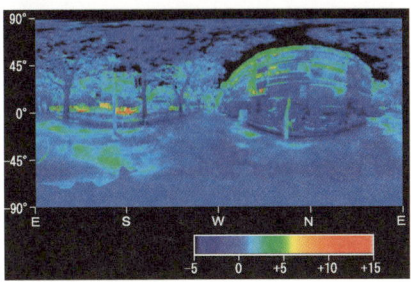

大きな樹冠の街路樹に覆われた街路
（東京・渋谷区表参道、1997/7/24 11:55）
外気温 30.3℃、湿度51％、風速0.6m/s、
全天日射量 31W/㎡、平均放射温度 30.2℃

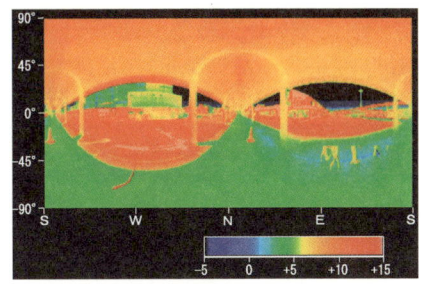

人工の天蓋で覆われた通路
（東京・八王子市南大沢駅前、1997/9/10 12:18）
外気温 29.0℃、湿度50％、風速1.8m/s、
全天日射量 97W/㎡、平均放射温度 36.6℃

屋上緑化と生活空間の広がり (176頁)

東京・池袋駅東口周辺の屋上緑化のシミュレーション（図D）

現状

屋上を緑化

「森」の広場の提案と環境シミュレーション（横浜・桜木町駅前の広場を森に！ 179頁）

駅前広場の熱環境の実態（図E）

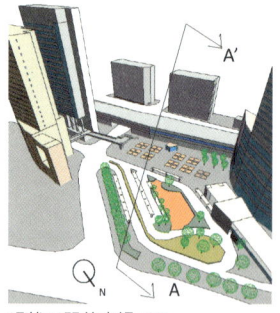

現状の駅前広場CG

夏季晴天日12時（気温32.3℃）

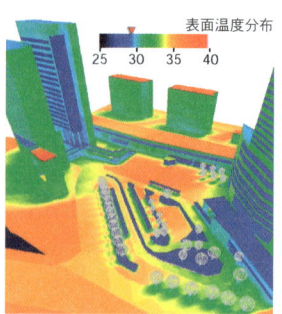

夏季晴天日20時（気温29.0℃）

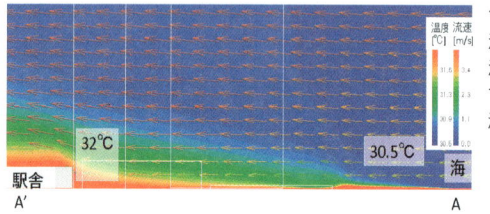

気流シミュレーションによるA—A'の気流・気温分布
海から吹いてきた涼風は高温になった広場で熱せられ、駅舎の出入り口では1.5℃高温になる

「森」の広場の提案と熱環境の予測評価（図F、模型写真は179頁）

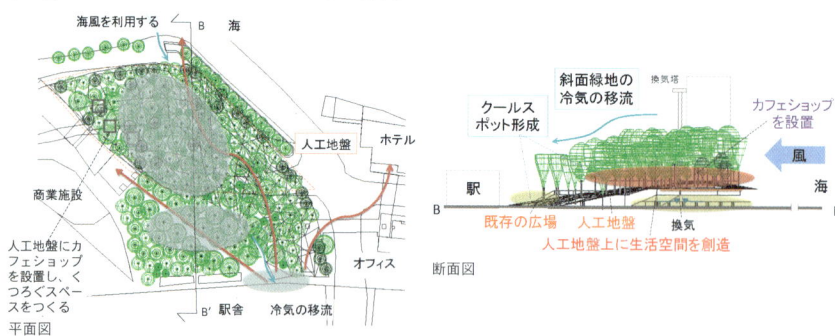

平面図

断面図

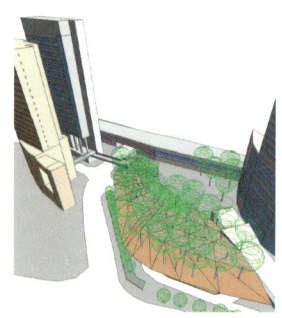

CG（駅前広場の森）

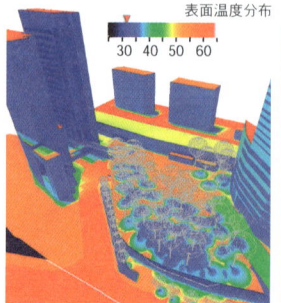

夏季晴天日12時（気温32.3℃）

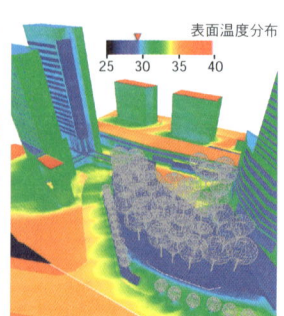

夏季晴天日20時（気温29.0℃）

パッシブデザインと住宅　小玉祐一郎

パッシブソーラー　日中の太陽光による熱を蓄熱して夜間の暖房に利用する

日中のサーモグラフィ。日が当たる所から暖まり、広がる

筑波の家Ⅰ　茨城県つくば市　1984

夜のサーモグラフィ。日中暖められた床が放熱する

パッシブクーリング　通風、排熱、夜間換気の3つのモードを使い分ける窓のデザイン

南側外観

内部。左が南面

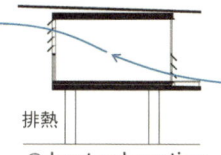

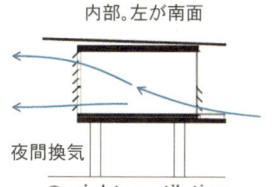

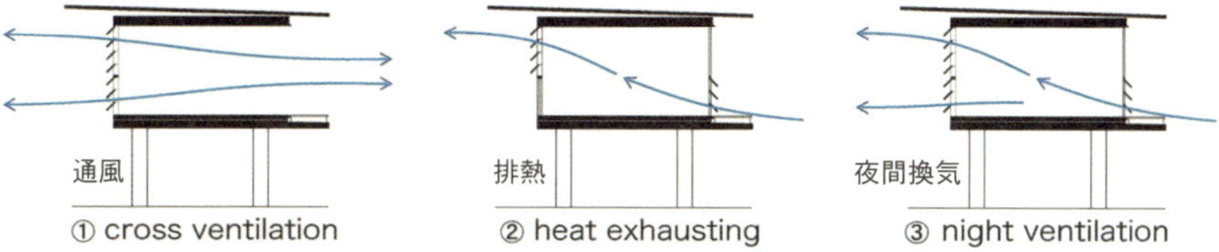

| 通風 | 排熱 | 夜間換気 |
| ① cross ventilation | ② heat exhausting | ③ night ventilation |

**高知
本山町の家**
高知県長岡郡本山町
2003

北側外観

地域の環境計画　ハウステンボス　定永哲雄

全景。大村湾とつながる運河や森によって景観をつくり出している（長崎県佐世保市ハウステンボス町）

夕暮れ時の街の風景。明るすぎない光環境を計画した

40万本の植樹は8年で森に成長した

工業団地を目的として埋立・造成された着工前の敷地（152ha）

環境要素をデザインする

湯澤正信

関東学院大学の湯澤です。私は建築のデザインや計画を専門としています。本日は我々の住まいや生活空間のあり方から出発して、環境要素が建築の中でどのようにデザインされているのかということをお話しします。光、風、熱、水という環境要素は、内（内部空間）と外（外部空間）という建築にとって重要な二項関係の中で理解することができるのではないかと考えられます。内と外といえば、生活空間に外界の自然の持つ潤いと広がりを取り込みたいと思っている方は、現在、意外に多いのではないかなと思います。

内部空間と外部空間の関係

例えば、住宅設計の際に建主さんと打合せをしていると、間取りや使い勝手、家具の話などいろいろありますが、木陰の下のテラスに出て食事やお茶をしたいとか、いつの間にか外部での生活に話題が移っていることが多くなりました。外部での生活というものが現代の我々にとって必要とされ、また、楽しみにもされているという気がします。

そもそも建築は内部空間をつくり出すもので、住宅に限らずオフィスや公共建築でも、建築という行為は外部に対して内部を定義することであるといえます。外界の厳しい環境の中に放たれたとき、人間はそこに内部という安全で安定した居場所を求めました。それが建築空間であるわけですが、いざつくってみると、内部でなく外部が、実は自分が存在していく上で必要な太陽の光や緑や酸素を豊富に持ち、内部にはない自由なオープンさや心地良さが

湯澤正信

ゆざわ　まさのぶ

建築家

関東学院大学工学部建築学科教授

1972年東京大学建築学科卒業。同大学大学院修士課程修了後、磯崎アトリエを経て、現在、関東学院大学工学部建築学科教授として建築意匠と設計を指導するとともに、湯澤建築設計研究所代表として設計実践を行っている。設計活動は住宅から福祉施設、博物館、庁舎や学校の各種公共建築、駅舎、工場、広場など幅広く展開。1991年、浪合学校で日本建築学会賞受賞ほか受賞歴多数

あり、新鮮な気流感など魅力に満ちたものであることに改めて気付くこととなります。自然の移ろいとか季節のリズム、緑、風、光などを通じて、我々を心地良く刺激してくれます。

こうした内と外との関係のデザインにこそ、建築にとって本質的な出来事が起こるのであり、その中で環境要素は中心的な働きをしています。私の設計した建物を事例としながら、環境要素のデザインについて、その諸相を概観したいと思います。

開口部による外部との関係

内と外の間には開口部があります。内部としての建築空間は孔を開けることによって外との関係を持ちます。この孔とは窓ですが、四角いばかりではなく、楕円形や三角形などさまざまな形があり、垂直面であったり斜めの面であったり、窓を工夫することにより、光や風、音などを我々にとって快適であるようにいわば加工して、内部に取り入れます（図1）。

この住宅では光で充満した空間をつくりたいと思い、さまざまな位置や大きさの開口から光を取り入れています。ここでは、光は何か中心をつくるというより、拡散していくような空間をつくっています（図2）。例えば、左側の壁はステンレスを張って光を鈍く反射し、眩しい光というより、ぼんやりとした弱い光が周囲に拡散し、充満します。どこか懐かしい記憶の中のような空間をつくり出しています。

この建物は開口部というよりは壁全体を開けてしまったものです（図3）。満たされた光で空間が膨らんだような形をしています。大学の図書館で、周りはガラスで囲われていますが、その上部ではコの字型の断面を持った半透明のガラスが間に空気層を持つように二重にされ、高い断熱性能を得ています。キャンパスの中央にあり、夜は暗いキャンパスの中に、

図1　多様な開口部からの光（Si邸、神奈川県横浜市、1995年）

図2　拡散する光（Ma邸、千葉県市川市、1981年）

154

ぽんぼりや行灯のように浮き上がり、学習や生活の拠点にふさわしい心象風景をつくり出します。

これは小学校のオープンスペースで、トップライトから光が降りてきます（図4）。天窓という開口部を感じさせないように、屋根の母屋を細かく配置し、その間から光が静かに降り注いでくるようにしています。

内と外の中間領域

開口部から、内と外の間にある中間領域（緩衝領域）に話を移します。これは保育園です（図5）。配置計画上、通常のように園庭に面して保育室をつくれなかったので、中間領域の中庭をつくり、そこから園庭に出ようという形で設計しました。デッキにすることで中庭は保育室と同様にはだしで行け、保育室と一体的な空間となり、保育園の中心的な活動の場となりました。

これは既存建物の1階につくった老舗牛鍋屋のアプローチ周りです（図6）。横浜の馬車道の近くで、外部は港町横浜の洒落た雰囲気の感じられる現代的な場所ですが、内部は純粋な和風空間となっています。喧騒の外部から徐々に内部の静かな別世界に入っていく中間領域として、光の縞模様に包まれた特異な道行空間をつくりました。

図3　柔らかい光に包まれる（東京電機大学千葉メディアセンター、千葉県印西市、2001年）

図4　上から落ちる光（小谷小学校、長野県北安曇郡小谷村、2006年）

図5　デッキの中庭、園庭へ続く緩衝領域（用賀なのはな保育園、東京都世田谷区、1998年）

図6　喧噪の外から静かな内へ（荒井屋万國橋店、横浜市、2007年）

これは住宅で中庭をつくった例です（図7）。手前が主婦のいる台所で、左側が一家での滞在時間が長い食堂。右側が浴室で、中庭は恰好の涼む場となります。奥は菜園で、そこでとれた野菜を持って上がってきます。魚も、ここに七輪を出して焼いています。この家の生活は、中庭を中心として展開されています。

環境要素をとらえる

ここからは、環境要素をどのようにデザインのテーマとしてとらえていくかという視点で見ていきます。これは公園のレストハウスです（図8）。尾根筋の公園で大地の起伏が特徴的でした。それで、大地という環境要素をテーマとし、歩いているといつの間にか建物の屋上にいるという、大地と建築との境がなくなったような形になっています。

これは大学で、明るい外部に面して、ガラスのキッチンをつくり、皆で料理し、食べるテラスをつくりました（図9）。陽光そのものを感じさせる場です。

この空間は高校の国語科のメディアスペースです（図10）。その外に広いテラスを設けて、前面の公園の素晴らしい景色を味わい、そこの光や風や音を感じ、俳句の一つでもひねろうかというものです。

図7　菜園に続く中庭を中心とした生活の広がり（Si邸）

図8　大地との一体化（本牧山頂公園レストハウス、神奈川県横浜市、1999年）

図9　明るい外部に正対（東京電機大学、千葉県印西市、2001年）

図10　光・風・音を感じる（福島県立いわき光洋高等学校、福島県いわき市、2004年）

これは大きな桜の木がいっぱいある敷地に建つ小さなレストランです（図11）。桜を1本も伐らずによけるよう、ジグザグな平面形となっています。敷地を初めて見た時、桜の梢（こずえ）の下の空間が非常に気持ち良かったので、この緑陰をそのまま内部空間にできたら良いなと思い設計しました。

これは福祉施設ですが、庇を大きくし独立させ、建物から浮かせています（図12）。この建物は庇がまだ冷房が一般的ではない時代のもので、そのため、庇により風を集めて下部の建物内に呼び込もうとしました。一枚の大きな庇の下にみんなで集まって、心地よい風を感じながら暮らそうとのような、この建物の姿勢を表すシンボルにもなりました。

次の建物は歴史民俗資料館です（図13）。田んぼの中に建ち、前面の小さな社のある森と対峙する建物にしました。こうした資料館はいわば蔵の一種でもあり、蔵には置屋根がよく設けられます。置屋根というのは建物と離して屋根を置き、間に風を通して日射の影響を軽減しようというものです。それからヒントを得て、大きく波打つ象徴的な大屋根を載せ、その下を利用して、狭い敷地条件の中で設けるのが難しかった半外部の体験学習（古代の土器製作など）の場としています。

これは小学校の温水プールです（図14）。夏季、左側下

図11　緑陰を建築化する（ヴェルニー公園カフェ・レストラン、神奈川県横須賀市、2005年）

図12　風を呼ぶ1枚の庇の下に集う（知的障害者更正施設みだい寮、山梨県韮崎市、1987年）

図13　風を取り込む置屋根（泉崎資料館、福島県西白河郡泉崎村、1993年）

図14　気流感（早川町立早川北小学校、山梨県南巨摩郡早川町、2001年）

の窓を開けるとシューッと風がうまく上に抜けていきます。屋根の形をアールにして、空気の流れが感じられるような断面形としました。

これは斜面地にある住宅です（図15）。住宅の真ん中に階段をつくり、そこを風が通り抜け、敷地の奥の部分に導かれるようになっています。

この建物は御巣鷹山の事故で有名な上野村にあり、背後には神流川という非常にシンボリックな川が流れています（図16）。川に沿って敷地があり、その川を何とか身近に感じることができるようにと考えました。車で走っていたり、歩いている限りでは道から川はあまり感じません。建物に近づいたら何か感じる、そのようにならないかということで、建物中央に抜けをつくり、そこから正面眼下に川の景色が広がるというような形で、川との一体化を試みました。

次に講演する大塚先生がこの建物の話を主にされますが、これは関東学院大学内の築36年を経過した小規模な研究施設の改修です（図17）。この改修は単なる更新ではなく、建物の躯体を残しながら、環境共生技術の要素で包み、最新の環境共生建築として再生させるものです。この建物自体いわゆるどこにでもあるような、都市内に無数にある普通の中小建物の一つであり、それを優良で魅力的な建築ス

図15　風が通り抜ける（Si邸）

図16　背後（左下）の川を感じる（上野村ふれあい館、群馬県多野郡上野村、2003年）

図17　既存建物を環境共生技術で包む（関東学院大学環境共生技術フロンティアセンター、神奈川県横浜市、2005年）。左は再生前（1968年竣工）

トックに再生させる一つのケーススタディととらえることができると考えました。その方法として考えたことが三つあります。空間を活性化するのに、そこを使う人々のアクティビティを引き出すこと、既存の建物の記憶を継承すること、そして、環境共生技術で包もうということです。既存の建物の周りをダブルスキンや緑化スクリーンなどで包んでいます。このダブルスキンを流れる外部の空気が内部に入り、屋上に設けたソーラーチムニーから抜けていきます。このように、例えば空気という環境要素を通して、建物の内外を統合して環境的なとらえ直しをして、既存建物を再生させました（144頁参照）。

周囲の緑を楽しむ住まい

ここからは二つの住宅を少し詳しく見ることで、環境要素のデザインを考えることとします。これは横浜の住宅ですが（図18、143頁上段参照）、1階がコンクリート造で2階が木造になっています。袋小路の行き止まりの三角形の土地にあり、西側の玄関前に大きなタイサンボクがあります。周辺にある隣地の樹木が保存樹木で伐れないということがあり、それらをうまく計画に取り込めないかなということを考えました（図19）。大きなガラス面から南側の庭や緑を楽しむことはほとんどワンルームの空間となっています。ここで考えたことは、生活を場の広がりとしてとらえるということです。2階は周囲に無限に広がっていく概念的な広がりを、実際の生活が行われる具体の広がりとするため、四隅を壁として固め、安定したものとします。この広がりは各スペースのさまざまなつながりにより構成されます。主婦コーナーや食堂から居間へのつながり、居間と書斎のつながり、テラス、食堂、台所のつながり。さらに、この広がりは一枚の軽い屋根でシンプルに覆われ、各つながりの一体性が強められます。

図18　Ni邸（神奈川県横浜市中区）＝1997年竣工、地上2階建、1階RC造、2階木造、敷地面積267.77㎡、建築面積105.98㎡、延床面積196.03㎡。写真は2階食堂から居間を見た様子

2階平面

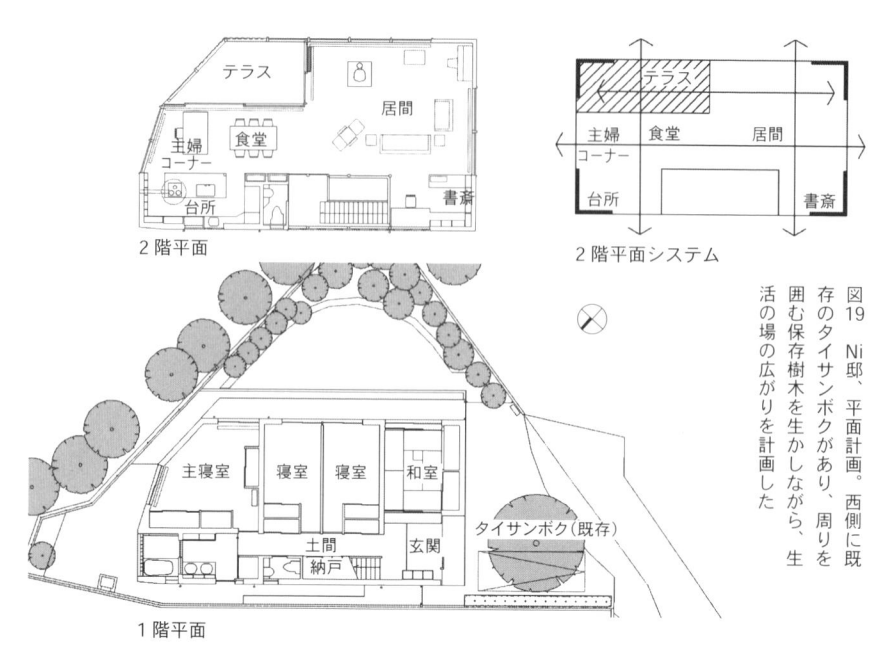

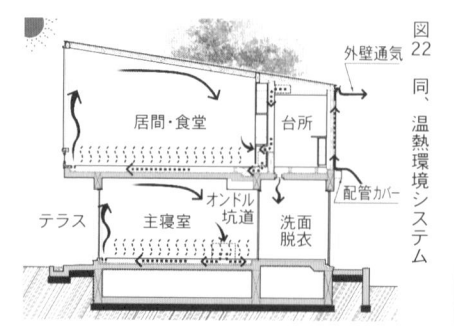

2階平面システム

1階平面

図19 Ni邸、平面計画。西側に既存のタイサンボクがあり、周りを囲む保存樹木を生かしながら、生活の場の広がりを計画した

図20 同、2階居間から食堂を見る

図22 同、温熱環境システム

図21 同、庭側外観

このような開放的な空間の実現は、敷地が袋小路の一番奥にあり、通行人も少なく、さらに隣地の建物とは樹木により遮断されていることなどによりプライバシーが担保されていることが直接的な理由ですが、何よりも豊かな緑に囲まれた快適な住まいの広がりを実現したかったことによります。しかし、技術的に大丈夫なんだろうか、こんなにガラスが多ければ夏は暑くて冬は寒いのではないかと心配になりました。周囲の緑により、夏の日差しは遮られ涼しく、冬は葉が枯れますから日が長く入ってきます。また、開口は上部と下部を開閉できるようにして、重力差による自然通風を起こし、風がない時でも適度な空気の流れが感じられます。さらに、部屋の空気全体の流れを考えた現代風オンドルの床暖房としています（図22）。ガス湯沸かし器でつくられた温水を熱源として温風をつくり、それを床下に流して床暖房とします。この温風は最後に庭側の大きなガラス際の床グリルから抜けて、コールドドラフトを防ぎながらまた戻っていくという形です。こうして意匠や構造と環境・設備が統合された快適な温熱空間が出来上がります。つまり、温熱から空間をとらえたわけで、周囲の緑の中に引き込まれたような気分を味わえます（143頁参照）。

庭と一体となった住まい

最後の住宅ですが、神奈川県の茅ケ崎の海から350mほどの、非常に湘南らしい光や風を感じる場所に建てられた平屋の建物です（図23、143頁下段参照）。東側が道路の東西に細長い土地で、南側に広がる庭との関係を重視しました。玄関から入ると居間があり、次にパティオがあり、奥のほうへ行く形になっています（図24）。

図23　Mi邸（神奈川県茅ケ崎市）＝2006年竣工、木造平屋建、敷地面積418.04㎡、建築面積183.78㎡、延床面積164.57㎡。写真は道路側外観

ここで矢印で示したように、生活の個々のアクティビティをスペースのつながりとして組織化をして、生活の場の広がりを考えました。この広がりを大きく覆うものとして一枚の屋根があります。この屋根構造は約30cmのピッチで母屋が細かく並び、それを桁で受けるシンプルな形をしています（図25）。桁に直行する梁はありません。それによりできたのがこの空間です（図26）。南の庭側に屋根からルーバーが吊り下げられています。これは日射を夏はカットし、冬は取り入れ、さらに隣家の2階からの視線を遮ります（図27）。

パティオには電動のオーニングがかけられ、それによってできる日陰が心地よく、実は、寒い時以外は、ここで朝食も夕食もとるというアウトドアライフが行われており、ここが生活の中心になっています（143頁参照）。内部はトップライトがいくつかあり明るく、夜以外は照明が不要です。夏は風が通り涼しく、冬は陽の光で暖かいということで、光熱費が2分の1近くになったと聞いています。吊りルーバーにより視線が下のほうに限られることにより、居間から庭がパノラマ状に広がり、居間と庭が一体化されたように感じられます。

以上、建築の内と外との関係の中で、環境要素がどのようにデザインされてきたか概観しました。

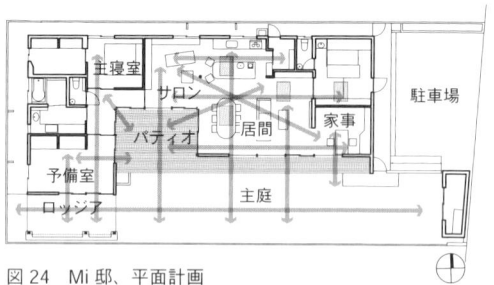

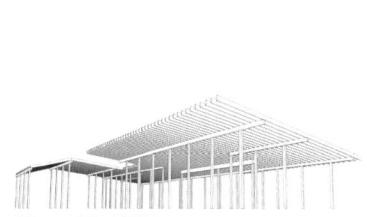

図25 同、架構システム

図24 Mi邸、平面計画

図27 同、庭側外観

図26 同、庭と一体になった住まい

建物のリニューアルと環境共生技術

大塚雅之

関東学院大学の大塚です。私の話は、関東学院大学の大沢記念建築設備工学研究所のリニューアルに関する内容が中心となりますが、この建物は先ほど湯澤先生からお話がありましたとおり、キャンパス内でも歴史のある建物です。これをリニューアルする際に、環境共生技術をどのように導入したのか、また、その効果を実証した結果について話をさせていただきます。

サステイナブルリニューアル

現在、都心部には老朽化の進んだ既存建築のストックが多く存在しています。それらの建て替えやリニューアルはもちろん、集合住宅であったものを事務所ビルへと用途を変更するなど、コンバージョンに伴う建築工事が増えて来ています。また、地球温暖化対策として、CO_2の排出量を1990年度の比で25％削減させる新たな目標値が、先日（2009年9月）、政府から提案され、CO_2排出量の大幅削減が義務付けられました。そのような中で、節水による省資源化や自然エネルギーの有効利用、省エネルギー化といった課題が掲げられ、我々もその解決に向けて真剣に取り組まなければならない状況にあります。

ここでは、地球環境に配慮したさまざまな環境共生技術を導入して、既存のストックを魅力的で快適な空間へ、意匠、構造、環境設備が一体となって再生を図る「サステイナブルリニューアル」という手法を提案し、これを適用してみようということになりました。

おおつか まさゆき
関東学院大学工学部建築学科教授、学科長
1988年東京理科大学大学院理工学研究科博士課程修了。工学博士。専門分野は水環境・建築給排水衛生設備。建物内の給排水衛生設備システムの設計と性能評価、節水・節湯型機器システムの開発、SI住宅対応、フリープランを可能にする給排水衛生設備システムの開発等に取り組んでいる。現在、NPO法人給排水衛生設備研究会理事、日本建築学会運営委員会幹事、空気調和・衛生工学会評議委員・技術フェロー等

163

その適用事例が、築36年を経過した関東学院大学の大沢記念建築設備工学研究所を再生させた環境共生技術と、その効果を中心にお話をしたいと思います。

適用した環境共生技術の全体像はこのようになります（144頁図A参照）。この中心に描かれた建物が大沢記念研究所棟で、この建物を外皮で囲うようにダブルスキンやソーラーチムニーを設置して断熱性や通気性の向上、熱負荷の削減を考えました。さらには、この建物は臨海部に面した所に建てられているので地下水位が高く、その含水率が高く、熱交換特性のよい特有の土壌を用いた地中熱を利用し、それを空調の熱源として活用することで省エネルギー化を試みています。

また、既存の建物には蓄熱槽や高置水槽などの設備が残っており、それらを有効活用して雨水を貯留するために用い、節水技術と組み合わせて省資源化を図ることを考えました。これらの三つの技術を使って、環境負荷削減の可能性について取り組んだ事例です。

ダブルスキンとソーラーチムニーによる熱負荷削減

まず初めに、熱負荷削減システムとして、ダブルスキンとソーラーチムニーを提案しました。この建物は南北方向に長い建物で、西日の影響を非常に最上部に受けます。その西日による熱負荷をダブルスキンで削減することを試みました。また、最上部にソーラーチムニーという蓄熱壁と開口を持つ集熱装置を設け、そこに蓄熱された熱を駆動力としながら自然換気による通風と熱除去を促進させるという、その二つの技術を計画しました。

これは改修前にサーモグラフィで撮影した西面の映像です（145頁図B参照）。西日の

図1　関東学院大学環境共生技術フロンティアセンター（神奈川県横浜市金沢区六浦東、写真右は南面、左は北面のファサード）=設計：湯澤正信＋日建設計、設備計画・大塚雅之、構造計画・アラン・バーデン、2005年竣工、RC造（一部S、SRC造）、地上4階建、建築面積308.75㎡、延床面積308.75㎡（うち増築部分175.55㎡）

影響により夏には西面の外壁や窓付近の温度は40度を超え、非常に熱環境の悪い状況になってしまいました。そのため室内の環境も劣悪な状況になっています。これをいかに改善していくかを考えました。

今日は学生の皆さんもいらっしゃいますので、少し分かりやすい図をつくりました（145頁図C参照）。図のようにダブルスキンとソーラーチムニー（図2、3）を設置しました。ダブルスキンは外側の部分についており、このダブルスキンで西日の熱除去を行います。通常、これがないと上階の居住空間スタジオや、他の室内に日射が差し込み、非常に熱くなってしまいますが、既存の外壁の外側にもう1枚ガラスの層を設け、主に上下方向の温度差で換気を促進させ、中の熱を除去する構造です。また、屋上部のソーラーチムニーという集熱装置を使って熱を集めて、ダブルスキンとソーラーチムニーの間をつなぐ開口部を開けて連動させることで、さらに上方への空気の流れを促進させ、熱を除去するという仕組みです。

いわば夏に通気性の良い服を着て涼しく、快適に過ごすクールビズのイメージですね。

それに対して、夏期に比べ中間期は外気温が下がるので、ダブルスキンとソーラーチムニーを利用するとともに部屋の開口部も開けて、特に夜間には自然換気を促進させることで冷気を室内に取り入れ、躯体に蓄冷させることにより、空調機器の初動時間を遅らせること（これをナイトパージという）も実施しています。

冬期は、断熱効果によるウォームビズのイメージとして活用します。すなわち、開口部を全部閉じて、暖気を逃がさないという対応です。このように、二つの建築的な技術を季節や気象条件に応じて活用し、熱除去や断熱を促進させました。

これは、ダブルスキンとソーラーチムニーを連動させながら熱除去を行っている時の図です（145頁図D参照）。こちらは、そのときの垂直温度分布になりますが、西日を受けた

図3 ソーラーチムニー外観

図2 ダブルスキン内部

165

ときに上部で高く、大体34〜37度に達します（145頁図E参照）。外気温との差が5〜7度ぐらいありますから、温度差によって換気が促進されています。また、学生がダブルスキンとソーラーチムニーの開口部を自由に設定したり、両方を連動させるなどいろいろなパターンでの活用を行い、自然換気や通風の体験学習をすることができるようになっています。

これが熱除去効果を表したグラフです（図4）。この結果からダブルスキンの中に入ってきた熱の約6割〜7割ぐらいの除去ができていますし、換気回数も1時間当たり約70回と、非常に空調負荷の削減効果の高いリニューアルが実現したと考えています。

これらは、日本の民家で見られる縁側の障子や天窓を開けて夏期や中間期には空気を通したり、冬期ではこれらを閉めて断熱をするという仕組みと同じです。ダブルスキンとソーラーチムニーも、一般の我々の生活や住宅設計の中で用いられている技術だと思います。

土壌・地中熱の利用

二つ目の技術は、建物の立地条件に非常に関係する技術です。ここは周辺を海に囲まれて、そばに侍従川という川が流れる埋立地です（図5）。そのため非常に地下水位が高く、地中温度も年間を通じて安定しているため空調の熱源として利用できます。

増築部の基礎杭のいちばん深い部分、深さ15〜16mでの地中温度は、一年中おおよそ15度程度で変動も少なく推移しています（図6）。浅い部分

図4　ダブルスキンとソーラーチムニーによる熱除去効果

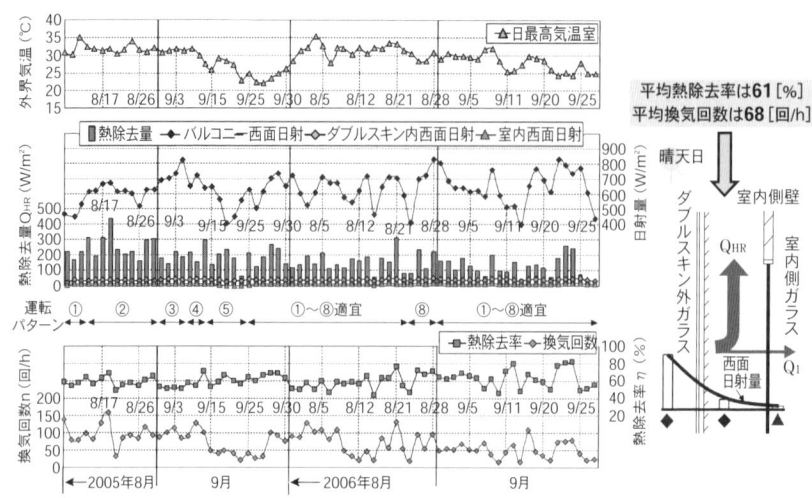

平均熱除去率は61 [%]
平均換気回数は68 [回/h]

では少し変動しますけれども、外気に比べれば非常に熱の変化が小さく安定しています。地中熱利用は、皆さんの住宅にあるエアコンシステムで考えると次のイメージになります。一般に室内にエアコンがあり、外に屋外機があります。よく皆さんも経験があると思いますが、夏期の冷房時には部屋の熱をとって外に放出しますから、屋外機の近くで熱い風など感じたことがあると思います。その大気に放出する熱を地中に放熱します。反対に、冬期の暖房時には外気より温度が低く熱容量も大きいので、非常に放熱効果がいい。地中は外気に比べて温度が高く、採熱効果も高いので、暖房の熱源となります。

これが具体的な地中熱利用空調システムの系統図になります（146頁図F参照）。熱交換用のパイプが地中に埋設され、この中を熱媒体となる水が通って、地中での採熱と放熱を行います。また、水の代わりに空気を通して同様の熱交換を行い、室内に空気を取り入れる仕組みを、クールチューブといいます（146頁図G参照）。空気を給気口から取り入れ、地中を通します。例えば夏期ですと熱を放熱して、少しひんやりした空気が室内機側に給気されます。このような、立地条件に合った未利用エネルギーをうまく使いながら、空調負荷を削減しようと考えました。

この研究所棟のいちばん前面、北側の面のところが増築部となりますので、それに付帯させて熱交換パイプを地中に埋設させます。これはその増築時の杭の施工状況です（146頁図H参照）。室内側の機器と放熱する側の部分を結んだ配管を、この杭の中の前部にセットさせた状態で地中に埋め込んで行きます。もう一つは水平に熱交換パイプを地上面の比較的浅いところに埋め込みます（146頁図I参照）。これは杭に比べ比較的浅いところで熱交換をするというシステムです。このように地熱を使ったいくつかのシステムを試みていますが。特に水平パイプの技術は、施工性も良く、他に比べ安価なため、現在の住宅でも使われています。

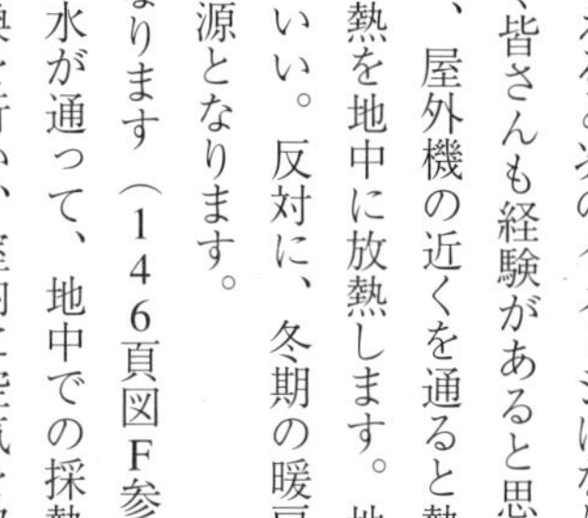

図5 関東学院大学敷地周辺（平潟湾と侍従川に面した埋立地）

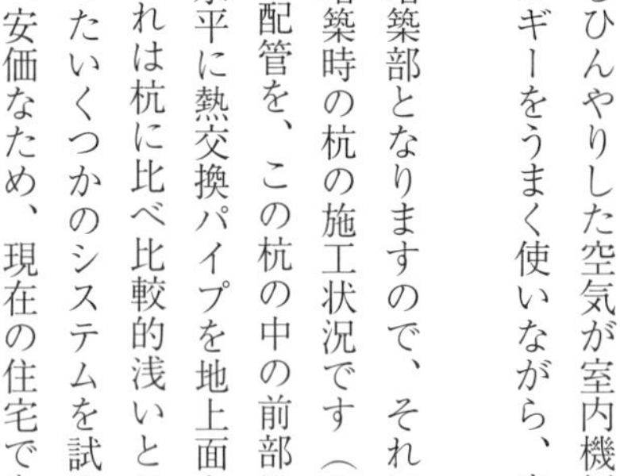

図6 関東学院大学敷地内の地中温度分布

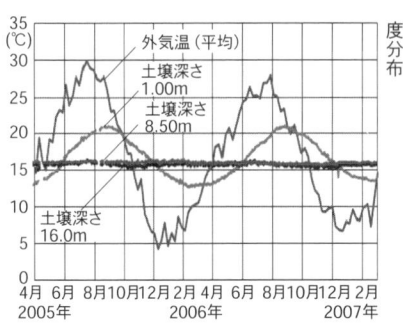

ていると伺っています。

その結果、特に杭に熱交換パイプを付帯させたシステムで放熱と採熱にどれくらい効果があったかというと、地中の水位の低い内陸部で行われた既往研究結果に比べて、立地している臨海部では夏期で1・79倍、冬期で2・43倍という非常に高い放熱と採熱の効果が得られました（146頁図J参照）。また、これによって、地中を空調システムでいう冷却塔や補助熱源として代用でき、機械設置スペースを不要とし、省スペース化も同時に図れたということになります。

雨水利用と節水・節湯化技術の組合せ

これまでは熱と空気の話を中心にしましたが、最後は水の話をしたいと思います。水の有効利用は昔から行われています。岐阜県の郡上八幡の水舟が良い例で（図7）、上流側から上質の飲み水、下流に行くほど水質は落ちますが、次第に野菜や食器を洗う水といった具合に用途が変化し、それに応じた水質のレベルを設定して無駄のない有効利用を、暮らしの中で人々は行ってきました。これを水の多段階利用、カスケード利用と言います。このような昔からの技術に基づいて、もう一度水資源の有効利用を考えないといけない時代です。また、屋上の植栽に散水をしたり、蒸発潜熱を利用して壁体などの冷却を行うこともヒートアイランド抑制などの観点から非常に大事なことです。このような水の多段階利用と緑化への配慮を、小さい建物ですが実践しました（図8）。

ここでは、有効活用する水源を雨水に求めました。横浜の1年間の降水量は、約10年間の年間平均で1700㎜程度になり、日本の標準的な降水量です（図9）。ちなみに、東京では年間約1500㎜と同等、那覇では非常に雨が多く2000㎜を超えます。

図7　郡上八幡の水舟

図8　改修後の雑排水槽内での緑化

168

次に紹介するこの世界地図は、皆さんの家庭にもあるトイレの洗浄水量の推移です（図10）。今から20年ほど前は、トイレの洗浄タンクの水量は13ℓ程度でした。しかし、現在は6ℓまで節水化が進んで来ています。つまり、20年間で半分以下の洗浄水量になったわけです。さらに、諸外国では節水化は進み4・8ℓが世界標準という時代です。今回の提案は、この節水化技術と先ほど述べた雨水を組み合わせたものです。それによってどれだけ節水化、省資源化が可能となるかを試みました。

そのためには、改修前から研究所棟内にあり老朽化していた既存設備を活用しました（147頁図K参照）。例えば、いちばん下の基礎の部分に実験で使われていた古いコンクリートの蓄熱槽があり、最上部には上水供給用の高置水槽が設置してありました。このような既存の設備を有効に活用していこうと考えました。また、改修前は配管類も建物内のパイプシャフトに設置してありました。それをこの図にありますように、すべて雨水利用設備として活用しました（147頁図L参照）。さらに、先ほどの節水化トイレなどは新設しましたし、屋上にはビオトープを設置し、雨水を植栽に散水利用できるシステムを計画しました。

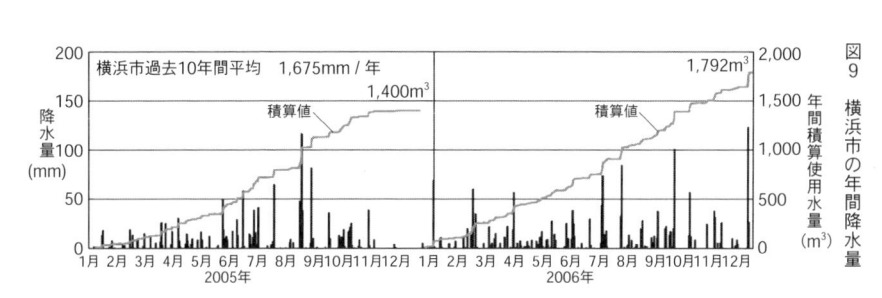

図9 横浜市の年間降水量

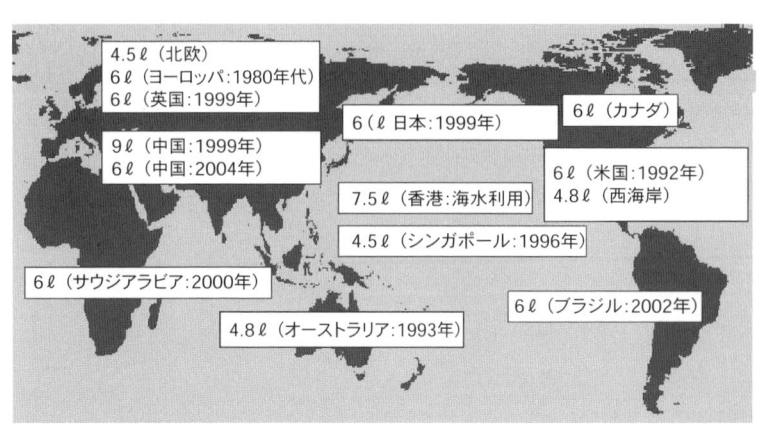

図10 世界大便器の節水化・洗浄水量の動向

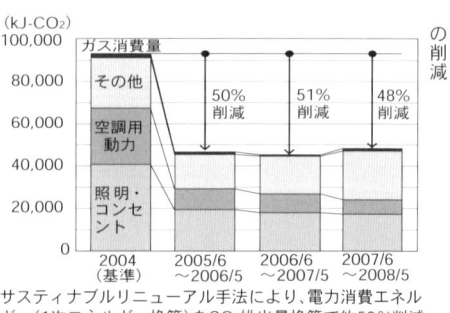

また、改修前に部屋内を通っていた配管類は、リニューアルするときに更新性に劣り、取替え工事が難しくなります。そこで、デザイン性にも配慮した外付けシャフトに変更し、すべて屋外に出して設置しました（147頁図M参照）。また、老朽化した蓄熱槽に防水処理を施して、雨水槽などとして利用しました（147頁図N参照）。

その結果ですが、施設の運用から約4年間における年間の上水の平均代替率は、68％と非常に高い数値が達成できました（147頁図O参照）。通常の事務所ビルですと30～40％程度の上水代替率になるものを、この研究所棟では、実験に使用する水の多くを雨水で賄うことで、高い代替率を維持することができました。これも大学施設ならではの特徴です。

CO_2排出量の削減

我々のライフスタイルや建物を使う学生の意識の問題、さらには技術開発の進歩にも左右されますが、今まで述べた技術によって、この建物内での電力消費量を改修前の2004年に対して、約半分程度まで削減することができました（図11）。この研究はまだ続いていまして、現在でもこの程度の数値は維持できています。また、もし研究所棟をそのまま新築しようとした場合を基準に考えると、今回のサスティナブルリニューアルという手法を適用し、既存の建物を活用することによって、CO_2排出量を約70％削減できるということが推定できました（図12）。このようなリニューアルに対するセンスを、建物を設計する方々には持っていただきたいものですし、建築を学ぶ学生たちには育んでもらいたいと思っています。

こうした試みは、キャンパス内の片隅から始まったわけですが、一つの建物に限らず、この発想をキャンパス全体に展開したいものです。今後は、このような発想や具体的な技術を、街や都市の再生に向けても発信できたらと強く望んでいます。

図11 1次エネルギー・CO_2排出量の削減

サスティナブルリニューアル手法により、電力消費エネルギー（1次エネルギー換算）をCO_2排出量換算で約50％削減

図12 新築に比べてのCO_2排出量の試算

既存建物を活用することで、新築に比べ廃棄物量をCO_2換算で70％削減

環境負荷の少ない快適な街づくり

梅干野晃

　東工大の梅干野と申します。街づくりといっても、地球環境を抜きには語れません。この写真は衛星から高感度で撮影した夜の日本列島です（図1）。夜の真っ暗なときに、日本列島はそのシルエットが分かるぐらい明るい。照明のために多くのエネルギーを使っていることが分かります。このことは、CO_2の話に直結してきます。このCO_2の話や省エネの話はいたるところでなされるのですが、今日は、我々が住んでいる都市というのはどうなっているのか、我々はどのような街づくりをしたらよいかという話をさせていただきます。

地球環境時代の街づくり

　最近、私がお話をさせていただくと、ヒートアイランドの話であるとか、緑と熱のデザインであるとか、私もかかわっております環境省のプロジェクトで2050年にCO_2を50％削減する都市のあり方の議論であるとか、どちらかと言うと環境寄りの内容になってしまうのですが、今、一番大切なのは、我々が生活する街を環境負荷が少なく、かつ快適な街にするにはどうしたらよいかということではないでしょうか。これにもう一つ美しくというのが入る。今日は建築家の方が大勢いらっしゃるので、ここはあえて言わなくてもいいかなと思いますが。これまでの経済性や機能性、効率優先の街づくりから、地球環境時代の街づくりにシフトしなければなりません。

　今日は、光、熱、空気がテーマですが、熱や空気は目に見えないんですね。そこで、まず

ほやの　あきら
東京工業大学大学院総合理工学研究科環境理工学創造専攻教授
1976年東京工業大学大学院博士課程修了。工学博士。
専門分野は都市・建築環境工学、環境のリモートセンシング、都市・建築緑化など。街並みのCADを入力して、ヒートアイランドや街中の熱環境が予測・評価できる設計支援ツール、屋上緑化、蒸気冷却壁体・舗装、息をする壁の開発などにも取り組んでいる。現在、日本ヒートアイランド学会会長

初めに、いかに我々が今までつくってきた街が熱にあふれているかを可視化して示します。

それから、ヒートアイランドについて話します。

ヒートアイランド現象については、18世紀末頃から研究され始めたのですが、日本では皆さんご存じのように、東京や大阪のような大都市が取り上げられ、このまま進んでいくと気温が40度になって住めなくなってしまうというような記事が新聞紙上を賑わせました。では、本当に都市のオフィスビルがどんどん冷房をしてしまうと、真夏の気温が40度になるのでしょうか？ ヒートアイランドを抑制するにはどうしたらいいかというのが、今、問われているのですが、ヒートアイランド現象について詳しくお話しする時間がありませんので、その辺りの具体的なお話について問題提起をさせてください。

次は、私がずっとやってきている都市緑化についてです。ほんとうは、緑化がテーマではなく、街づくりの中で緑化を考えなければならない。都市づくりの中心である道路や建物を抜きにして、ただ都市に緑を持ち込んでもダメだろうという、これも問題提起させていただきます。

それから最後に、環境負荷が小さい快適な街づくりのための熱環境予測評価ツールについて、この会場（横浜）のすぐ近くにある桜木町の駅前広場を例に、駅前広場に森をつくったらどうなるかを予測評価した事例を紹介させていただきます。

ヒートアイランド現象

まず、都市には熱があふれているということを、視覚的に見ていただきます。東京でお示しできるとよいのですが、東京は大きすぎるものですから、仙台の市街地と郊外をお見せします（148頁図A参照）。緑被分布図と、真夏の晴天日における昼間の地表面温度です。

図1　日本列島付近の夜間衛星画像。日本列島のシルエットが分かるくらい明るい

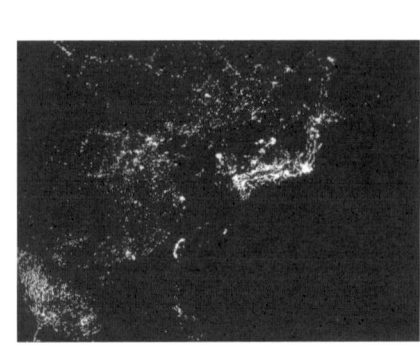

赤い部分が50度以上です。街の中は、右端に見える砂浜の温度と同じくらいに上昇しています。左側は森が広がっていますが、真夏でも森の温度は大体気温と同じです。森に住んでればよいのに、都市に住むことによって、日中、気温よりも20度以上も高い表面温度に囲まれて生活しているわけです。地表面温度が20度も高いわけですから、それに接している空気の温度も上がることになります。これが昼間のヒートアイランド現象です。緑被分布図の黒い部分は緑のほとんどないところですが、杜の都仙台といいますが、それは戦前の話で、今は街の中には一部を除きほとんど緑がない。そういう街中では表面温度が20度も上がってしまうわけです。

では、ヒートアイランドを抑制するにはどうしたらいいか。答えは非常に明快です。日本は何もしなければ緑で覆われている。それなのに、緑を伐採してしまったんですから、できるだけ緑を取り込んであげたらいいだろうということになるわけです。この話をすると、建築家の出番がなくなってしまうかもしれませんが、実はそうではない。この画像は東京の下町です（148頁図B上参照）。まだ東京にも木造の建物で覆われているところがたくさんあります。夏の昼と夜の表面温度を見ると、夏の昼は木造の屋根の温度が急激に上がり、ヒートアイランド現象が起こります。ところが、夜になると、表面温度はすっと下がります。極端なことを言うと森よりも下がる。とどころが、高速道路や鉄筋コンクリートの建物などは、日中吸収した日射熱を蓄えてしまい、夜になっても表面温度があまり下がらない。熱帯夜を形成する要因というのは、実はここなんですね。ですから、建物をどんどん建てていくとヒートアイランドが起こるかというとそうではなくて、建物の構造によってもすごく違い、逆の現象も起こる。今、私の研究室で江戸時代の町並みを再現してヒートアイランドのシミュレーションをやっていますが、江戸時代というのは想像を絶するぐらい夕方に

なるとすっと冷えます。いろいろな要因があると思いますが、そこでみんな涼しい外に出るんですね。江戸の町と今の東京の街、構造的にまったく違うということが分かります。

放射熱と表面温度

舗装道路と公園の広場の熱画像を見てください（148頁図B下参照）。これは目には見えませんけれども、我々は焼けた鉄板の上の炒り子のようです。こういうところで夏生活しているのです。表面温度が上昇するので、それに接する空気の温度、すなわち、気温も高くなります。熱中症で倒れてしまうのは、こういう目に見えない放射熱も大きく関わります。

このような街づくりを我々はしてきたわけです。

では、実際に私が地上に立ったときにどうなるか。この図は、両側に建物が並んだ道路の歩道に私が立ったときの、私を囲んでいるすべての面の表面温度（全球熱画像）になります（149頁図C上参照）。周囲が開放的なところにいれば空が見えます。空は目に見えませんが、マイナスの太陽なんですね。この空がすごく大切なのですが、街中では空があまり見えない。それから、まだ6月にもかかわらず、下半分の舗装面が気温より15度ぐらい高くなっている。ということで、目に見えませんけれども、我々がそこに立つと周囲から熱放射を受ける。そして、この表面温度が気温も決めているわけですね。

それからもう一つ、東京・渋谷の表参道と、東京・八王子の南大沢駅前の熱画像を比べてみましょう（149頁図C下参照）。表参道は、現在の表参道ヒルズが建つ前の同潤会アパートがあったころのものですが、ケヤキ並木の歩道に私が立ったときです。南大沢駅前の図は、舗装された広場に雨除けの天蓋があり、その天蓋の下に立ったとしたときの全球熱画像

174

です。どちらの図でも私は当然日陰にいます。表参道の画像では気温が30度で周りの表面温度も30度程度です。気温と表面温度がほぼ等しい。こういうところでは風が1mぐらい吹けばそれほど暑くない。これはぜひ経験してください。

ところが、駅前の天蓋の下では気温は29度ですが、この周りの表面温度を全球熱画像から求めてみると、36．6度ありました。気温よりも7度も高い。我々の感覚温度というのは、風がないときは、大体、気温と周囲の表面温度の平均値ぐらいになります。我々の感覚温度では、天蓋の下の方が3度も高いということになります。街の中で生活していると、天蓋の下のようなところで生活している方が多い。残念ながら、我々がつくってきた街というのはこちらなわけです。

発生要因からヒートアイランドを抑制

ヒートアイランド現象について、ヒートアイランド対策大綱が2004年に閣議決定され、どのようにヒートアイランド対策をするかという時代に入っています。では、具体的にどうしたらヒートアイランドが抑制されるのか。都市のキャノピーの中で発生する熱が大気を暖めて、それが面的に広がっているのですから、発生要因の部分を解決すれば、ヒートアイランド現象は抑制できるわけです。

大気を暖めている要素は5つほどあります（図2）。⑤の自動車排熱。これは当然減らさなければいけない。真夏に外気温が35度で、建物を28度に冷房しているとします。部屋の中を冷房する分をどこかに排熱しなければいけません。熱交換機では水冷式か空冷式で熱を放出しています。小さな建物は空冷式が多いのですが、空冷式だと空気にこの熱を捨てるために大気を暖めてしまいます。ところが、水冷式では、そのほとんどを水の蒸発潜熱で冷やし

図2　ヒートアイランド現象の形成要因（大気を直接暖める要因＝大気顕熱負荷）

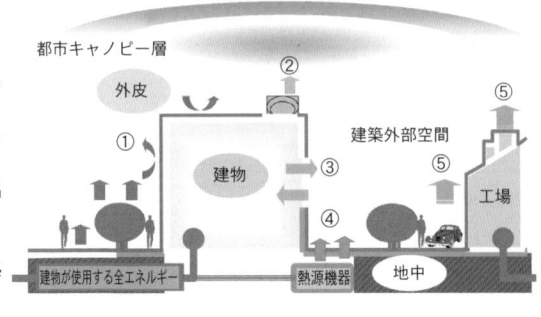

大気顕熱負荷
＝①＋②＋③＋④＋⑤

①全表面から大気への顕熱
②冷房時に室外機から大気へ直接出る顕熱
③屋内から換気で放出される顕熱
④熱源機器からの排熱
⑤自動車、工場等の排熱

ているために、それほど大気を暖めません。また、冷房しているときにも当然換気をしています。換気では汚れた室内の空気を外に捨てていますが、冷たい空気も捨ててしまっています。さらに、この熱交換を地中の土壌や河川水で行えば、冷房時の大気への熱放出をなくすことができます。

東京でオフィスビルを冷房すると、外気が暖まって40度になるという話は、この室外機での熱交換をどのように行うかによって大きく変わるのです。2004年頃、ヒートアイランド現象のシミュレーション結果が新聞紙上でよく取り上げられましたが、そのころのシミュレーションでは、建物で使っている熱を全部大気側に与えていました。けれども、現実にはそういうことはなく、ご説明したようなことになります。ですから、これからの街づくりのときには冷房システムをどう考えるかということが大切です。

屋上緑化と生活空間の広がり

街づくりの中で緑化が話題になっていますが、私は35年ぐらい前から緑化の研究をしてきました。この図は池袋の上空から撮影した空中写真です（図3）。左側にあるのがサンシャイン60で、下が池袋駅です。この辺りの陸屋根だけを白く抜き取り、緑化をすると右図のようになります（149頁図D参照）。緑化する街としない街とではどうですかと、今、皆さんにこういう画像を示しても、あまりインパクトはないかもしれませんが、これは15年前につくりました。街の景観が変わるのはよく分かりますが、景観だけではなく、いろいろな環境問題、環境要素が変わるのだと

図3　東京・池袋駅東口周辺の屋上（白抜き部分、下が池袋駅）

いうことを言いたかったわけです。その中にはヒートアイランド現象や都市型洪水の抑制効果とか、身近では焼け込み防止や断熱効果であるとか、いろいろな効果があるんですよという話をしていました。ヒートアイランド現象や都市型洪水の緩和のように、ある施主が屋上を緑化しても、このような効果はみんなで共有する話になる。ここが環境問題として非常に重要なところです。

屋上を緑化した時の空調負荷の軽減効果についても、そう簡単ではありません。以前は、東京では断熱していた建物があまりありませんでしたが、最近は省エネ法などでも断熱しなければいけないことになっています。断熱していない建物と、30mmの外断熱をした建物に、どちらも土を載せて芝生を植栽したときの冷房負荷はどうなるのか、今ではこれをきちんと計算できます（図4）。

断熱なしで植栽もない建物の冷房負荷は、これはもう論外です。ところが、断熱を30mmするだけで、ここまで下げることができる。断熱あり・なしのそれぞれに植栽した場合は、ほとんど差がありません。当時、断熱があまりされていなかった時には、「断熱効果がありますよ」という言い方で良かったのですが、今は具体的にどのような効果があるのかということをきちんとしないといけない。

屋上緑化のシミュレーション画像は一夜にしてすぐできますが、実際は大変です。この屋上緑化というものを我々がどのよ

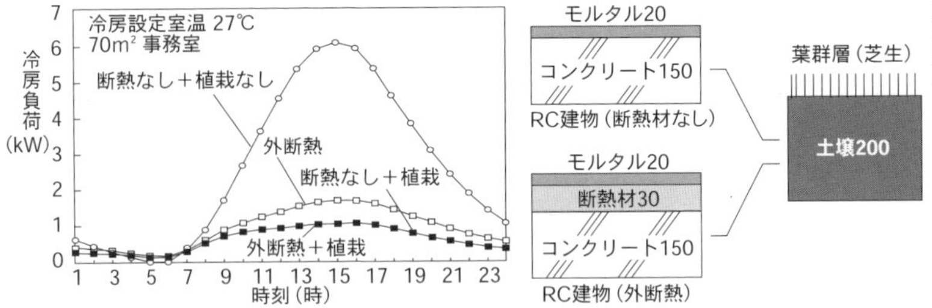

図4　屋根の断熱の有無と屋上植栽の組合せによる冷房負荷の違い

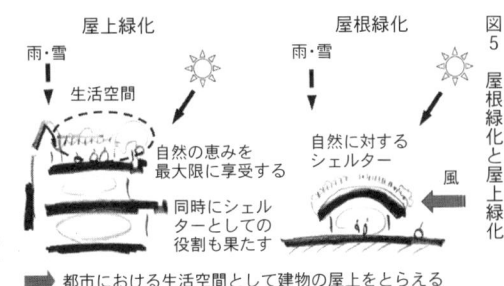

図5　屋根緑化と屋上緑化

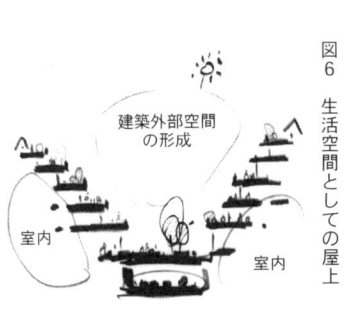

図6　生活空間としての屋上

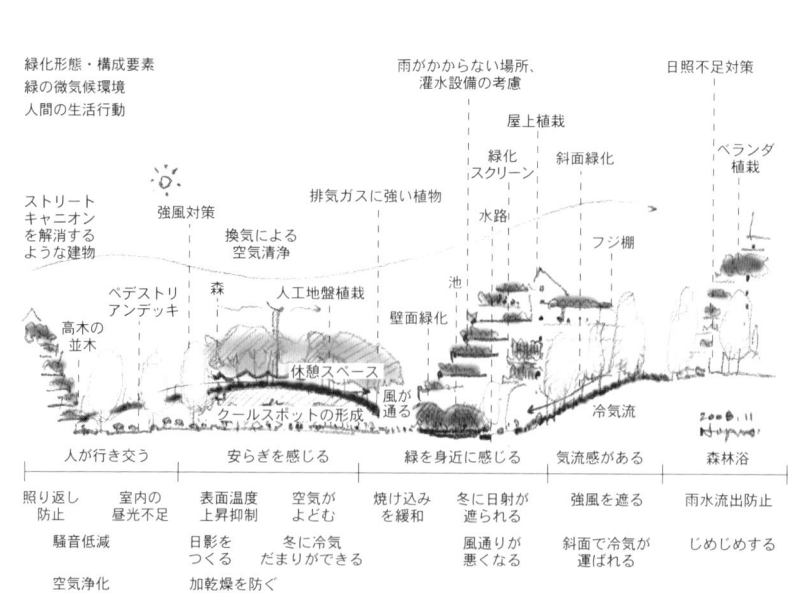

にとらえるかが重要です。屋根緑化と屋上緑化は違う（図5）。それから、直方体の屋根の、特に、超高層建物の上に少しだけ植栽をして、それでよいのでしょうか。建物も少しセットバックして緑化すると、これは全部生活空間になるんですね（図6）。緑化も非常に簡単です。3階か4階の建物だったら、地面からアプローチする以外に、屋上からのアプローチも考えられます。すると、屋上は生活空間になるわけです。すなわち、屋上緑化もただ緑を植えるということではなくて、都市の中で生活空間として屋上をどうとらえるのか。こういう議論があってはじめて屋上緑化の質の話になる。

桜木町駅前広場に森をつくる

環境負荷の小さい快適な街づくり。屋上緑化や壁面緑化だけではありません。都市の生活空間そのものを考え直してみる必要があります。一つ具体例をお示ししたほうが明快かなということで、提案だけさせていただきます。横浜の桜木町の駅前、非常に広い広場があり、一面が舗装されています。そこに森をつくるとどうなるかを考えてみました。

緑化といってもいろいろあります。今、緑化というと壁面緑化、屋上緑化が挙げられ、地面はどちらかというと並木ぐらいで、あまり話題にあがりません。地面も土地利用の方法を考え直すと、緑化可能なところはたくさんあります（図7）。皆さんご存じだと思い

図7　緑の微気候調整効果

ますが、今の桜木町駅のホームを降りるとこの写真のような感じです（図8）。駅前広場はタクシープールとかバス停が大面積を占めていますが、そういう機能を満たしながら、その上に人工地盤をつくり、そこが生活空間になるという発想をしてみました（図9）。森が形成されるためには、例えば樹高が15mぐらいの木を植えると、その2倍の30m×30mぐらいの面積があれば、最低限の生態圏が保てるそうです。また、人工地盤もそれほど土厚は厚くなくてもよいそうです。

熱環境シミュレーション

駅前広場に森をつくったことによる熱環境の変化をシミュレーションしてみました。現在の桜木町の駅前をシミュレーションすると、夏はここがヒートアイランドの発生源になっていることが分かります（150頁図E参照）。建物の壁面の温度が低いのは室内で冷房しているからで、その影響が外側の壁に表れてきます。ということで、これはヒートアイランドの形成要因にならない。夜には広場の舗装面では日中吸収した日射熱が蓄熱されて高温を示しています。樹木は少しありますが、焼け石に水です。広場の断面における気流シミュレーションの結果を見ますと、昼間、海の方から風が吹いてくる涼風が、高温になったアスファルト舗装の上を流れてくることによって、駅舎からちょうど降りた方

図8 横浜・桜木町駅前広場

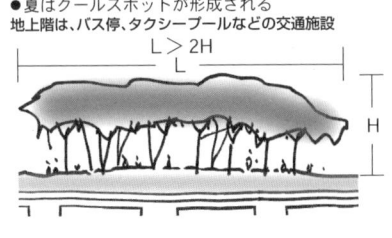

図9 人工地盤による計画
人工地盤の上に森を
● 生態系を保つためには、樹高2倍以上の距離が必要
● 港を眺められる安らぎの場所に
● 夏はクールスポットが形成される
地上階は、バス停、タクシープールなどの交通施設
$L > 2H$

図10 桜木町駅前「森」の広場の提案模型。地上は交通施設。地盤の森の下に生活空間を形成し、安らげるスペースが広がる（下）

は熱風を味わうことになります。

広場に森をつくってみる（図10）。地上はそのまま使い、人工地盤で上に森をつくるとこのような感じになります。それをCADで作成してシミュレーションで表面温度を計算すると、森の中を歩いている人は、非常に放射温度が低いところで生活できるということになります（150頁図F参照）。

このように、提案した街がどうなるのかということをきちんとシミュレーションできます。この計算をするときには、CADで作成したデータのほかに、そこで使われる材料も入力する必要があります。しかし、計算に必要な熱物性値などは、熱物性のデータベースが準備されていますので自動的に計算できます。従来のシミュレーションでは、CADの図面データから、このような計算をするためのCADデータを別に作成しなければならないのですが、このシミュレーションツール（図11）では、計算に必要な質点系を自動的に生成して計算をしてくれます。そして計算結果は3D‐CAD上に可視化されます。

さらに、その中で生活しているときの周りからの熱放射の評価ができます。すなわち、平均放射温度MRT（Mean Radiant Temperature）という指標が求められます。そして、この駅前広場がヒートアイランドをどれだけ抑制できるのか、環境への負荷量をヒートアイランドポテンシャル（HIP）で定量化できます。

ちょっと駆け足で申し訳ありませんでしたが、今日は建築家の方や建築学科の学生の方がいらっしゃるということでしたので、街のあり方、すなわち、環境負荷の小さい快適な街づくりに焦点を当ててお話をさせていただきました。

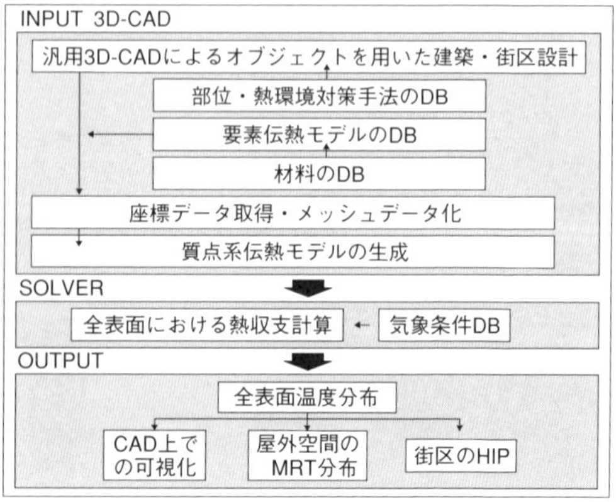

図11 シミュレーションツールの構成

```
INPUT 3D-CAD
  汎用3D-CADによるオブジェクトを用いた建築・街区設計
    ← 部位・熱環境対策手法のDB
    ← 要素伝熱モデルのDB
    ← 材料のDB
  座標データ取得・メッシュデータ化
  質点系伝熱モデルの生成
SOLVER
  全表面における熱収支計算 ← 気象条件DB
OUTPUT
  全表面温度分布
    → CAD上での可視化
    → 屋外空間のMRT分布
    → 街区のHIP
```

パッシブデザインと住宅

小玉祐一郎

こんにちは、小玉でございます。今日は住宅についての話ですが、建築一般と共通の部分も多いと思います。パッシブデザインの基本的なことについてお話をしたいと思っています。

パッシブとアクティブの関係

パッシブとアクティブという言葉はいろいろな分野で使われます。ここでは建築のシェルターとしての機能のうち、建築の果たす役割をパッシブと呼びます。たとえば、外界の大きな温度変動のままでは暑すぎる、また寒すぎる。これを、人間が住める範囲まで緩和することが建物のシェルターとしての基本的な機能ですね。外界の変動をまずは建築的にある程度で抑えたうえで、それで足りなければエネルギーと機械を使い、空調や人工照明によって室内の快適な状況を形成しようというわけです。前者をパッシブ、後者をアクティブと呼んでいます（図1）。

ところが、20世紀というのはアクティブな技術—エネルギーを使う技術が急速に進歩した時代です。エネルギーを使えば何でもできると真面目に信じた時代なわけです。しかし、それは長い我々の歴史の中のほんの最近、過去60年ぐらいの話ですね。エンバイロメンタルバブル（図2）は、この時期のドリームハウスといえるかもしれない。室内は完全に空調されており、外界とは高度な情報技術でつながれている。それが日常的に実現されたのがアメリカの超高層住宅でしょう（図3）。潤沢なエネルギー供給が可能にした技術ですが、その急

建築家

こだま ゆういちろう

神戸芸術工科大学教授　工学博士　1969年東京工業大学卒業。74年同大学院修了、同助手を経て78年建設省建築研究所へ。室長、部長を歴任。98年より現職。エステック計画研究所主幹。建築研究所以来、パッシブデザイン、環境共生、持続可能な都市や建築の研究に従事し、設計を支援するデザインツールなどの開発も行う。PLEA (Passive and Low Energy Architecture) をはじめとする国際活動も続けている。グッドデザイン賞、JIA環境建築賞など受賞

速な普及が、結果として今日の環境危機を引き起こしてしまった。また、本当に快適かどうかも疑問です。

しかし、こういう技術の恩恵もまたきわめて大きかった。我々の建築のデザインの自由度を拡大してくれましたし、エネルギーと技術さえあればどこにでも住めるようになった。極地でも、海底でも、宇宙でも、エネルギーさえあれば何とか住める。極端に表現すればそうなると思います。この中でも、最も恩恵を受けたのはもしかしたら大都市かもしれない。巨大化、高密度化するにつれて都市が住みにくくなってきた。いちばん厳しい居住環境というのは大都市かもしれませんね。その非常に住みにくい都市空間の中で何とか住むことができるのも空調技術のおかげでしょう。悪い環境を住みこなすために、さらにエネルギーを使ってしまっているという、そういう構造がこの数十年続いている。そのように見ることもできると思うわけです。

省エネ、そして自然との共生

現在、ではなぜパッシブデザインか。第1には環境問題があり、エネルギー危機の問題もある。その観点から省エネルギーをしないといけないという、絶対的な条件が我々には突きつけられています。すべての建築がそうならなければいけない。これは絶対に必要条件です。もう一つ大事なことがあります。我々の自然との付き合い方や快適さに対する考え方はこれで良いのだろうか、ということです。エネルギーを使って設備技術が進歩して、我々は一見、快適な生活をしているように思っていますが、一方では、自然との共生や交感、そういうものが欠け落ちているとも感じている。特に住宅においてはそれが深刻な問題だと思うわけです。そういうわけで、自然と人間との関係を再構築すること、それが住宅におけるパッシブ

図1 住宅の環境計画。建築的工夫（パッシブ）と設備的工夫（アクティブ）の関係

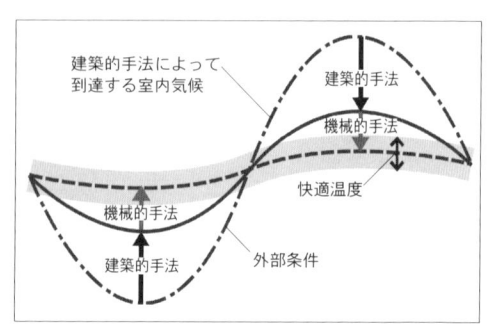

デザインのもう一つの大事なところではないかと思うのです。そのキーワードとして僕は「レスポンシブ」「応答する」を挙げています。これをベースにした環境をつくりたいと考えています。

エネルギーが潤沢でなかった時代は、多くをパッシブな方法に依存していた。その原点まで辿ってみると、二つのパターンに行きつく。一つのパターンは温暖地の比較的穏やかな気候での開放型の住宅。太陽や風を入れたり、あるいは遮断したり、窓の開閉により、選択的に自然の力を利用していこうという発想があります。一方、砂漠や寒冷地などの厳しい気候では、できるだけ外界の影響を受けないようにガードを固めて中をつくっていこうという、遮断的な発想があり、これがもう一つのパターンです。

後者の遮断型は、論理的にとても明快で考えやすい。寒冷なヨーロッパの気候のもとで近代科学が芽生えたのはたまたま偶然かもしれませんが、遮断型の思考は科学的な思考との間には共通するところがある。要素還元型といってもいいかもしれません。変動して扱いにくい要素は切り離して、操作可能な要素で全体を組み立てるという発想です。遮断型の住まいのつくり方によく馴染んできたという背景があります。今、我々がいちばん考えやすいゼロエネルギー住宅も同様ですね。外部環境から切り離したうえで効率のよい人工環境をつくる。必要なエネルギーが環境を悪化するのであれば、環境に負荷を与えないエネルギーに代替すればよいという発想をする。もちろんこれはこれで大きな成果を出しています。そもそも、こういう技術は大量のエネルギーを使うことから始まっていますが、もっと効率や精度を上げれば、これからもずっと使っていけるのではないかと考えることもできないわけではない。断熱化・気密化の技術は大いに進歩し、いまや、寒冷地であっても暖房熱源が不要というところまで、実はもう来ています。スウェーデンの無暖房住宅（図4）はその例です。寒冷

図2　1965年の未来住居。砂漠でも極地でもどこにでも住める。エンバイロメンタルバブル（アーキグラムのプロジェクト、1965）

図3　アメリカの超高層住宅（I・M・ペイ設計、ダラス、テキサス、1986年）

地のスウェーデンにおいてでさえ、暖房のない生活が実際に可能になりますよという事例です。このような住宅では、南向きの窓は、夏はもちろん冬もオーバーヒートの原因になるので、もう南向きの窓なんていらないという極論もあるぐらいです。しかし、寒冷地ではよいかもしれないけれども、日本のような温暖地ではどうかという問題も当然残ります。うまくやれば冷房も効率よく効くかもしれない。しかしながら、そういう住宅が本当に快適なのかということも含め、温暖地のモデルになりうるかどうか、よく考えなければいけない。

現代の技術で聴竹居を

一方、温暖地系の選択型のパターンは、どのように進歩したのか。日本の我々は、寺院や町家、民家など、開放型の非常に優れた例をたくさん知っていますが、それはいったいどこへいってしまったのか、あるいは行こうとしているのか。戦前、藤井厚二という建築家がいました。ヨーロッパに行き、現地の住宅や暖冷房の曙の時代を体験して、やはり日本の風土には日本の住宅がいる。そういう設計技術が必要だということを言った方ですね。建築計画原論を日本で確立した1人です。竹中工務店を辞めた後、京都大学の先生をし、数寄屋建築の巨匠と言われた建築家が、5番目の聴竹居（図5）は1920年代のそういう発想がよく結実したものです。大山崎にあり、今は一般に開放されていますので、行っていない方はぜひ行ってみてください。その当時、どういうパッシブクーリングやヒーティングの手法を藤井さんが考えていたかということを読み取ることができます。

その後、戦争が始まってしまい、こういう研究は止まってしまう。戦争の混乱の後にどうなっていったか。先ほど話したように、石油、電気やガスなどエネルギーがふんだんに使え

図4　スウェーデンの無暖房住宅が紹介された記事

Houses without Heating Systems – In Real Life
By Hans Eek

In an article in our predecessor, the journal Swedish Building Research (no 3:1998), the concept of "Houses without Heating Systems" was presented. At that time we could only let you have a look at the architect's drawings; the houses were not yet built.

● External walls are exceptionally well insulated and airtight. A glazed porch protects the entrance door.

る時代が1960年に来ます。日本の再復興の時代がエネルギーの時代と重なってしまったこともあり、建築設備への依存が急激に増える。パッシブからアクティブへの急激な方向転換が起こったのです。いいかえれば選択型モデルから遮断型モデルに変わったということです。この背景には選択型モデルの熱解析がとても厄介だったということもあります。時々刻々と変動する非定常な熱の流れが、実務的に扱えるようになるのは1980年ごろまで待たなければなりません。多くのパラメータが絡む難しい熱の流れの解析を、コンピュータを使ってシミュレーションできるようになるのは1980年代以降なのです。選択型のモデルを実用化するためには、1980年代まで待たなければならなかったということです。

温暖地の選択型に先駆けて、寒冷地の遮断型のパッシブデザインが大いに進歩した。パッシブデザインは、ハイテクが可能にしたローテクと言ってもよいのですが、温暖地の選択型のパッシブデザインはこれからです。現代の技術と材料でもう1回、このような聴竹居をつくってみたらどうなるか―現在のパッシブデザインの先端的な挑戦でもあるのです。

環境に応じた建物モードの使い分け

まずは寒い外界を遮断して、効率の高い機器を使って暖かい家をつくる。そういうことが、北方の寒冷地での発想です。パッシブソーラー暖房は、熱源としてそこに太陽エネルギー利用を組み込む。蓄熱をして日中に溜めた太陽エネルギーを暖房に使おうというわけです。日射を室内に入れる窓は熱損失の多い部位でもあるので、そのあたりのバランスが設計の肝心なところですね。温暖地の選択型では、夏でも外界の変化を利用する。蓄熱部位は、夏でも外界の変化を利用する。夜間の冷気を蓄えて翌日に利用することも重要な方法です。蓄冷部位にも活用できる。そうなるとさらなるレスポンシブなデザインが必要ですね。さらにいえば、建物を四季の変化に対して、

図5 聴竹居（ちょうちくきょ）＝京都府乙訓郡大山崎町の天王山の麓に1928年に建てられた建築家・藤井厚二（1888―1938）の自邸であり、5番目の実験住宅

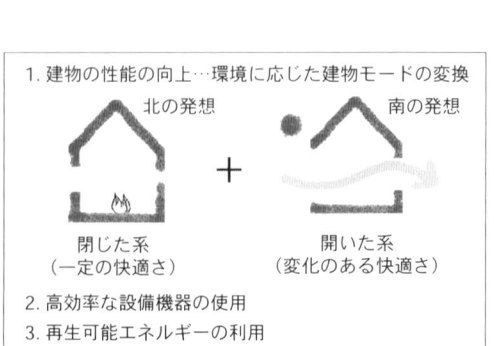

どのように対応可能にしていくかという発想が必要になります。それが我々の風土の課題かなと考える。どちらかというと南方の発想に近いかもしれない。

省エネという観点からみれば、パッシブでやろうとアクティブでやろうと、同じような環境負荷であるならばどちらでもよいわけですが、快適さの質という点では大いに異なる。アクティブの均質なエアコンの快適さとは異なるパッシブの快適さもある。環境共生というのは外との関係をうまく保ちながら、その良さを求める。複数の建物モードをうまく使い分け、変化のある快適さを楽しむ。それが日本における環境共生のいちばん重要なところかなと考えている。

第1に、必要な時には遮断し、必要な時には選択的に自然エネルギーを活用する。第2に、高効率な設備機器を補助的に使用し、第3にその熱源も再生利用可能なエネルギーを使っていこうという、そういう三つの組合せが必要だろうと考えています（図6）。ですから、建物の断熱・気密化は、日本のような風土で熱的な性能を考えるときの第1歩にすぎない。大切なのは、建物の熱的な性能を幅広く考えていくことです。

筑波の家Ⅰ

いくつかの例を紹介します。私が建設省の建築研究所にいたころにパッシブな研究を始めましたが、しかし、実際につくってみないと本当のところは分からない。とにかく体験してみようとつくってみた住宅の例が筑波の家Ⅰ（図7、8）です。83年ですからもう26年も前になりますが、すごく大きな開口部があって、そこから入った熱を蓄えて暖房に利用しようということから始めました。蓄熱となると大きな熱容量が必要なので、ここでは単純にコンクリート造の外断熱になっています。当時はまだ外断熱に関する技術が少なかったので、い

図6 これからの省エネ

1. 建物の性能の向上…環境に応じた建物モードの変換
   - 北の発想：閉じた系（一定の快適さ）
   - 南の発想：開いた系（変化のある快適さ）
2. 高効率な設備機器の使用
3. 再生可能エネルギーの利用

ろいろと試行錯誤しながら断熱工事をした思い出があります。

基本的にはワンルームで、日中に熱を蓄え、夜間に使用しようという発想です（図9）。床とか壁に、大きな窓からの日射熱を入れて蓄熱するという、非常に簡単なシステムです。大きな開口部があるので、一見しただけでは本当にコンクリート壁構造かと思われるかもしれませんが、いろいろと工夫して開口部をたくさん設けるということをやった記憶があります。

しかし、当時は複層ガラスも限られていて、サッシもほとんど断熱サッシではなかったので、その弱点を補強する工事などを、その後もしています。ついでに発熱ガラスを部分的に入れてみるなど、いろいろな新しい試みを実験しながら住んでいるのが、この住宅です。

これは竣工直後のサーモグラフィ

図7　筑波の家Ⅰ、外観

図8　同、2階から1階を見る

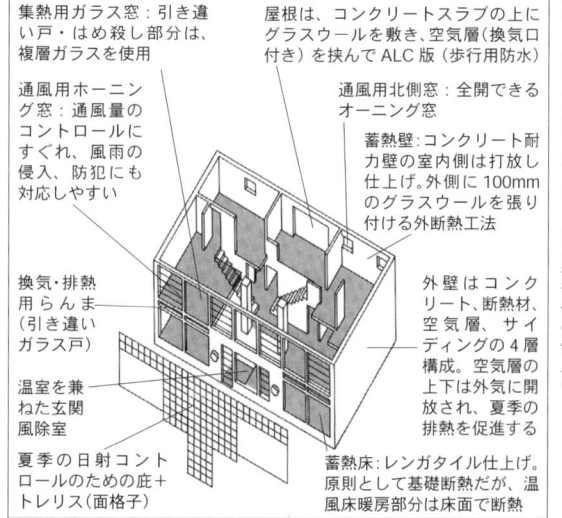

図9　同、アクソノメトリックと各部位の仕上げ

屋根は、コンクリートスラブの上にグラスウールを敷き、空気層（換気口付き）を挟んでALC版（歩行用防水）

通風用北側窓：全開できるオーニング窓

蓄熱壁：コンクリート耐力壁の室内側は打放し仕上げ。外側に100mmのグラスウールを張り付ける外断熱工法

外壁はコンクリート、断熱材、空気層、サイディングの4層構成。空気層の上下は外気に開放され、夏季の排熱を促進する

蓄熱床：レンガタイル仕上げ。原則として基礎断熱だが、温風床暖房部分は床面で断熱

集熱用ガラス窓：引き違い戸・はめ殺し部分は、複層ガラスを使用

通風用ホーニング窓：通風量のコントロールにすぐれ、風雨の侵入、防犯にも対応しやすい

換気・排熱用らんま（引き違いガラス戸）

温室を兼ねた玄関風除室

夏季の日射コントロールのための庇＋トレリス（面格子）

図10　同、外壁に植えたノウゼンカズラ

筑波の家Ⅰ（茨城県つくば市）＝1984年竣工、RC造壁式構造（3階増築部木造）、敷地面積284㎡、建築面積76㎡、延床面積166㎡（1階76㎡、2階48㎡、ロフト42㎡）

で、日中は光が当たるところが暖められて、それが徐々に広がっていくのが分かる。夜になっても、床の温度はあまり下がらないので「寒くない」という状況の家ができました（151頁上段参照）。この家は朝方でも14度ぐらいまでしか温度が下がりませんので、そういう意味ではうまく機能したパッシブソーラーハウスだと思っています。

夏にもコンクリートの熱容量は結構効いて、夜間の換気さえ行えば大きな蓄冷効果をもたらすことも体感的に分かりました。ノウゼンカズラを南面ガラスの前に全面に植えてあります（図10）。夏は葉を茂らせて日射遮蔽をする。日射を遮蔽しなければパッシブクーリングは全然成り立ちませんので、まずは日射遮蔽をしたうえで夜間の換気をする。するとほとんど冷房がいらないということが、実際に可能になってきます。

高知・本山町の家

もう1件の住宅を紹介します。これはもっと暖かい、高知の山間部にある住宅です（高知・本山町の家、図11）。敷地は吉野川のほとりの栗林で、元の地形を残して、造成はしていません。豊かな自然に恵まれた土地です。ここは吉野川が30年に1回、氾濫するかもしれないという土地柄でしたので、高床の工夫をし、そのうえで蓄熱床の構造にしております。冬は南向きの大きな開口部から室内に日射熱を取り入れ、主に床に蓄熱する。

東西に長い、ほぼワンルームの建物ですが、ここに3人の家族が住んでいます（図12）。コンクリートスラブを立ち上げ、その上に重量鉄骨のフレームを組み、外側を木造のカーテンウォールでぐるっと囲む。断熱・遮熱をしながら、台風に対しては頑丈にしたいという希望に沿った建物になっています（図13）。鉄骨造ですから、壁は少し熱容量が足りない。木造のカーテンウォールの室内側をコンクリートブロック仕上げにして、熱容量を増やして

図11　高知・本山町の家、南側外観

います（図14）。蓄熱のためのコンクリートブロックの壁とか床の石張りなどが、硬くて嫌だという方はコルクを使うとか、ラグを敷くとか、いろいろなやり方で対応すればよい。石やコンクリートのような大きな蓄熱効果はありませんけれども、相応の効果はあります。木造の厚い板でもそれなりの効果があります。

設計支援ツールを使った性能確認とデザイン

パッシブデザインの原理は簡単ですが、実際の設計では気候や設計のうえでいろいろな制約条件があったり、矛盾したりする。そんな中で、実際の熱性能がどの程度か予測できないままで、実践するのは勇気がいることです。原理に忠実に、経験や知恵に基づいてつくられた民家の例はよく知られていますし、有名な建築家たちの試みもある。なかには、うまくいっている場合もあるし、明らかな失敗とみられる例もある。あらかじめ性能予測ができれば失敗は避けられるわけですが、複雑な熱移動を計算するのは容易ではない。

先ほども言いましたが、パッシブが普及したのは、

図12 同、内部空間

図14 同、コンクリートブロックの壁と玄晶石張りの床

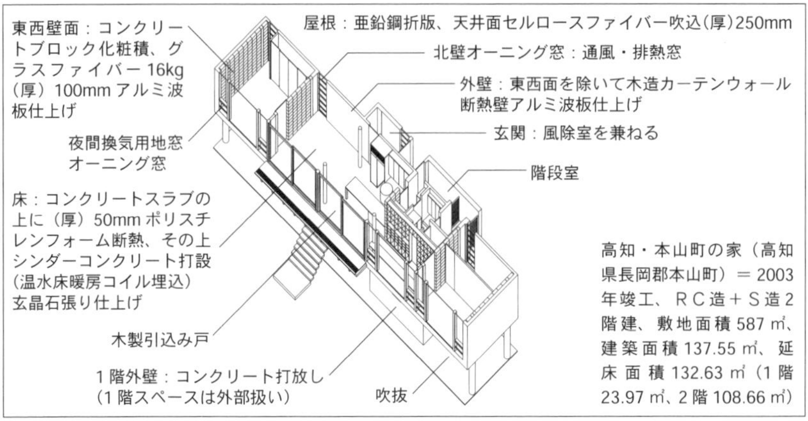

図13 同、アクソノメトリックと各部位の仕上げ

東西壁面：コンクリートブロック化粧積、グラスファイバー 16kg（厚）100mm アルミ波板仕上げ

夜間換気用地窓 オーニング窓

床：コンクリートスラブの上に（厚）50mmポリスチレンフォーム断熱、その上シンダーコンクリート打設（温水床暖房コイル埋込）玄晶石張り仕上げ

木製引込み戸

1階外壁：コンクリート打放し（1階スペースは外部扱い）

屋根：亜鉛鋼折版、天井面セルロースファイバー吹込（厚）250mm

北壁オーニング窓：通風・排熱窓

外壁：東西面を除いて木造カーテンウォール 断熱壁アルミ波板仕上げ

玄関：風除室を兼ねる

階段室

吹抜

高知・本山町の家（高知県長岡郡本山町）＝ 2003年竣工、RC造＋S造2階建、敷地面積 587 ㎡、建築面積 137.55 ㎡、延床面積 132.63 ㎡（1階 23.97 ㎡、2階 108.66 ㎡）

複雑な熱計算を容易にこなすパソコンの出現が大きいのです。私が大学から建築研究所に移ったころは、パソコンが普及してきた時期でしたので、パソコンを使って性能を確認しながら設計するプロセスができないかと考えたのです。そのようなツールの開発も、研究のテーマでした。最初は1回の計算に一晩かかりましたが、今では一瞬です。この30年のパソコンの進歩は本当に目覚ましいですね。ツールに関心のある方は、URLにアクセスしてみてください（http://www.qed.co.jp/）。

このツールを使って、いろいろなパラメータを変え、設計条件を変えて計算を進めるのです。夏はこれくらい、冬はこれくらいの性能が出るということを確かめながら設計を進めるのです。例えば、先ほどの高知の住宅の設計で、冬の早朝、14度ぐらいまでしか室温が下がらないような状況であるとか、夏は夜間の換気を大量にすると、翌日の部屋の温度がピークで2、3度低くなる状況が予想できる。その時点で、計算を終了するのです。

計算結果は、体感しなければなかなか納得できないこともありますけれども、この家は冷房なしで住んでいます。ツールに慣れてくると、これぐらいでいけるかという見当がついてきます。インタラクティブなツールですので、何回もチェックしながら考えることができます。冷暖房を使わない場合の自然室温だけでなく、冷暖房を使った場合のエネルギー消費もチェックできます。

先ほどの高知の住宅で、庇を出すとどうなるかという計算結果を見てみましょう（図15）。庇を長くすると、暖房に必要な日射もカットしてしまうことが分かります。一方、庇を短くすると、窓から日射が入り、オーバーヒートして8月の冷房負荷が増えてしまいます。この例でいうと、1月と8月の冷房負荷・暖房負荷を計算して、75cmか80cmぐらいが一番良いということになります。実際には、デッキにあたる雨を

図15 高知・本山町の家、設計支援ツールによる庇の長さの検討

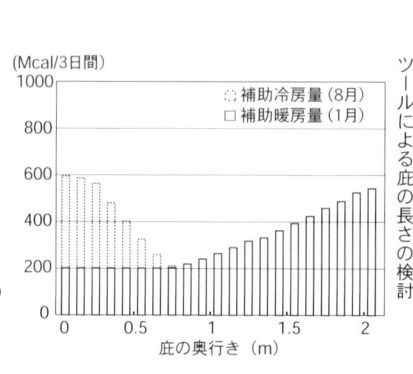

避けたいという理由から、暖房性能は少し不利になるけれども、1・2mにしています。こういう計算結果が出たからといって、必ずしもその通りにするわけではない。実際の設計の場合には、そういうことが多々あることですね。

また、大きな窓が北側にあると、とてもいい景色が見られる。それはすごく大事なことなので、熱損失は大きいけれども、その窓をつくりたい。その場合、もっと断熱性のいい材料やガラスを使おうとか、デザイナーがチェックしながら、対策を決めれば良いことですね。ツールはフレキシブルに使いながら設計を進めていけばいいと考えています。自分で納得することができますから、なかなか使い勝手のあるツールです。

先ほどの高知の住宅の建設地域を変えると、住宅の性能はどうなるか示してみましょう（図16）。当然ですが、札幌でこういう家をつくると、大きな暖房負荷が必要になり、とんでもないことになりますね。狭い日本では気候が異なるといってもそんなに違うわけはないだろう、大体同じ傾向になるだろうと思っていると大間違いで、このように非常にばらつく。だから、それぞれの地域の気候に合わせて、冷房負荷や暖房負荷をチェックして性能を選び、設計することがとても大切だという一つの例です。

パッシブクーリング

先ほど、夜間換気のことを申し上げました。最近、私は特にパッシブクーリングを研究テーマにしています。通風というと常時大きな開口部を開けるということを考えますが、それだけではダメだということも分かります。夏の日中は、1時間に1回ぐらいの換気回数で緩やかな排熱モードにしておく。溜まった熱を出すというぐらいにしておく。夜間は大量に換気ができるように地窓をつけて、高窓を開けて開放することがとても有効であることも分

図16　同、地域の気候変動の影響

（10 Mcal/月）
除去熱量（8月）
補助暖房量（1月）

沖縄　福岡　高知　本山町　大阪　新潟　東京　仙台　札幌

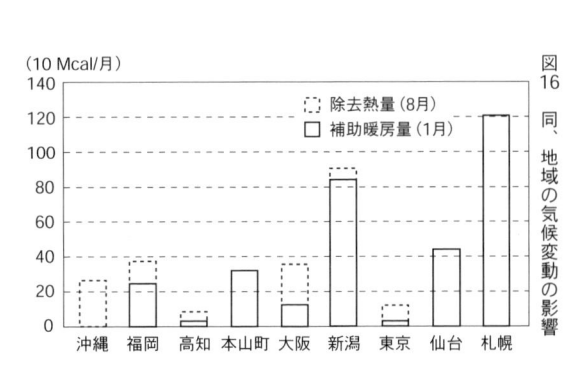

かる。そういう三つぐらいの換気モードをうまく使い分けるといいですね。そういうこともシミュレーションを使うと分かります。それに合わせていろいろな開口部を南側と北側に設けています（１５１頁下段参照）。

ヨーロッパの方々は必要な時に窓を開けて換気しますが、我々はどちらかというと常時開いていて、必要があれば閉じるということをしてきた民族ではないかなと考えることもあります。ちなみに、18度の外気温になったときには必ず開けるという設定を東京でやって計算してみると、ほとんど冷房がいらないということが分かります。沖縄でも同様な効果があり、工夫をすると結露の心配があまりないということが分かったりする。面白いですよ。

自然と人工の境界領域

地球環境問題では、建築が外部に対してどういうインパクトを与えているかということが問題にされます。我々は建築をつくる人間なわけですから、外部に対してインパクトを与えないような建築にすることが求められる。建築という人工物の外には自然があるわけですが、この自然と人工物の間の境界線をどのようにデザインするかも建築の大きな課題です。湯澤先生も中間領域の話をされていましたが（１５５頁―）、そこを議論することはすごく大事ですね。一方では、建築という人工物の中には身体という第２の自然がある。快適さや健康も含めて、建築という人工物と第２の自然といわれている身体との間の境界領域も、同じようにとても重要な問題じゃないかというふうに思うわけです。

それからさらに一つ、身体という自然の中には脳という、すべての人工物をつくる根源がある。最近は脳の研究がいろいろ進んでいますが、身体と脳という関係にもすごく面白い発見が出ています。我々は人工物をつくる際に必ずしも脳だけでつくっているのではなく、身

環境というのは、自然と人工が何重にも入れ子になっている構造だと理解するのがよいのではないかと最近は考えています（図17）。入れ子になっている自然と人工のすべての境界で起きている問題を、環境問題と考えたほうがよいのではないか。そのすべての境界で、自然と人工の関係を再構築することが求められているのではないか。

もう時間もないので終わりにしますが、我々のこれからの課題として、二つのキーワードを挙げておきます。一つは「身体性」。進歩したバーチャルな技術を活用することによって、エネルギーや物質の循環が伴う身体の活動を抑制できるのではないかという期待があります。脱物質・脱エネルギーが可能になり、そのことによって、資源やエネルギーの移動や消費を抑えることが可能だといわれています。地球環境負荷低減には有効かもしれませんが、そのとき、身体と自然との関係はどのようになるのか—ということですね。

二つ目のキーワードは「地域性」。現代はグローバリゼーションの波に洗われていて、我々は世界のどこでも通用するようなものをつくらないと商売が成り立たない。そういう世界標準が求められている。しかし、建築というものは車やエアコンなどと違い、その地域に根差した特性があり、それが建築の面白さにもなっている。土地の気候や人々の記憶とか、そういうものをどうやって伸ばしていくかということも、建築を豊かにする重要な問題だろうと思っています。

最後に、inTA（international Tropical Architecture）という組織を紹介しましょう。東南アジアなど多湿で温暖な地域において、未来の建築を考えようという国際研究ネットワークです。今日もお話ししましたように、南からの発想—遮断型ではない選択型の発想—がますます重要になるこれからの時代、ぜひ多くの皆さんにも参加していただきたいと思います。

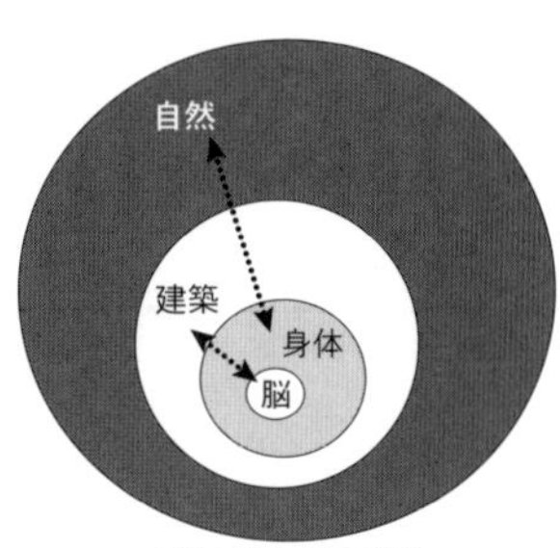

図17　自然と人工の関係

2重の入れ子の構造

地域の環境計画 ハウステンボス

定永哲雄

定永でございます。私は1972年に大学を卒業しまして、40年近く設計事務所で建築設備の設計をやってきました。きょうは地域の環境計画について、長崎県のハウステンボスを例にしてお話ししたいと思います。

日本の文化と環境共生技術

お配りした資料の最初に、水からエネルギーまでのいろいろな環境要素技術の図があります（195頁上段参照）。約50年前、大澤一郎先生（注1）が関東学院大学に建築設備工学科をつくられてから、我々はそのもとでこの水や熱、エネルギーを勉強させていただきました。これが私自身の源になり、これをもとに社会人になり勉強して、いろいろなことをやってきました。それが私の血となり肉となった。37年前のことであります。

次は文化と環境・建築についてです（195頁中段参照）。環境というと難しく考えがちですが、全然難しくはありません。日本には昔から環境共生という文化、歴史がありました。ですから、日本は昔から歴史や文化の中に環境という要素が入っていました。基本的には、日本は昔から歴史や文化の中に環境という要素が入っていました。ですから、文化や歴史を学べば、我々が求めている環境というものが何なのかということは簡単に導かれると、私は理解しています。環境というものはそれほど構えて考えずとも、歴史をひもとけば簡単に見えてくると。

そういう意味で、ここには江戸百景の安藤広重さんの絵を載せてあります。この絵からは

さだなが てつお
日本設計常務執行役員
1972年関東学院大学工学部建築設備工学科卒業、日本設計入社。現在は企画本部企画部長。2001年よりハウステンボス環境研究会会長を務めている。著書に『建築設備集成(8)娯楽集会施設』（オーム社、共著）。ハウステンボス関連の受賞として、水環境賞（環境庁、1995年）、省エネルギー会長賞（省エネルギーセンター、97年）、水資源賞（国土庁、99年）

194

環境計画要素と技術

　人間は、古くからその土地・地域の環境にふさわしい建物をつくってきた。風に耐え、雨をしのぐばかりではなく、そうした自然のエネルギーを生活に生かすための工夫がなされた。そうして、地域・文化・環境に調和したデザインが生まれた。そして今日、人類がその長い歴史の中で築いてきた伝統的な技術、工夫を礎に、自然環境への負荷を低減し、快適性を保ちながら自然と共生する技術をさらに発展させる時代となった。

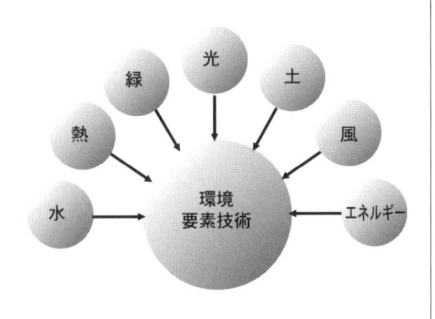

文化と環境・建築

　日本には、環境共生という文化があり、その文化によって建築の匠があった。それらは光・風・熱・水・生物・植物との共生によって建築が計画されていた。2009年は横浜開港150年だったが、開港当時は、日本に来た多くの外国人は「日本は非常に美しい、日本は自然を大切にする」と絶賛し、世界中に誇れる民族だと思われていたが、どこかで歯車がくるって、今は自然を破壊し、「建築・開発＝自然破壊」と言われても過言ではない出来事・開発が多方面で進められてしまった。

　近代社会において30年前から「省エネルギー」と、20年前から「環境共生」と言われ、CO_2、地球温暖化問題が発生し、低炭素社会の今、建築家に求められているのは何か！これに応えられる人、未来を切り開くビジョンを持って建築を考えられる人、それを実行できる人が、生き残れ、建築家となる。つまり建築家は環境共生建築を実現するため、クライアントの要求だけではなく、図太く環境共生への「企み」を練る能力が必要となる。その次に「匠」「技」を身につける事となる。

安藤広重
名所江戸百景
**千駄木団子坂
花屋敷**

自然（緑化・水辺）を生活の身近に置くことによって「ゆとり」「豊かさ」が実感できるまちづくりがあった。

　江戸の町には掘割、水路が個々の生活の場に入り込んで、水を大切に利用し、汚染水を流さない共同生活が成立し、自然浄化のバランスが取れた水環境があった。重要な所には「水神」が祭られ、水を中心とした文化が各地に根付いていた。

　写真の三段水舟は、環境省による全国名水百選の第1番に選定された岐阜県郡上市八幡町の宗祇水。同町では水舟が今でも活用されている。上段の層に湧水が流れ込み、飲料水となり、中段層は汚れの落ちた皿や野菜をゆすぎ、ビールやスイカが冷やされている。そして下段層では泥の付いた野菜や汚れた食器を洗い、その水は小さな池に注がれる。池には魚が泳ぎ、食べ物の残りなどは、魚の餌となり浄化される。

（講演時に配布された資料より作成）

ゆとりや豊かさなどの江戸の文化を学ぶことができます。ここに水があり花があり、緑があり、文化があります。これが環境だと私は思っています。ですから、環境って何なのかという問いに対して、広重さんのこの江戸百景の絵が環境なのかなと私は理解して、これを念頭におきながら、いろいろなことを計画してきました。

それから、水神と水の多段利用（195頁下段参照）。日本各地に水神と水の多段利用は、まだ多く残っています。水の文化はこういうところから探せば、いろいろなものが見えてくる。この文章には、中段層では汚れの落ちた皿や野菜をゆすぎ、ビールや西瓜が冷やされているとある。このイメージ、これを頭の中で浮かべてください。すごいゆとりと豊かさが湧いてくる。僕はこれが環境と文化だと思っています。

こういうことを私は三十何年やってきました。その中で20年ほど前に長崎に環境都市ハウステンボスを手掛け、設計3年、現場3年、竣工後1年、私の人生で7年間このプロジェクトをやってまいりました。それを少し動画で見ていただいて、また後でお話ししたいと思います。ではお願いします。

動画上映

どうもありがとうございます。「未来の子どもたちへ」というタイトルのこのビデオは、未来の子どもたちに対して、地球環境をこういう観点で考えていこうよという目的でつくったものです。これから日本や世界を担っていく子どもたちが、環境にどう取り組んでくれるかということです。

それともう一つこのビデオで言っていました、我々設計者は割と無責任でつくって、出来

注1　大澤一郎（1891—1972年）＝1914年早稲田大学建築学科卒業、16年同機械工学科卒業後、建築学科助教授に就任。20年から22年にかけて早稲田大学初の留学生として米国イリノイ工学留学。帰国後、東京高等工学校（現・芝浦工業大学）教授、日本大学教授を歴任。50年に関東学院大学教授。65年同大学に建築設備工学科を新設。68年同大学建築設備工学研究所所長。空気調和衛生工学会、日本建築設備士協会、日本建築設備設計家協会の会長を歴任した

上がって終わりと。それではダメだよと。環境というものは、つくってもオペレーションがいい加減だったら逆効果になるよと。そういうことをしっかりやらなければならないということから、私は竣工後1年間、環境文化研究所という所におりました。環境と文化を従業員にしっかり植えつけて継続していってもらいたいということで、このハウステンボスが成り立っているということであります。

環境と文化のあり方を追跡するということで、このハウステンボスが成り立っているということであります。

自然環境と都市環境の共存

もうあまり時間がないのですが、ハウステンボスの街づくりと環境計画について簡単に説明しておきたいと思います（図1、152頁参照）。

ハウステンボスは、1986年に構想がスタートし、89年に工事を着工、92年第1期工事が完成してグランドオープンとなりました。長崎県佐世保市の南部にある152haの広大な土地は、72年から84年にかけて工業団地として増設されたまま放置され、荒れ果てた埋立地・丘陵地でしたが、大村湾を望む景観は素晴らしく、周辺の自然環境もたいへんよく保全されていました。

私たちはこの土地に、エコロジカルな環境を大切に保存し、育てていく、自然環境を破壊しない「新しい街づくり」を計画したわけですが、その際に参考としたのはオランダの街づくりです。オランダは、国土の三分の一を干拓によってつくり育て、自然との共存を願いながら街づくりをしてきた国です。何百年もの長い間蓄積してきたそのノウハウを学ぶことで「近代文明・近代都市の弱点とは何か」ということを私たちに考えさせ、他に例を見ない「新しい街づくり」を実現させることができました。

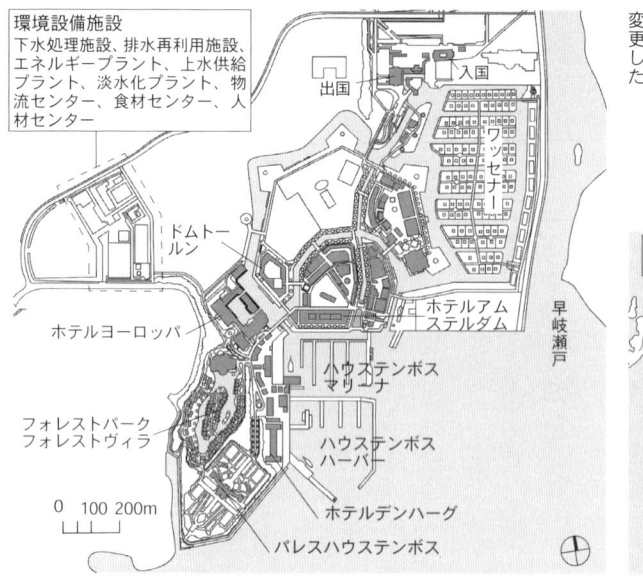

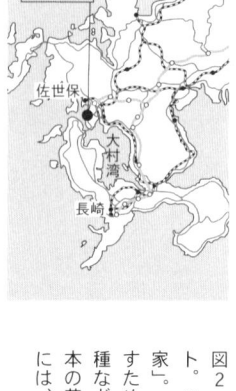

図1 ハウステンボスの位置(下)と全体図(左)。所在地は長崎県佐世保市ハウステンボス町。グランドオープンの前年である1991年に町名を「ハウステンボス町」に変更した

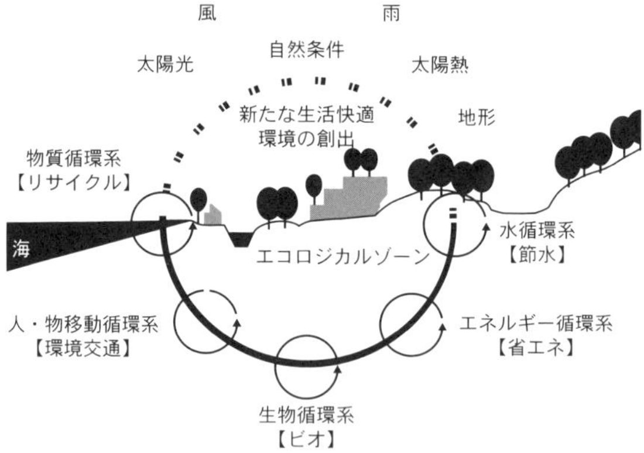

環境設備施設
下水処理施設、排水再利用施設、エネルギープラント、上水供給プラント、淡水化プラント、物流センター、食材センター、人材センター

図2 循環型環境ネットワークのコンセプト。ハウステンボスとはオランダ語で「森の家」。生物が育成するための環境をつくり出すために、集合林帯や鳥が木の実を求める樹種などを積極的に配置、40万本の木と、30万本の花を植えた。全長6kmの掘り込んだ運河には、数多くの生物が育成している

図3 街の風景

それは水・光・音・緑・土壌・廃棄物などの自然環境と、エネルギー供給、インテリジェントタウンなどの都市環境を共存させるという、私たちの時代の「新しい街づくり」への一つの解答が、この「ハウステンボス」計画なのだと考えています（図2、3）。

また、根本的には、日本の文化は日本の江戸に学べばいろいろなものができるということが、このハウステンボスを計画することで実感として湧いています。それをベースに建物も江戸の文化を見ながら考えれば、いろいろな環境のアイテムや構想が描けるのではないかというように感じました。あまり環境、環境といって難しく構えずに、歴史を勉強することが一番の近道なのかなというように思いました。

環境負荷の流出を「ゼロ」に

ハウステンボスについてもう少し言いますと、循環型の環境ネットワークを実現するために、環境インフラを徹底的に整備し、効率的な資源・エネルギーの循環を行うことで、環境負荷の流出をゼロに近づける「自立型基礎整備」を行いました（図4）。これに生物や水などを取り込み、水環境と人・物移動循環などの循環系を形成しています。また、相互間の連携を効果的に行い、地域特有の自然条件を取り込んだ「複合循環系」のシステムです。

そして、こうした環境インフラ核を中心に開発スケールを見据えながら、複合循環型環境インフラを段階的に整備する。その環境インフラは有機的に連携しながら長期的、段階的な開発の進行とともに、都市基盤として形づくられることを試みています。

以上です。どうもありがとうございました。

図4　環境負荷「ゼロ」の都市システム

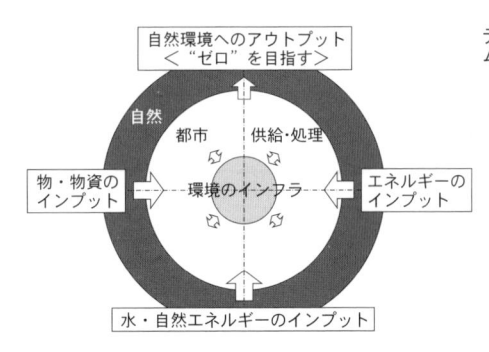

ハウステンボス環境設備設計概要

「ハウステンボス」＝「環境を大切に」の開発コンセプトのもとで、「地球にやさしい環境・設備設計」を主題に設計を進めました。

自然や街の環境と各種の環境・設備設計の項目を関連づけると図Aのようになります。以下、ハウステンボスで採用された主な環境・設備設計について順に紹介します。

水環境計画

大村湾の水質保全や土壌保有水の確保という自然環境の分野と、水不足・社会問題としての水資源確保の両面からハウステンボスの水環境は計画・設計されました（図B）。

① 日本の降水量は年間約1800mmであり、長崎では年間約2000mmを得ています。6月から7月にかけての梅雨前線によって多くの雨がもたらされ、8月からの水不足の時期には熱帯の水を台風が運んできます。このように水に恵まれた地域でありながら、長崎の地形は山に降った雨は海へ直接流出され、生活に有効となる水量は少ないため、水資源を大切にすることが求められています。

そこで、水資源の有効活用の観点から中水道システムを採用し、下水道施設で処理された生活排水を高度処理し、その利用を便所洗浄水、冷却塔補給水、植栽散水に使用し、全体必要給水の40％をまかなっています。上水（市水）の不足時・渇水期、市民全体が水不足対策に努力している時、ハウステンボスにおいても1日当たり1000m³の能力の海水淡水化プラント施設を設置し、自家生産を計画しました（図C）。

② 波静かな美しい大村湾に面して計画されたハウステンボスは、この美しい大村湾と共存しながら成り立っている街です。大村湾が汚れてくればハウステンボスの街もスラム化するでしょう。そうしないためにも下水処理場でBOD（注1）5ppmまで処理し、再利用以外に残った余剰水に対しても100m×30m×2セットの土壌浸透設備を設置し、土壌のバクテリアによる浄化機能と、土壌の保有水の確保を計る計画としました（図D）。

③ 大村湾とつながっているハウステンボスの運河は「運河を汚さない＝大村湾を汚さ

	自然環境						街の環境	
	水	大気・熱	音	光	土壌	緑	景観	機能
高度下水処理	○							○
土壌浸透	○				○	○		
海水淡水化	○							
中水再利用	○					○		
運河水質保全	○						○	
ライトアップ・光環境				○			○	
自然環境音の保全			○					
サウンドスケープ			○					
植栽		○	○					
土壌改善					○			
地域冷暖房		○						
コ・ジェネレーション		○						
インテリジェント								○
共同溝								○

図A　環境・設備設計と自然・街の環境

注1　BOD（生物化学的酸素要求量 Biochemical Oxygen Demand）＝水質汚濁指標の一つ。好気性バクテリアなどの水中微生物が有機物を酸化分解するのに必要とする酸素量。値が大きいほど、水中の酸素が少なく、腐敗性物質が多いことを意味する

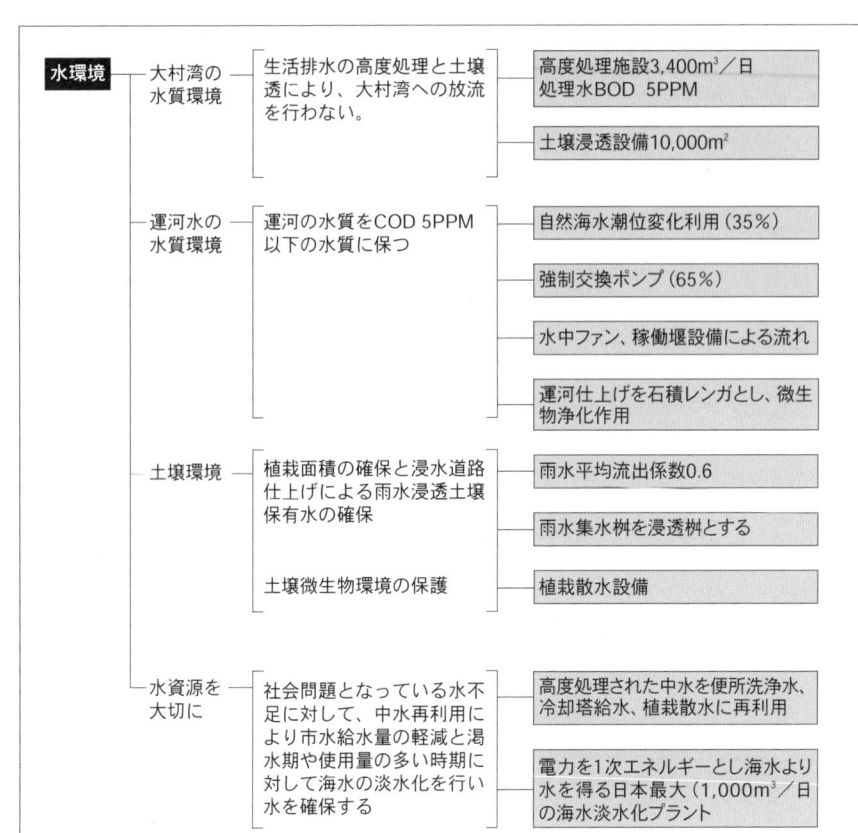

```
水環境 ─┬─ 大村湾の ─── 生活排水の高度処理と土壌 ─┬─ 高度処理施設3,400m³／日
       │  水質環境      透により、大村湾への放流    │  処理水BOD 5PPM
       │              を行わない。               │
       │                                        └─ 土壌浸透設備10,000m²
       │
       ├─ 運河水の ─── 運河の水質をCOD 5PPM ─┬─ 自然海水潮位変化利用（35％）
       │  水質環境      以下の水質に保つ       │
       │                                    ├─ 強制交換ポンプ（65％）
       │                                    │
       │                                    ├─ 水中ファン、稼働堰設備による流れ
       │                                    │
       │                                    └─ 運河仕上げを石積レンガとし、微生
       │                                       物浄化作用
       │
       ├─ 土壌環境 ─┬─ 植栽面積の確保と浸水道路 ─┬─ 雨水平均流出係数0.6
       │          │  仕上げによる雨水浸透土壌    │
       │          │  保有水の確保              ├─ 雨水集水桝を浸透桝とする
       │          │                          │
       │          └─ 土壌微生物環境の保護      └─ 植栽散水設備
       │
       └─ 水資源を ─── 社会問題となっている水不 ─┬─ 高度処理された中水を便所洗浄水、
          大切に       足に対して、中水再利用に   │  冷却塔給水、植栽散水に再利用
                      より市水給水量の軽減と渇   │
                      水期や使用量の多い時期に   └─ 電力を1次エネルギーとし海水より
                      対して海水の淡水化を行い      水を得る日本最大（1,000m³／日
                      水を確保する                 の海水淡水化プラント
```

図B　水環境計画

図D　3次処理まで行う下水処理施設

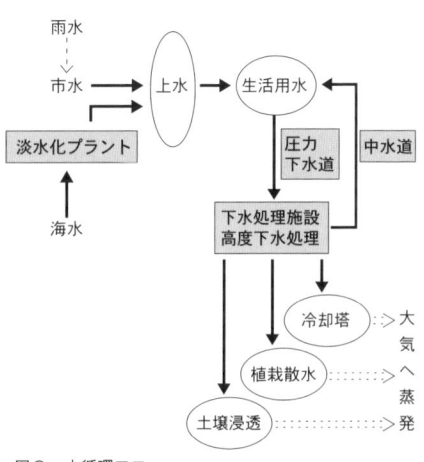

図C　水循環フロー

い」の共存で成り立っています。そのため運河内へ汚染源として流入される、雨水の地表面流出や直接降雨・土壌浸透設備よりの流出、太陽エネルギーなどによる変化がどのような状態となるのかシミュレーションを重ね、計画しました。自然海水潮位とポンプ・水中ファン・可動堰により運河内に流れをつくり、エアーばっ気浄化、石積・レンガ積による微生物浄化を計画し、さらに浚渫船により、運河内の清掃を行います。

④下水導管はヨーロッパでは古くから実績を持つ圧力下水道方式を次の内容により計画しました。

● 運河が敷地内に多く掘り込まれる
● 下水処理場の位置が高台に計画される
● 共同溝計画にマッチしている
● 負荷変動に対応しやすい
● 埋立地のため地盤が悪く、不等沈下の対応が可能である

の光により、見せたい時に見せたいように演出する光と風のハーモニー。
異日常的な新しい光体験…オランダの照明手法を取り入れ、運河・水面に映し出すファンタジックな新しいリゾートの光を創造します（図F）。
都市スケールの光環境…一般的な都市で見られる景観照明は、雑多な光の重複によって個々の良さが損なわれているケースがあります。ハウステンボスは、重なりあって見える光のアイテムをチェックし、景観の演出効果を都市スケールで創造します。

音環境計画

音環境は公害となるような騒音を排除し、リゾート施設として有効な虫・鳥や馬の声、波の音、風に揺れる小枝の音などの自然音を有効に取り入れ、カロヨンの音、ストリートパフォーマンスやイベント音楽などの街として演出音をつくり、ハウステンボス全体としての音環境をなしえる音環境を計画しました。地域内でのサウンドスケープは次の三つに分類し計画しました（図G、H）。
ゾーン別音環境…各ゾーンでそれぞれに合ったイベント音楽が広場を中心として流れま

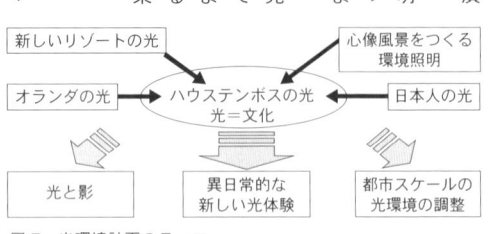

光環境計画

ハウステンボスにおける光環境は、照度という最大の機能以外に三つのテーマを設け計画しました（図E）。
光と影…ライトアップやランタン・街路灯

図F　街の夜景

図E　光環境計画のテーマ

```
環境音の現状把握
    ↓
広域伝搬特性の把握と予測
    ↓
地域内のサウンドスケープ計画
```

図H　音環境のステップ

自然音	演出音
●水鳥の放し飼い	●ロイヤルパレード（馬車の運行）
●野鳥の餌付け	●移動カロヨン車
●周囲の山よりの虫・鳥の声	●時を刻むカロヨンの音
●小動物・馬の放牧	●ストリートオルガン
●雑草地の育成による虫の声	●ストリートイベント音楽
●ヨットマリーナの波の音	
●運河水の波の音	
●植栽配置	

図G　音環境の要素

街全体環境音…カロヨンが時を刻み街全体に流れます。
移動環境音…街の中を音楽が移動しながら流れます。

緑・土壌環境計画

工業団地として埋め立てられ放置されていたこの土地に、緑を取り入れ土壌改良を行い、自然環境をオランダの再現のように進めました。

我が国における通常の開発は、大きな樹木を移設することとなりますが、ハウステンボスは苗木を多く植栽し、ここで木を育てる緑化計画を行いました。これらの木の果たす役割は、空気の浄化・雨水流出の軽減、防音、集塵、災害防止、環境保全、環境変化に対する警報などの役割を持っています。土壌についても、苗木を育てるに当たって必要な土壌改良を計画しました（図I）。

廃棄物処理と環境

人が集まりゴミが発生する、街ができてゴミ問題・ゴミ公害が発生する、このような「人＋物＝廃棄物」という重要な問題に対しても

いまだ有効な解決方法が課題となるのが廃棄物問題です。

廃棄物処理に当たり、「物」の入り口、つまり物流システムから始めることが必要となります。物販系・レストラン系の商品・材料・食材などを物流センターに受け入れ、種別・分別されて店舗ごとに配達されます。ここで発生する生産・工場出荷時の廃棄物は、分別・回収され、各店舗などへ持ち込む廃棄物を最小限とします。さらに、大気汚染を引きおこすダイオキシン発生源となるポリプロピレン系の持ち込みの禁止・チェックなども計画しています。

ゴミ公害は大気汚染・水質汚染・土壌汚染と各所で問題となります。これら汚染を解決するためには量の軽減から始まりますが、大小にかかわらず処理が発生し、公害問題となります。地元の廃棄物処理業者の協力を得て、資源回収・焼却処理・コンポスト処理（再利用）の3方式で行うことを計画しました（図J、K）。

資源回収…段ボール・新聞紙・鉄類・アルミ類・ビン類・カレット（5種類）。

焼却処理…低公害の焼却炉を設置し、焼却処理します。

図I　工事中（左）と竣工後間もない頃のハウステンボス（上）

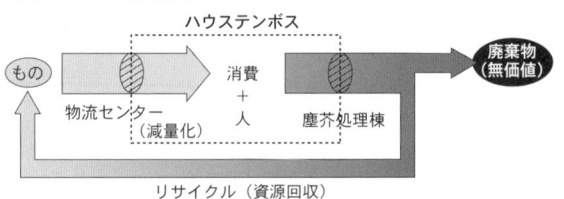

図K　コンポスト工場　　図J　廃棄物問題への対応

コンポスト処理(肥料として再利用)…厨房・レストランから発生する厨房廃棄物をコンポストとして再利用します。

エネルギー供給と環境

① コ・ジェネレーションの併用

ハウステンボスはエネルギー有効利用の一手法として、コ・ジェネレーション設備を併用しています。コ・ジェネレーションはガスタービン発電設備と排ガスボイラーの組合せによるシステムで、都市ガスを主燃料として発電すると同時に、その廃熱を利用して高圧蒸気 (9kg/cm²G) をつくり、地域熱供給会社に熱源として供給します。ガスタービン発電設備は電力会社と常時系統連携を行い、受電電力の平準化を図り効率よい運転をするとともに、非常時および停電時には非常用発電設備として、各防災・保安などの負荷に電力を供給するシステムとします(図L)。

② 熱供給計画

ハウステンボス地域冷暖房設備は、ハウステンボスの多様・多数の施設空間における「快適性と安全性の確保」「エネルギーの適性消費」「都市環境・景観の整備」などに主眼を置き、「施設と地域環境の融合」を

蒸気ヘッダ　吸収式冷凍機

ガスタービン発電設備 → 排ガスボイラー → 蒸気 → 冷凍機 → 冷水

蒸気圧9気圧

都市ガス　電力

図L　コ・ジェネレーションの概要

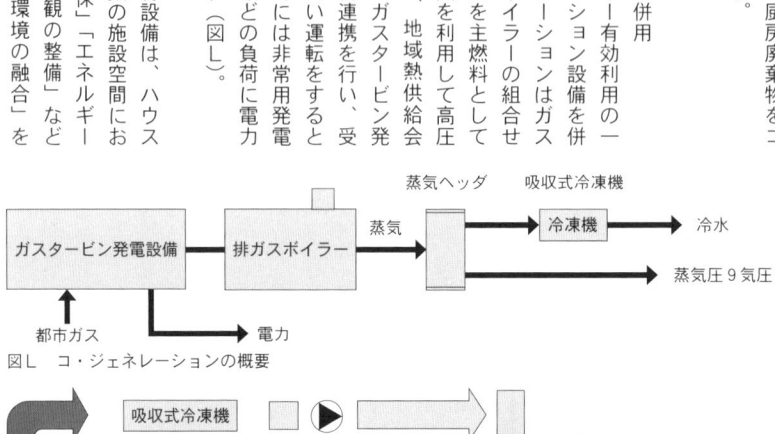

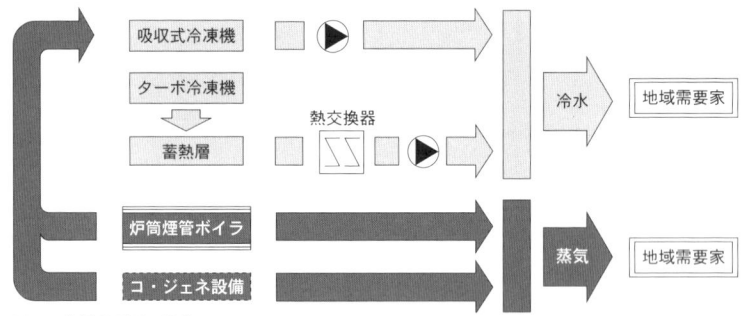

吸収式冷凍機
ターボ冷凍機
蓄熱層
熱交換器
冷水　地域需要家

炉筒煙管ボイラ
コ・ジェネ設備
蒸気　地域需要家

図M　地域冷暖房の概略システムフロー

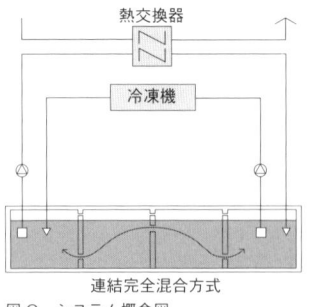

熱交換器
冷凍機
連結完全混合方式
図O　システム概念図

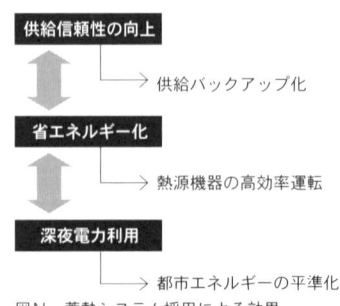

供給信頼性の向上 → 供給バックアップ化
省エネルギー化 → 熱源機器の高効率運転
深夜電力利用 → 都市エネルギーの平準化

図N　蓄熱システム採用による効果

基本コンセプトに熱供給事業法に基づき、事業として計画しました。中央のエネルギープラントより冷房用の冷却水（7℃）、暖房給湯用の蒸気（3kg/cm²）を地域導管により各施設へ供給します（図M）。

さらに、地域冷暖房設備プラントの地下ピットを利用して、有効容量2100m³の蓄熱槽を構築します。熱源負荷のピークカット、深夜電力の利用による省エネ、省コスト対策として完全混合方式の冷水蓄熱システムを採用しました（図N、O）。

インテリジェントタウンと環境設備設計

「環境を大切にした新しい街」を命題に、周囲の自然環境の共存と調和を図りつつ、さりげなく最新ハイテク技術を駆使して、都市基盤の整備を図ることを目的としてDBA、CATV、BAの三つのシステムの構築を計画しました（図P）。

この三つのシステムの個々の機能の発揮、また有機的な結びつきを効率よく、かつ円滑に進めることにより、人々に充実したリゾートライフを提供する「新しい街」の創造の支援を行います。

共同溝計画

ハウステンボスの施設はオランダの街並みを再現したものであり、古くから欧米諸国で発達した電力・通信などの地中化を行い、また、将来への計画対応・維持管理・安全性・都市景観の維持を図るため、共同溝を設置しました（図Q、R）。

全長は、独立型約1km、建物敷設型約2.2kmの合計3.2kmです。

インテリジェント機能の支援	データ通信系システム	⇒	DBA
コミュニティ機能の支援	映像系システム	⇒	CATV
アメニティ機能の支援	環境系システム	⇒	BA

図P　インテリジェントタウンのための三つのシステム

図Q　共同溝内部

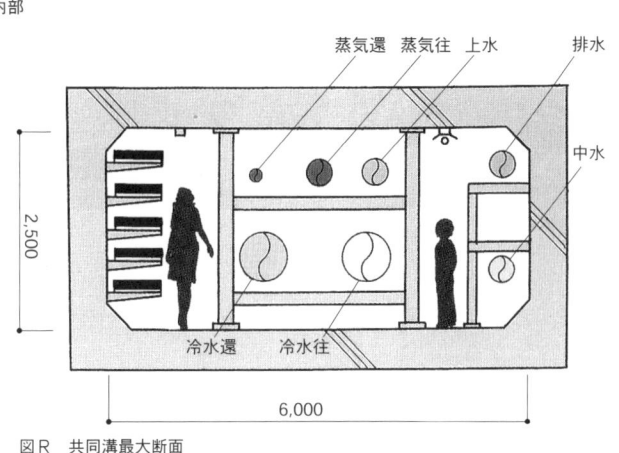

図R　共同溝最大断面

ディスカッション 光・風・熱・水をとらえる環境技術

司会 それでは、全体討議を始めます。梅干野先生のお話にもありましたように、これまで目に見えなかった熱や空気というものが技術の進歩によって見えるようになり、本日のテーマにもあります環境要素をとらえる技術というものが構築されてきています。また、小玉先生のお話にもありましたが、このようなハイテクな技術によってローテクが可能になり、パッシブ住宅というものが出てきました。このように、これらの技術を建物の設計に反映させることは実践され始めてきていると思います。しかし、湯澤先生、小玉先生のお話にありましたように、パッシブデザインというものがパッシブ建築として存在するためには、内に対する外の環境性能が必要になり、この場合での外は街や都市になるのではないかと思います。定永先生からハウステンボスにおける実例を紹介していただきましたが、現在の首都圏などにおける建物を取り囲む外部環境について、どのようにお考えでしょうか。

都市にもパッシブデザインを

梅干野 現代の都市は環境よりも機能性や効率、経済などを優先してつくられてきたと思います。会場の皆さんの中にも建築に関する学会に入られている方は多いと思いますが、建築学会には構造、材料、計画、環境などの分野があります。しかし、高度成長期にできた日本の都市計画学会は、交通計画と土地利用計画が中心です。このことが一番象徴していると思います。

出席者
湯澤正信 （略歴等は153頁参照）
大塚雅之 （略歴等は163頁参照）
梅干野晁 （略歴等は171頁参照）
小玉祐一郎 （略歴等は181頁参照）
定永哲雄 （略歴等は194頁参照）

司会
遠藤智行 えんどう ともゆき
関東学院大学工学部建築学科
専任講師
1999年東京理科大学工学部建築学科卒業、2004年東京大学大学院博士課程修了。博士（工学）。東京理科大学助手を経て、07年より現職。専門は建築環境工学（空気）、建築設備工学（空調）

これからの街づくりには環境の視点が必要であると思います。そうすると、小玉さんの講演のパッシブな話には都市も当てはまるんですね。緑や水路と付き合うときには、それぞれの存在価値にも目を向けてみる。

水路は水運に利用したり、緑も落ち葉を燃料にしたり、木を切って木材にしたりと、利用価値や交換価値が中心でした。しかし、今日の環境の話というのは、そこに緑があるから、そこに水路があるから、それが我々の生活にとって価値があり負荷を与えない快適な街をつくることができる。現在の我々が住んでいる街で、そのように見直してみると、本来はその存在価値を目的につくったわけではないかもしれませんが、いかに我々がそれらを失っているかということに気付きます。

ハウステンボスでは涼しい空間をつくるために水を利用しています。しかし、今、都市の中で水を利用して冷やそうとしても、水道水を使わなければならない。保水性の舗装や濡れる壁をつくるということもやっていますけれども、その水が容易に手に入らない。少し前の都市や街には、いたるところに水路が巡らされていたり、水のポテンシャルがあったわけです。

司会 梅干野先生、ありがとうございます。ハウステンボスは水路を中心につくられていますが、現在の日本の都市や街はそういうものを中心に計画が立てられていない。今、そのようなお話もありましたが、水をご専門とされておられる大塚先生はいかがでしょうか。

大塚 私は日本建築学会環境工学委員会傘下の水環境運営委員会で活動していますが、委員会の主催で、先日、「雨を楽しみ都市の水を制御する建築」というテーマでコンペが実施されました。都市におけるさまざまな雨水利用の方法がテーマでした。その中で最優秀賞に選ばれた案は、建物単体ではなく、丁度、今のお話にもあったように、複数の住戸が建つ住宅地に水路を巡らせ、それを隣接する住戸や住民にとっての「雨水川端」と位置づけ、敷地

ディスカッションでの梅干野晃氏

で集めた雨水をゆっくり小川のように流し、子供の遊び場や憩いの空間として利用すること、雨をコミュニケーションツールとして使うこと、雨と親しみながら暮らして行くことが、豊かな風景を生むといった豊富なコンセプトが盛り込まれていました（図1）。

私の本日の講演は、環境共生技術フロンティアセンターという一つの建物についての内容でしたが、範囲をもう少し広げて、今、例を挙げたように複数の建物が立ち並ぶ都市のレベルで、ソフト面とハード面の両方から環境共生技術を展開させることも考え、水や熱、空気などの環境要素を上手に取り入れた都市空間をつくることが大切だと思います。そのときの課題の一つは、建物内では住まい手が守っていた生活のルールや環境への配慮も、都市といいう多様な生活者のいる環境では、例えば水環境ではモラルの低下による水質の汚染の増加や衛生性が阻害される危険性はありますので、水質などの化学的な安全性確保や維持管理も広い範囲でしっかり徹底しなくてはならないことです。最終的には、居住者が環境に対する倫理観を持って、しっかり都市の生活を営もうとする意識を持つことにかかっていると思います。都市の中での環境教育や環境設備技術に関して理解を深める教育や倫理教育などを、いかに行ってゆくかの仕組みも大切な課題かと思います。

司会　大塚先生、ありがとうございます。定永先生はいかがでしょうか。ハウステンボスの設計はお伺りましたけれども、ハウステンボスの設計は地域規模で行われてお

定永　ハウステンボスは工業団地用として埋め立てた敷地につくったので、ゼロからのスタートでした。ですから、何でもできたと言えば何でもできたわけですが、既存の街でそのような技術をという話はなかなか難しいと思います。
私の経験から一つの例をお話しします。広島県福山市の瀬戸内海に面したところに鞆の浦という港町があります（図2）。ここには、石積みの護岸の立派な円形の港があります。現

図1　2009年度日本建築学会技術部門設計競技「雨を楽しむ都市の水を制御する建築」最優秀賞の一部=「雨水川端・あまみずかばた～仮設住宅地における雨水利用の提案」羽渕雅己（かめ設計室）

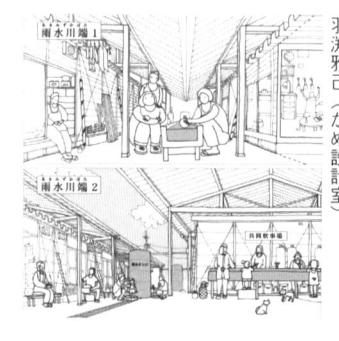

ディスカッションでの大塚雅之氏

在は車社会になり、各地で道路が整備されているわけですが、ここにも混雑解消のために道路をつくるという計画が広島県と福山市により立案され、鞆の浦の住民からどのようにしたらよいかという相談がありました。既存の街に道路をつくることによって、この港が死んでしまうわけです。この立派な円形の港や資源がダメになる。このような街づくりの中で、大切なことは住民、行政と我々がかかわっている個々の建築、この三つが手を組み、街というものをどう考えるかということです。鞆の浦では「鞆を愛する会」という会ができ、住民から道路の問題に対していろいろな方策が提案され、現在、計画は中断しています。既存の街を変えることはなかなか難しいのですが、先ほど述べた三つが手を組むことで、環境配慮型の街への転換が実現できるのかなと思います。

司会 ありがとうございます。現状のものを有効活用していくうえで現在の街のポテンシャルのお話が梅干野先生からございましたが、小玉先生はどのようにお考えでしょうか。

ポジティブなスパイラルを生み出す

小玉 これまでの空調の考え方は、建物の中の環境を良くすると外の環境にダメージを与えてしまうという図式でした。その図式をどのように変えられるかが大きな問題で、その実現に役立つのが、パッシブデザインかなと思っています。

最近の例では、大阪にあるNEXT21という建物が挙げられます（図3）。込み入った街の中で冷暖房をどのように効率よく行うかということが当初の目的だったわけですが、エコロジーや緑化などを考えることにより、周辺の微気象が徐々に変わってきました。すると、24時間冷房ではなくて、窓を開けようということになってくる。窓を開けて風を取り入れると冷房負荷が減りますから、外部に対する環境負荷も減り、さらに窓が開けやすくなる。か

図2　鞆の浦

ホワイトボードを使って説明する定永哲雄氏

つてのような、建物を冷房することによって外に熱を捨て、その結果さらに空調負荷が増えるという悪循環をネガティブなスパイラル、正の循環になり得るのではないかと考えているのです。どのように展開するかは予断を許しませんが、そういうモデルを前提にして考えると、不可能なことではないと思っています。

最近の若い建築家の中には、居住密度の高い街中でも屋上や中庭などにアウトドアのスペースをつくる方々がとても増えている。この傾向は、先ほど申し上げたポジティブのスパイラルをつくっていくベースになるのではないかと期待しているのです。そういう転換をしつつ、次第に街の環境はポテンシャルを生み出してゆくと考えたほうがよいかなと思います。ですので、現在の街にはポテンシャルはないわけではない、むしろ生み出してゆくと考えたほうがよいかなと思います。

梅干野　小玉さんの話に関連しますが、私も研究の一環でこのような経験をしたことがあります。森の中に8軒ほどの住宅を建てて、全然違う場所に住んでいた人たちがそこで生活を始めました。最初の1〜2年は、夏になると皆が冷房をつけていましたが、生活しているうちに徐々に冷房を使わずに窓を開けはじめました。また、夏の木陰は涼しいですし、鳥も来ますので、皆が外に出てくるようになりました。私は日本や東南アジアならば、大きな木の下に住むという設計のディシプリン（規範）で住宅地をつくるべきだと主張しているのですが、小玉さんが言われたように、そしてコミュニティも変わってくる。現在の街でもポテンシャルがないわけではなく、例えば、水でいえば、扇状地にある都市には自噴水が必ずあるわけです。それを今までの街づくりでは壊してきた。ですから、そういう意味では、それぞれの地域でポテンシャルがあり、そこに価値を置くかどうかということがとても大事であると思います。緑の話でも、木や森の下に住むぐらいの発想の住宅地を

図3　NEXT21（大阪市天王寺区）＝1993年竣工、大阪ガスによる地下1階地上6階建の実験集合住宅と環境などを課題にした実験集合住宅。基本計画、設計は大阪ガスと建築・設備の有識者で構成された大阪ガスNEXT21建設委員会。建築面積896.20㎡、延床面積4577.20㎡

つくれば、ライフスタイルそのものが変わります。先日、機会があり、軽井沢の森の中にある家を見せていただいた時に、緑と陽の光の調和を図ると非常に良い環境が得られるということを、実感しました。

司会 ありがとうございました。現在の外という空間について、湯澤先生はいかがでしょうか。

湯澤 私は最初に外部を取り込むという話から始めましたが、やはり外部の環境というのはすごく魅力があるということを、最近になって皆が感じてきていると思います。これまでの外、例えば都市というものは土木的なことから考えられていたと思います。街づくりでは建築より土木の人が活躍されていたわけですが、そういうことに関して、身体とか人間との関係を考えるという小さなスケールでの建築的なセンスの中から、より大きな街を見直していこうというような視点に、我々は気付き出したのかなと思うわけです。

建築も今までは都市の構図をつくるとか、構造やインフラストラクチャーをつくることに関心がありましたが、小玉さんのお話のように、何か大上段から都市に向かっていくことよりも、身近なところにアウトドアのスペースをつくり、快適さを求めていくことが行われています。その快適さは閉じた快適さではなくて、外との関係、外というのは他人という意味でもあるし街という意味でもありますが、そうした開いた関係をつくることによって先程のポジティブなスパイラル、これは非常によい言葉だと思いましたけれども、そういうものができていく。それにより、徐々に外と内との関係が曖昧になり、外も内も建築化されて、究極的な建築空間となるということが、これからの方向かなという感じがします。

昨日（２００９年10月2日）、日本建築学会の作品賞の講演会がありましたが、微地形や

個人的な関係、ローカルなことなど、そういうことを出発点として空間を考えていくという話で、その空間というのは内部も外部もなくて、要するに、自分という身体の外側の空間がどうあったらいいかという発想であると思いました。地形や自然環境とどのようにかかわったら良いかということを、自分の身体という確かなところから出発して考えていくということです。それは大きな建築を扱うときでもそうだし、小さな建築を扱うときもそうで、この頃はそのような傾向が見られるのではないかなと思いました。

見えないものを考えて設計する

司会 ありがとうございました。環境要素を媒体とした内と外との関係について、内なる建物に対する外の環境について、皆さんからお話をお伺いしました。あまり時間がありませんので、会場からの質問をいくつか個々にさせていただきます。湯澤先生と小玉先生にですが、設計の際に光、風、熱、水などの環境要素のどこかに重点を置くということがありますでしょうか。

湯澤 どこかに常に重点を置くということはしていません。その時々によって、デザインで何が大事なのかと考えて全体像を得ています。例えば、今回は光でいこうといっても、他の要素を無視しているわけではなくて、光がその考えをまとめるときの主たるキーワードとして出てくるのであって、基本的には空間を扱うので、やはりすべての環境要素を考える。そういうあり方だと思います。

今までに記憶に残った建築ってどういうものかなと考えると、形が格好いいとかそういうものではなくて、あそこに行ったときに気分がよかったなとか、朝の光が印象的だったとか、空気が美味しかったなとか、環境要素にかかわることをすごく鮮明に覚えています。これは

ディスカッションでの湯澤正信氏

多分、体全体で覚えているんだと思います。気持ちのよい空間をつくろうという発想でできたら、本当にいい建築ができるのではないでしょうか。

小玉 建築学科の学生には、当然のことですがビジュアル系重視が多い。そういう学生たちには、熱や空気などの目に見えないものを考えて設計してごらんと言うことにしています。すると、見えないものがだんだん見えてくるようになります。考えにくいところの要素を大事にしたほうが、より面白いビジュアルができる。それから、光の空間と言うと、非常に神秘的な、あるいは芸術的な、アーティスティックな感じがありますけれども、決してそれだけではなくて、昼光照明や陰をどのようにつくるかとか、技術的な光の制御と密接に絡んでいるので、それらも一緒に考えてほしいと思います。

ですから、どれということではなくて、全部一緒に考えてほしいけれども、まずは、見えない空気や熱のことを考えてみると面白い発見ができるかもしれないと思います。

司会 ありがとうございます。もう残り時間が少ないので、小玉先生への質問を一つ。大きな窓には、集熱のメリットとともにプライバシーの問題があり、地窓から空気を取り込む際にも防犯という問題が出てくると思います。このように、窓の配置や開口の仕方と防犯、プライバシーなどとの関係について、常に心掛けていることやお考えになられていることはありますでしょうか。

防犯への配慮

小玉 防犯は夜間開放する際には、当然一番大きな問題になります。特に、地面に近い地窓などの防犯は工夫が必要です。やはり、防犯の仕組みをつくることが前提になります。クライアントであっても必ず問題になります。

最近はいろいろと面白い窓がありまして、例えば、商品名を出してしまいますと、スウィンドウ（三協立山アルミ）という窓は風の力で自然に風上側が開き、風下側が閉まる。常時開となっていても、雨が降ったり、強風が吹いたりすると閉まる。そういう窓もありまして、これも窓の技術の一つの進歩だろうと思います。そういう面白い開閉の仕方をする窓は、これからもどんどん進化すると思いますので、そういうものも活用しながら、上手に対応していくことが基本だろうと思います。

ただし、解決が難しいことも多々あります。例えば、これは群馬県でしたが、家の周りでは豚を多く飼っているので、臭気で窓が開けられない。これにはもう答えはない。もう一つの例は、二人の子どもがいる家族の例で、子供の一人は花粉症で、もう一人はハウスダストのアレルギーがある。これは窓を開けても閉めてもダメで本当に困りました。そのような例もありますが、大抵は解決策が見つかる。基本的には何か少しずつ手当てをしながらどのように窓を開閉するか考えることが大事なことだと思います。

司会 小玉先生、ありがとうございます。本日は「光・風・熱・水をとらえる環境技術」をキーワードに住宅から街・都市にいたるまで、先生方にご講演をいただきました。ディスカッションでは、パッシブ住宅の設計法から住宅を取りかこむ街・都市の現在の環境や今後の展望について討論いただきました。本日、聴講している学生諸君には、目に見えない環境というもののとらえ方、考え方について学習するたいへん良い機会になったと思います。これを機にますます、勉学に励んでいただけましたらと思います。本日はどうもありがとうございました。

ディスカッションの出席者と質問に答える小玉祐一郎氏（左から2人目）。右端は司会の遠藤智行氏

214

第4章　これからの学びの場

学校建築・施設を読み解くキーワード

■学校規模
全体の学級数により学校の大きさを表すもので、施設づくりに対する国の補助基準面積の算定や教員の配当数などの根拠となる。

標準規模…文部科学省の規定では、基本的に小中学校とも 12～18 学級／校が標準規模とされる。

小規模・過小規模…11 学級以下が小規模、複数の学年で 1 学級を編制する複式学級などで構成される 5 学級（小学校）・2 学級（中学校）以下は過小規模とされる。

大規模・過大規模…19 学級以上が大規模、特に、31 学級以上は過大規模とされる。

■学校運営方式
教科や科目に応じて、各授業をどのような教室や学習スペースに割り当てるかのシステムを運営方式といい、教室の役割やしつらえ、生活スペースのとられ方によって、大きく三つのタイプがみられる。

総合教室型…教科学習や生活の大半をクラスルームで行う方式。行動範囲が限られ、家庭的な雰囲気や安定的な居場所が求められる小学校低学年に適している。

特別教室型…国語・算数（数学）・社会・英語など、講義形式を中心とする一般教科を各クラスルームで行うことと、理科・音楽・図工（美術）・家庭・技術などの実習や実験系の特別教科を専用の教材や教具、設備がしつらえられた特別教室で行うことを組み合わせた運営方式。我が国の小・中学校での主流。

教科教室型…一般教科を含むすべての教科に専用の教室が用意され、生徒が各教科教室を移動して授業を受ける方式。教科の専門性を高め、教科ごとに個性や自由度のある充実した学習環境を提供できる。

■教室・教室まわりの計画
学習の個別化・個性化に向けて、教育と空間を弾力化、多様化しようとする動きが 1970 年代後半から本格化する。オープンスクールは、多様な空間づくりと空間相互の連続化・関係化を図ることで、学校全体が学習・生活の場となることを意図している。その中心的な場所であり、さまざまな機能が重なり合った場所が、教室、オープンスペース、コーナーなどで構成される教室まわりである。

クラスルーム…主にクラス単位での学習の場と個人やクラスにとっての生活・帰属の拠点を兼ねたスペース。

オープンスペース…クラスルームや特別教室と開放的に連続し、多様な集団編成や学習方法・内容に応じた活動を行うとし、多様な学習メディアが配置されるスペース。開放性・可変性・連続性などの空間的な特質が求められる。

メディアスペース…図書・パソコン・資料・AV 資料や機器など、学習や活動のための教材・教具、情報機器などの学習メディアが集積し、活用される場所。

水回り・ウェットコーナー…流し、手洗い、水飲み、トイレなど水を使用する場所全般のこと。特に、オープンスペースの一画に設けられ、作業用の流しを備えたワークスペースをウェットコーナーと呼ぶ。

クワイエットスペース…壁面などによる遮音性や囲まれ感が高く、安定的で落ち着きのある場所。

デン（穴蔵）・アルコーブ（壁面の一部をえぐったような凹みのある小空間）：クワイエットスペースのなかで、子どものスケール感に合致するように面積や高さが相対的に小さく、壁で囲まれたような閉鎖感や隔絶性、空間的な親密さがある。

半屋外スペース…屋根付きのベランダ、テラス、軒先空間など、内外の中間的な空間。

教科教室型の中学校では、教科学習と生活の場を積極的に分離して、各々の場の質を高める計画がみられる。その場合、以下のようなスペースが必要となる。

教科ブロック…教科教室やゼミ室、オープンスペース、教科研究室（教員スペース）、教材室などで構成され、教科学習の中心となるスペース。関連する学習メディアがしつらえられたオープンスペースが教科メディアセンターとなり、それを中心とした教科ブロックの構成方法を「教科センター方式」と呼ぶこともある。

ホームベース…教室が基本的には教科学習の場となるために、生徒・クラスの居場所や生活・帰属拠点として用意されるスペース。通常は、個人の持ち物を保管するロッカー、イス・テーブルがしつらえられる。

■学習形態
「教える」ことから「学ぶ」ことへと学習の主体や方法を転換し、一人ひとりの子どもの興味や到達度、能力の違いなどの個性を尊重して、個別化した学習や個性を生かす学習が求められる。そのために、学習の集団・方法・内容・場の弾力化や多様化が進められ、さまざまな学習形態が生まれてきている。

一斉学習…クラス単位などの固定的・均質な学習集団が編成され、教師主導によって、同一の内容（進度）・方法・場所で、画一的に「教え込み型」の学習を進めること。

グループ学習・小集団学習…クラス単位よりも小さな集団に再編成され、グループごとに共同で学習を進める。クラス集団を解体し、習熟度や学習テーマに応じた少人数の集団に再編して、複数の教師で指導に当たるチームティーチングも一つのタイプである。

個別学習…一人ひとりの興味・関心・能力などの違いや学習の主体性を尊重し、学習内容や学習方法を一人ひとりに合わせて個別化・個性化すること。

総合的な学習の時間…従来の教科の枠を超えて、児童・生徒自らが課題を発見して、自ら学び、調べ、考え、主体的に判断し、よりよく問題を解決する能力を育てることを目指す学習。総合的学習、総合学習ともよばれる。決められた教科書や授業方法はなく、学校の創意工夫による特色ある活動が求められる。

連続シンポジウム「建築の今」第 4 回
2009 年 10 月 10 日
関東学院大学 KGU 関内メディアセンター（神奈川県横浜市中区）

学校建築の今・これから　湯澤正信

全景。小さな街、地域の小匣(こばこ)、大きな家として計画・設計した

ランチルーム。保育園児、小・中学生全員で食べる

空中歩廊の「ハシロウカ」

浪合学校
長野県下伊那郡阿智村浪合
小学校・中学校　1988
保育園　1990

保育園

小谷村立小谷小学校　長野県北安曇郡小谷村千国乙　2006

図書室デン

建物の間から山並みが見える

ランチルーム

早川町立早川北小学校　山梨県南巨摩郡早川町大原野　2001

正面エントランス

プロジェクトセンターの図書室部分

横浜市立十日市場小学校 神奈川県横浜市緑区十日市場町　2007

学年オープンスペース

低層となっている道路側外観

川崎市立御幸小学校 神奈川県川崎市幸区遠藤町　2009

グラウンド側外観。既存建物の改修および増築で再生を図った

福島県立いわき光洋高等学校 福島県いわき市中央台高久　2004

ニュータウンの明るい雰囲気に呼応した表情を持つ単位制高校

オープンスクールからの展開　上野淳

1970年代　アメリカの学校建築（巨大なオープンスペース）
Fodrea Community School (Indiana, 1973)

1970年代初頭に大規模オープンスペースの学校が登場した。左は学校中央のメディアセンター、右はクラスミーティング（1997年著者取材）

1970年代　イギリスの学校改革
Guillemont Junior School (Hampshire, 1976)

一人ひとりの児童の学習行動に対して小ぶりなスペースを連続的に用意している（左）。右はクラスミーティング（1988年著者取材）

1970年代　日本のオープンスクールの幕開け
緒川小学校（愛知県知多郡東浦町、1979）

閉じた教室から開かれた学校環境（オープンスペース）を教師たちが自らの手で構築し、個別的学習展開を行っていった（左）。給食の時間は、どこで誰とでも食べられる（右）

1980年代 学習集団の習熟度別編成
学年教室群と、それと同じ面積のオープンスペースを並べ、開かれた環境に保つ「学校のオープン化」が一つのパターンとなった。これにともない、新たな教育方法の実践が試みられた

本町小学校（神奈川県横浜市中区、1984）　　宮前小学校（東京都目黒区、1985）

学年オープンスペースを利用した個別学習活動の展開　　思い思いの学習場所と学習のペース

1990年代── 子どもたちとコミュニティのための学校
打瀬小学校（千葉県幕張市、1995）

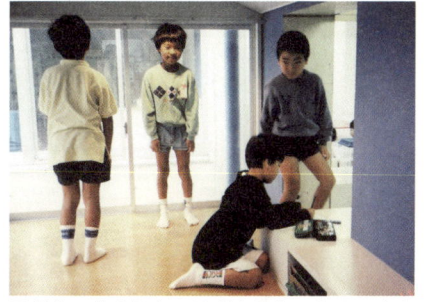

門も塀もない学校　　子どもの体を包む、子どもたちのための小さな空間

住居としての学校
若葉台小学校（東京都稲城市、1999）

教室に続くウッドデッキのテラスと住居のようなレンガの外壁　　住居のような温かい木造のインテリア

ビオトープづくりの可能性　尾上伸一

校庭に「田んぼ」をつくる　下永谷小学校（神奈川県横浜市港南区）

作業と観察を同時に行いながら元気に学習

生き物とのふれ合いの場になる

校庭に穴を掘り、水をためてつくった

学校に「自然広場」をつくる　大道小学校（神奈川県横浜市金沢区）

環境づくりは子どもたちの手で行い、そして、子どもたちの遊び場になった

校庭から街のコモンづくりへ　木下勇

緑が学校をつくる

校庭を子どもたちと改造（ドイツ　シュレッスヴィグホルシュタイン州　シャッフルンド）
Grün Macht Schule Berlin & Schafflund / Schleswing-holstein

土、木、火、石、水…すべての感覚で自然を体験
Grundschule an der Bäke Naturnahe Erlebnislandschaft mit Hügeln,Wasserlauf,Spielgeräten und Backofen

学校ビオトープ＆コミュニティガーデン

秋津コミュニティ
千葉県習志野市、秋津小学校

戸定みんなの庭
千葉県松戸市松戸

連携する学校　吉村彰

小学校と地域施設の複合化
志木小学校といろは遊学図書館・いろは遊学館（埼玉県市志木市）

志木小学校の生涯学習棟は地域施設との複合。1階・3階にいろは遊学館（公民館）、2階に図書館（写真）がある。図書館は学校の児童や地域の人たちも一緒に利用する

読書環境も充実している。写真は畳敷きのお話しコーナー

市の公共図書館と学校図書館の複合

志木小学校外観。右が生涯学習棟

学校建築の今・これから

湯澤正信

学校建築は今、教育改革の只中にありますが、それだけでなく従来の学校という枠を超えて、少子高齢化などの社会変動への対応、地域づくりと連動する新たな公共空間としての役割や、改修・転用や環境共生型施設づくりの要請など、広く建築一般に課された今日的課題に対応すべく大きく変貌しています。私の計画・設計の経験から、学校建築のこうした多面的な姿を、そして、そこに見えてくる可能性をお話しできたらと思います。

つまり、学校は人と人を結び、地域のコミュニティ活動や交流の場としてなくてはならない基盤、歴史と記憶を蓄積し、地域の人々の交流の拠点となります。すべての学校が交流インフラとなれば、地域には豊かなコミュニティ施設が遍く存在することになるわけです。特に、地域施設に恵まれない中山間地やへき地での学校では、こうした役割が強く望まれています。私が大事だと考える学校建築の視点とは、5つにまとめられます(図1)。これらは今日お話しする学校の計画や設計を通して、私が常に追求してきたテーマであります。

学校は地域の文化を担い、地域の歴史と記憶を蓄積し、地域の人々の交流の拠点となります。すべての学校が交流インフラとなれば、地域には豊かなコミュ

つまり、地域の「交流インフラ」だと私は思っています。学校は義務教育の場ですから全国津々浦々にあります。小中学校は義務教育の場ですから

小さな街・地域の小匣・大きな家

最初に、中山間地での学校を三つ紹介します。まず、長野県の飯田の南に位置する浪合村(現在は阿智村に編入合併)という、人口が1988(昭和63)年当時で、750人の小さな過

湯澤正信

ゆざわ まさのぶ
建築家
関東学院大学工学部建築学科教授
1972年東京大学工学部建築学科卒業。同大学大学院修士課程修了後、磯崎アトリエを経て、現在、関東学院大学工学部建築学科教授として建築意匠と設計を指導するとともに、湯澤建築設計研究所代表として設計実践を行っている。設計活動は住宅から福祉施設、博物館、庁舎や学校の各種公共建築、駅舎、工場、広場など幅広く展開。1991年、浪合学校で日本建築学会賞受賞ほか受賞歴多数

疎の村にある唯一の学校＝浪合学校です（図2、217頁参照）。私にとって最初の学校の設計で、思い出深いものです。児童数は1学年5人から、多い学年でも17人、これはすぐに10人ぐらいに減りましたけれども、そんな小規模の学校です。小学校と中学校が併設され、校長は1人、教頭が小中別々にいます。隣接した保育園も一緒に建て替えられました。村の3歳から15歳の子ども全員が、この学校で学びます。

学校の建築としてのあり方には、三つあると考えました。一つは、「小さな街」としての学校です。浪合村は、観光立村しており、スキー場・別荘地開発などの現代的で活動的な面を持っているのですが、逆に内なる顔というか、村の人たちの生活面は閑散としていて、何となく寂しく元気のないものでした。村の予算規模からいって学校建築は一大事業です。小中合わせて100人弱の子どもだけでなく、750人の村民全員のための村のへそ＝生活の核となるような学校をつくろうと思いました。かといって、学校は村の他の建物に比べて規模が大きなものです。そこで、子どものスケールに近付け、細かく分棟形式とし、さらに、1本の道に沿っていろいろな建物が並ぶ街のような構成にしました。村の生活の中心を形づくる賑わいの集積をつくろうと思ったわけです。

学校というのは、一般的には画一的な建物だと思われていますが、よく見るとそうではなくて、教室、体育館、図書館、ランチルーム、あるいは花壇、岩石園、イワナ池、アヒル池とか、種類の異なる多様なものが集まった一つの小さな街として考えられます。こうした多様性のある世界で子どもは育っていきます。

二つ目は、「地域の小匣」としての学校です。この学校は現地建て替えで、敷地内には旧校舎時代のいろいろな思い出となるものが残っていました。石垣、樹木、石碑など、敷地内には旧校舎時代のいろいろな思い出となるものが残っていました。子どもや地域の人々にとって、学校は何か秘密の小匣のようなもので、それを開けると思い出がいっぱい

図1 学校建築への5つの視点
1. 地域の交流インフラとしての学校 学校を地域コミュニティ施設とする、そこにしかない地域景観の創造 **2. 参加型の計画・設計プロセス** 子ども、教職員、地域、行政…… **3. 多様な学習形態に対応する今日の学習空間** 普通教室の再編、学年のまとまり、特別教室の再編 図書館（メディアセンター）を学校の中心とする、職員室周りの再編 **4. 生活空間としての学校** 子ども・先生の空間（スケール）・時間 **5. サスティナブルな環境建築** 既存活用、環境共生

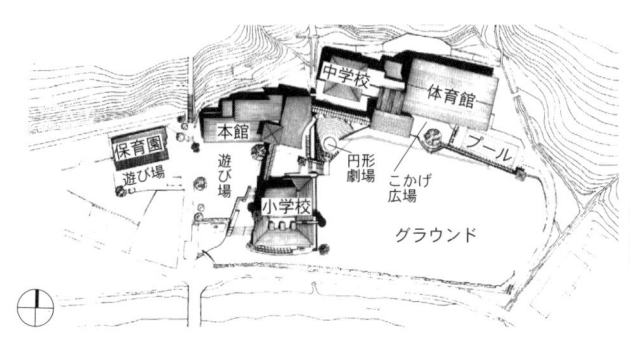

詰まっている魅力的な存在であると思いました。浪合学校では、内外にわたりこうした大切なものを保存活用して、人々の思い出や記憶を継承しています。古いものと新しいものとの不思議な調和が、「地域の小匣」としての学校にふさわしいと思いました。

分棟形式の建物は開放的な空中回廊で結ばれます。建物から建物に渡るときに視界が開け、子どもはいろいろなものを見ることができます。学校の敷地内のことや周辺の山々などを見て、自分の位置や自分の村を意識するようになります。建て替え前には、校舎の横にあってあまり目立たなかったのですが、見事なしだれ桜があって、それを中心に体育館前に小さな広場をつくっています（図3）。

隣接した保育園も一緒に建て替えました。西端にある保育園からは学校の奥の東の端にあるプールまで見えて、いつかは自分があっちまで行くんだというのを認識しながら、保育園の子どもは大きくなります（図4、5）。

三つ目に、「大きな家」として学校を考えました。学校はいわゆる特定多数の場所ですが、年齢的に見ると、子どもと親と祖父母の3世代がいる大きな家として考えられるのではないかと思います。家として考えることで、学校は、子どもにとって1日の大半を過ごす生活の場であることに気付かされます。子どもを安全に守る場所であると同時に、子どもの想像力や気持ちを触発し、受け止める、また、楽しい時や悲しい時にも受け入れてくれるような場所とすることが求められます。

各学年の人数が少ないので、教室のサイズや天井高を子どものスケールに対応した小ささにすることができました。学校の教室は「大きな家」の個室です。これに対して、オープンスペースは居間で、天井が高く、トップライトもあって、雰囲気が異なり（図6）、ここを中心にして「大きな家」が構成されます。

図2　浪合学校（阿智村立浪合小学校・中学校・保育園、長野県下伊那郡阿智村浪合）＝1988年（小中学校）、1990年（保育園）竣工、RC造（一部S造）地上3階建、敷地面積1万5754・92㎡、建築面積3776・09㎡、延床面積5121・03㎡。左は配置

227

図3 浪合学校、グラウンド側外観。右にしだれ桜のある小広場、左に空中歩廊

図4 同、保育園の遊び場から小中学校を見る

図5 同、1階平面

図6 同、大きな家のような低・中学年オープンスペース

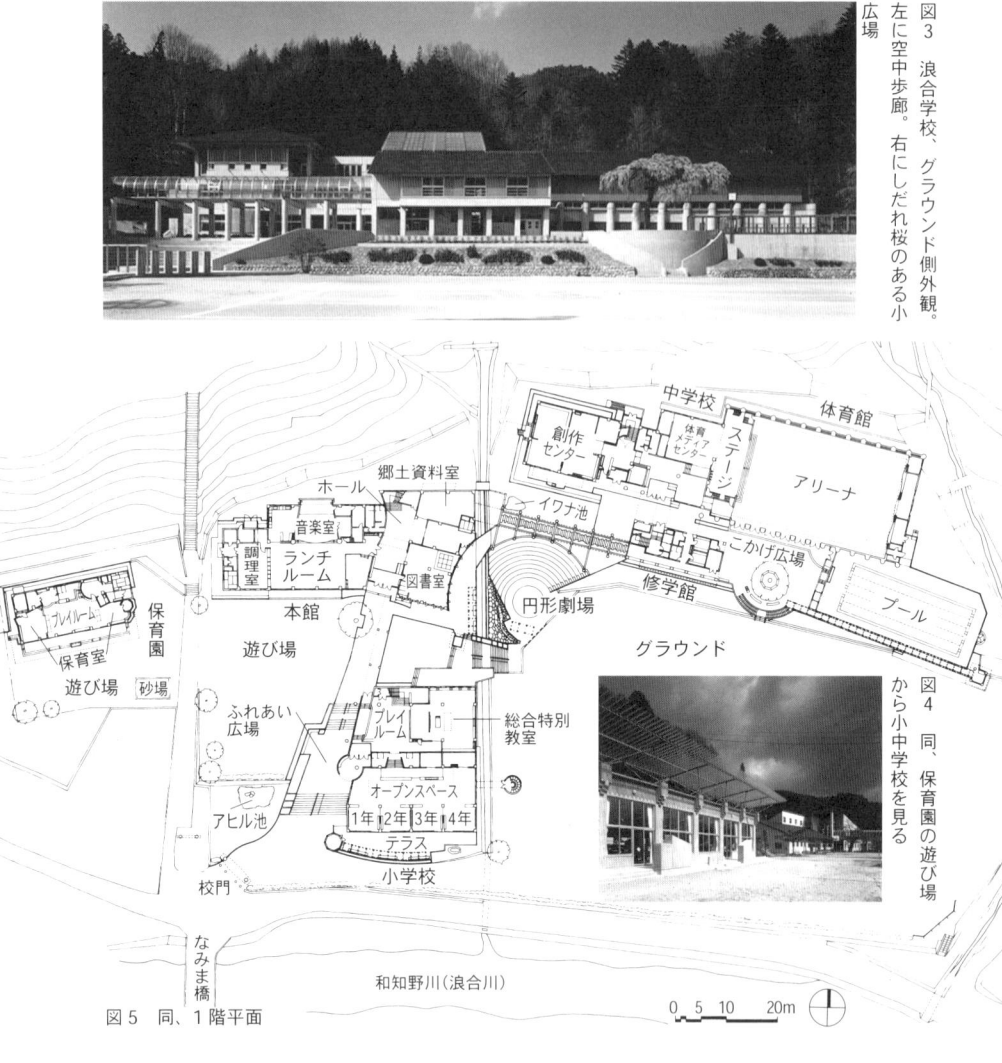

図7 同、トップライトからの光の中を大空に昇っていくような階段

いたるところが遊び場というか、子どもの空間となるように考えました。階段を上るときも、ただ1階から2階へ移動するのではなくて、大空へ飛び立つような気分を味わえるようにデザインしました（図7）。階段から降りてくる子どもは、踊り場で方向が変わったときにみんなに一斉に見られたように感じ、自分の存在を意識します。このように子どもの気持ちの襞（ひだ）を受け止められる「大きな家」をつくろうと考えました。

子どもが少ないので、普段はあまり聞こえないのですが、ランチルームでは1日に1回、子どもたちの元気のよい声が響きます。保育園児と小中学校の児童・生徒が一堂に会し、とても賑やかな場になります。保育園の子の場所は一段高くして、お兄ちゃん、お姉ちゃんと目線が合うようにしています（217頁参照）。

透明な空中廊下は、建物に入ったところで方向を変えクランクします。そこは、少し膨らみを持たせてベンチをつくり、小さなラウンジとしています。ここは左側に校長室が面しています（図8）。校長先生がドアを開けて出てくるのを子どもたちが待っています。校長先生は学校で一番の人気者なのです。

中学校は教科教室型の運営方式で、生徒は授業ごとに教室を移動しますので、安定した生活の拠点になる場所として、ホームベースをつくりました。3年生には自分専用の机が用意された、書斎のような場所になっています（図9）。これまでの学校には、こういう落ち着いた生活空間がなかったように思います。

学校空間から地域空間へ層状に連続する小規模校の計画

次は、五つの村が合併してできた山梨県早川町という、人口1600人の小さな過疎の町にある早川北小学校です（図10、218頁下段参照）。町として合併する前の旧村に一つず

図8 同、校長室前のロビー

図9 同、中学3年生ホームベース

つあった小中学校が統廃合に統廃合を重ねて、この北と南の二つの小学校と一つの中学校が残りました。南北に細長い町なので、小学校は統廃合できずに二つ残りました。北小は全校で24人、現在は、15人ぐらいとなっている極小規模校です。

それで、この24人の子どもだけではもったいないと思い、ここでも地域全体で学校を使い尽くすことを考えました。学校の裏（北側）は地面が一段高くなっていることもあり、学校は背を向けたようになっていました。でも、こちら側に旧村役場を再利用した雰囲気のある郷土資料館や、地区の公民館がありました。また、それらの前には駐車できる空き地があり、これを地域広場と位置付け、それに面して地域施設でもあるプールや図書館への入り口や体育館へ降りる外部階段を設け、学校が地域側に積極的に参加することを考えました。グラウンドのある南側から広場のある北側に向かって、テラス、クラスルーム、オープンスペース、特別教室や図書館、そしてプールと、平行する帯状の空間を層状に並べ、学校専用から地域利用への序列のグラデーションを持つ平面構成としました（図13）。こうして、学校は二つの顔を持つこととなります。南のグラウンド側は学校の顔（図11）、北の地域広場側は地域施設としての顔です（図10）。

各学年の児童数は、1人から6人ぐらいと、極めて少人数なので、各教室をルーズにつって、全学年のスペースがワンルームに近いような一体感のあるものにしました（図14）。

今までの学校は、普通教室棟と特別教室棟を別々に設けることが一般的です。最近では、普通教室棟もオープンスペースを導入し、学年のまとまりをつくるよう再編したり、また特別教室棟も教科ホールによってまとめ、特別教室の魅力を高めることなどが試みられるようになりました。早川ではこの二つを一体化し、教室からオープンスペース、教科ホール、特別教室へと、層状に連続するコンパクトな構成としています（図15）。それによって、学習空

図10　早川町立早川北小学校・早川北保育所（山梨県南巨摩郡早川町大原野）＝2001年竣工、RC造（一部W、S造）地上2階建、敷地面積8233.96㎡、建築面積1842.59㎡、延床面積3029.37㎡。写真は北側の地域広場からのアプローチ

図11 同、学校グラウンド側外観

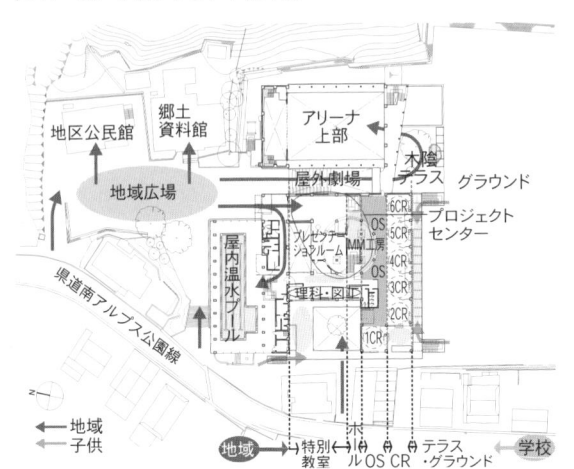

図13 同、地域施設と学校が層状に連続する

図12 同、県道からの風景。正面が郷土資料館。右側はプール

プロジェクトセンター（課題解決型活動空間のセンター）…図書室、プレゼンテーションルーム（視聴覚室）、放送室、MM工房（コンピュータ）、子どもと教師のラウンジ

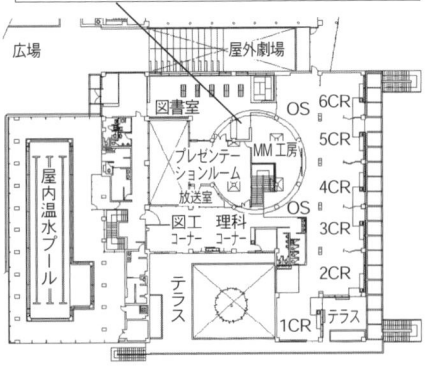

1階

2階

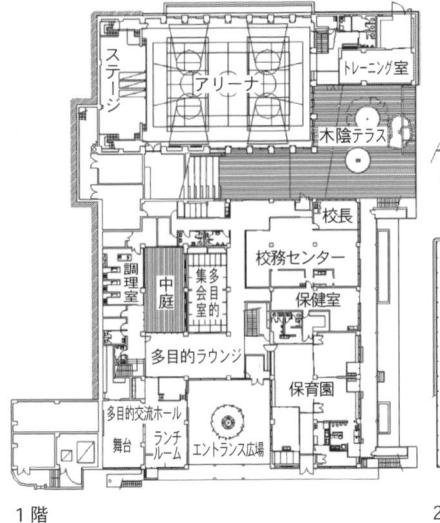

図14 同、平面

間が、クラス単位に対応した普通教室から、子ども一人ひとりが自主的に課題を解決できるような個別化、総合化されたオープンスペースへ、さらに教科の豊かなメディアのある特別教室へと、ヒエラルキカルに連続的に遷移して、今日の多様な学習方法に対応できます。

教室は、隣接教室とは三つ折れパーティションでゆるく区切られ、さらにオープンスペースとも連続します。この一体的な連続空間は、ぬくもりのある木造屋根の下に広がっています（図16）。一人ひとりの個机はやめて、大机を配置しています。1人とか4人とかで、何となく集まって学習できる雰囲気です。

中心に丸いかたちで、図書室、視聴覚室であるプレゼンテーションルーム、放送室、コンピュータ室であるMM工房、子どもと教師のラウンジなど特別教室を束ねるように再編し、プロジェクトセンターをつくっています（図17）。これは今までの知識伝達型の学習空間から、課題解決型の活動空間へと今日の学校が変貌していることの象徴と考えた上でのネーミングです。プレゼンテーションルームは発表する場です。発表することによって知識が身につき、まとめる能力が高まるということで、今日の教育では、小学校から大学まで、発表が重視されています。このプロジェクトセンターの一角を構成している図書室は、公共図書館のない町にとって、それに代わるものとしても位置付けました。子どもの本に加えて大人の本が置かれ、たたみ敷の場所もあります。

1階には、体育館、デッキの木陰広場、和室、中庭、調理室、交流ホ

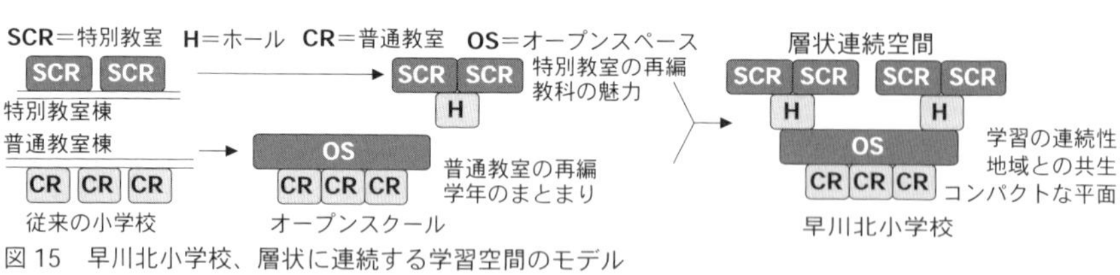

図15　早川北小学校、層状に連続する学習空間のモデル

図16　同、オープンな学習空間

図17　同、プロジェクトセンター

232

ールを兼ねたランチルーム、校務センター、保育園があります（図14）。赤ん坊から高齢者まで地域のあらゆる世代が使えます。この学校では、わらべ祭りという行事が1年に1回、地域のお年寄りを招き、開かれます。24人の子どもが、縦割りで赤組・白組に分かれた対抗で、体育館とグラウンドを使って運動会と音楽会を合わせた活動を行います。音楽会もオペラ劇みたいで面白いのですが、その後、学校の田んぼでつくったもち米を木陰広場でついて、和室でみんなで食べて1日を過ごすという行事です。この日は、多様な機能が混在した1階スペースがフルに使われ、そこが最も生彩を放つ時でもあります。

体育館は太陽の光をいっぱい入れて明るく、さらに、地域の方のためのトレーニング室が付属しています。少人数のために3コースに絞ったプールは温水となっています。地域の方といっても高齢者が多いのですが、水中療法で歩くことによって医療費を節減し、町の財政負担を相当程度軽減することを考えた結果です。誰も泳がずに、ひたすら歩いています。

雪国の特性を活用した計画

小谷（おたり）小学校は、長野県北部の白馬村の北側にある小谷村にあり、村のすべての三つの小学校を一つに統合した学校です（図18、218頁上段参照）。小谷村は日本海に注ぐ姫川が流れ、山並みの非常にきれいなところです。敷地は、古道「塩の道」が通り、舞台や相撲の土俵を持つ格式のある諏訪神社に隣接した歴史のある土地で、そこにふさわしい地域景観として、傾斜屋根の並ぶ一つの小さな集落を構成するよう、分棟形式でつくりました（図20）。

各々が地域と密着した活動をしていた3校を1校に統合するということで、まず、地域の人々が集まって統合小を考える村民ワークショップを開きました（図19）。今までの地域と学校との連携活動を3校から報告してもらい、その後、統合小に対する期待や要望をグルー

図18 小谷村立小谷小学校（長野県北安曇郡小谷村千国乙）＝2006年竣工、RC造（一部W、S造）地上2階建、敷地面積3万5830・17㎡、建築面積4933・74㎡、延床面積6275・04㎡。写真は全景

図19 小谷小学校、ワークショップ。統廃合される3校からの報告

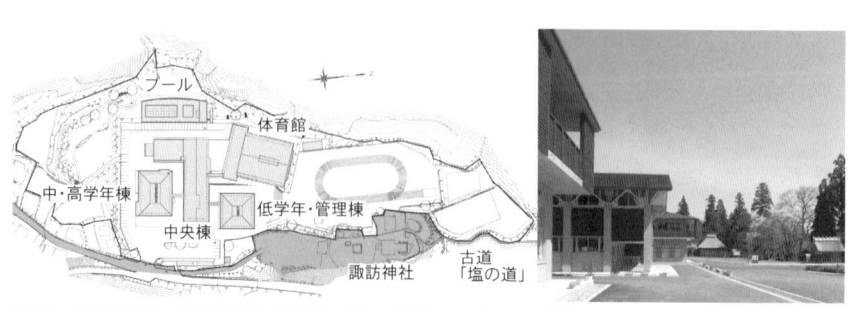

プごとに討論し、発表してもらいました。「原風景が残る統合小」「小谷村にしかない学校」「村民の学校」などがテーマとされ、議論されました。それらを受けて計画が始まったのでした。

神社の舞台が見える塩の道側のアプローチからは、子どもたちが茅葺きワークショップで葺いた学校の鳥小屋が見えます。分棟形式が生みだす建物の多様な隙間から、故郷の美しい景色や山並みが見え、それが子どもたちの心に深く残ることと思います。

ここは豪雪地帯で、3mぐらい積もりますので、主要な教室を2階に配置しています（図21）。各学年ともに30人程度の1クラス構成です。低・中・高学年のまとまりをつくるために、中央棟を挟んで、中高学年棟と低学年棟に分けています。棟を結ぶ空中廊下の下を除雪ドーザーが通るため、2階レベルを普通の学校より高くせざるを得ませんでした。高さが4・5mぐらいとなり、階段で一気に上げるのではなく、途中にちょっとしたスペースをつくることとしました。ここを図書ホールにして楽しそうな本を置き、毎朝そこを通って各棟の教室に散って行く計画にすれば、子どもたちは学校に来たとたんに本に囲まれたような幸せな気分になるのではないかと考えました（図22）。動線の中心でもあり、図書ホールを通り抜けるたびにメディアセンター（閲覧室や図書のスペース、コンピュータ室、図23）や、デン（218頁上段参照）が目に触れます。このメディアセンターは学校の中心、学習の中心として意識され、象徴的な存在になります。

ここも「大きな家」です。2学年を一つのまとまりとして、光が上から静かに降りてくるオープンスペース（図24）を中心に、二つの教室、閉じることで静かな環境を確保することも音も出すことも可能なクワイエットルーム、子どもと教師のラウンジ、ウェットコーナー、デン、ロフト、教室と一体化した外部テラスなどを、子どもの学びや生活を包含する一つの空間セットとして、つまり、低・中・高学年の学年セットとして配置しています（図21）。

図20 小谷小学校、配置（左）と古道「塩の道」に面するアプローチ（右）

234

図21　同、2階平面とオープンスペースを中心としたまとまり（右上）

中・高学年棟（A棟）
- 3年CR
- 4年CR
- 5年CR
- 6年CR
- 中学年OS
- 高学年OS
- QR
- デン
- 子供と教師のラウンジ

中央棟（B棟）
- 多目的ホール上部
- ランチルーム上部
- 図書ホール
- 閲覧コーナー
- MM工房
- デン

低学年・管理棟（C棟）
- あおぞら学級
- 1年CR
- 2年CR
- 低学年OS
- QR
- 教師コーナー
- デン

オープンスペースを中心としたまとまり（右上図の注記）

- クワイエットルーム　閉じることができ、大きな音が出せる少人数学習の場。一時的なクラス増への対応も可能とする
- 子供の周りに常に先生が同じ目線でいる
- 便利な水回りが近くにあるウェットコーナー
- 密度の高い小さなスペース。子供の想像力を刺激する穴蔵空間
- 子どもと教師のラウンジ
- 多様な集団での学習（グループ・個別展開学習）に対応する場。低（中・高）学年のまとまりの場
- 教室と一体化した広い外部テラス
- クラスルームクラスのベース。一斉授業の場
- オープンスペース
- 外部テラス
- CR
- QR
- デン
- 教材庫

図22　同、図書ホール

図23　同、メディアセンター

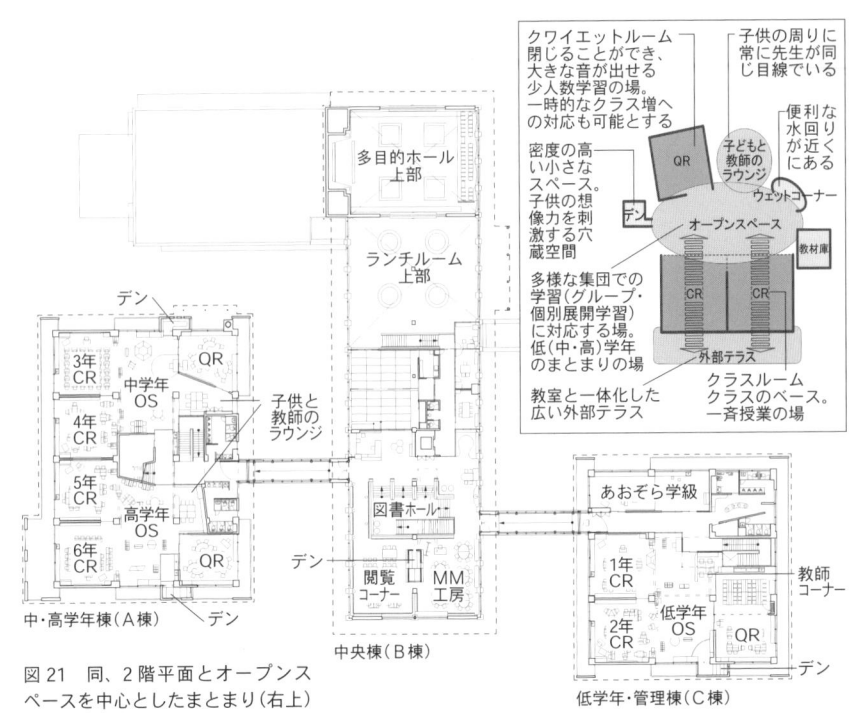

図24　同、高学年オープンスペース

図25　同、中学年デン

235

デンは、高学年ではちょっとおすましした茶室風、中学年は船のキャビン（図25）、低学年は階段状にして子どもたちを集めておしゃべりをするなど、学年により違いを明確にしています。普通の学校にはない、ワークショップによる地域利用の検討の成果が、計画に生かされています。普通の学校にはない乾燥室もあります。体育館には、トレーニング室、ミーティング室、それに子育ての支援ルームもあります。ランチルーム（218頁上段参照）は全員が集まれる食事の場であり、集会の場、あるいは隣接の多目的ホールのロビーとしても使えます。多目的ホールは視聴覚室を少し広くしたもので、収納式の可動いすを導入しています。ここは200人収容できますが、地域にとって音楽会や発表会や小さなシンポジウムをするのに非常に使いやすい大きさで、また、児童も全員収容できます。普段は平土間のままで学習活動に使っています。地域の調理教室ともなる家庭科室を含めて、以上のすべての部屋は学校と地域の両者が利用できるようになっています。

都市部の再開発地域に新たな街並みをつくる

今までは中山間地の小規模な学校を紹介しましたが、これからは、大都市の大規模な学校を紹介します。まず、学年5クラス（一部4クラス）で、児童数が1000人を超える大規模の横浜市立十日市場小学校です（図26、219頁上段参照）。既存の住宅団地の建て替え事業に伴う老朽化した小学校の移転新築です。この事業は敷地周辺の環境、地面や道路の高さや形状などのすべてをドラスティックに変えてしまうものでしたので、いかに新しい街並みを構成するかが課題でした。

グラウンド側がアプローチ道路側から一段下がって、建物は、実際はプール階を含めて5階建ですが、反対側の道路側は低層の2階建に抑えられています。その道路側に沿って特別教

図26　横浜市立十日市場小学校（神奈川県横浜市緑区十日市場町）＝2007年竣工、RC造（一部SRC、S造）地上5階建、敷地面積1万3922.19㎡、建築面積4958.35㎡、延床面積1万1224.11㎡。写真はグラウンド側の校舎、左は配置

236

室を並べました。特別教室は地域利用もありますので、道路から活動の様子が見え、また夜間は灯りもつくことによって、街路に対して賑わいが表出されると考えました。

敷地があまり広くないので、先ほどの早川北小学校のように、教室からオープンスペース、教科ホール、特別教室と帯状に連なる層構成の計画とし、全体をなるべくコンパクトに納めました。こうすることで、例えば理科と図工に共通の展示ギャラリーや第1・第2理科室を束ねる理科ホールなど、プラスアルファのスペースを標準的な面積基準の範囲内で生み出すことが可能となりました。

学年ブロックには、クラスルームが四つから五つあり、教室周りをコンパクトにするためにはオープンスペースをつなげたほうがうまくいくのですが、そうすると全体が長くなって、オープンスペースがスケールオーバーとなります。オープンスペースの真ん中にデンや教師コーナーを設けて、二つのスペースにゆるやかに分けることで、スケールの適正

更衣室とラウンジコーナー
二つは連携してさまざまな学習活動に対応する

暖房区画
学年オープンスペースごとに暖房区画を設ける

更衣室
ガラス張りで、更衣室やクワイエットルーム、少人数学習スペース等、多目的に使われる

デン
ジャイアントファーニチャーとしてつくられ、低学年では2階建の隠れ家として、中・高学年では平屋建の囲われた会議の場として、それぞれ異なったしつらえを持つ

南面するトイレと楽しい手洗い場
学年ごとのトイレを明るい南面とし、その手前に楽しい手洗い場を設ける

水回り+学年収納のアイランド
学年オープンスペースの両端に水回りと学年収納を設ける。ここは可動二つ折れパーティション(掲示板)を付帯させ、掲示や小さな発表の場をつくり出す

クラスルーム
大きな固定黒板をやめ、移動黒板とし、教壇の持つ権威主義的な正面性を軽減している

教師コーナー
学年の先生方はカウンターでゆるく囲われた中にいて、常に子供の周りにいることになる

図27　十日市場小学校、3階平面ダイアグラム

図28　同、教師コーナーから見た教室。右側にデン

図29　同、学年収納アイランド周り

化を図っています（図27、28）。オープンスペース端部に設けた水回り・収納アイランドは、裏側が水回り、表側が本棚・収納になっており、また、両脇の二つ折れパーティションでコーナーをつくれるようになっていて、小さな発表や作業など、多目的に使用できます（図29）。更衣室をガラス張りにすると、例えば、先生が子どもを一人ずつ呼んで指導する場所など、多目的な使い方が可能となります。このように、単調になりがちなオープンスペースに多様なスケール、性格の場をつくり出すことでさまざまなアクティビティが喚起されます。また、フレキシビリティを持たせることで、将来の使われ方の変化にも対応できる計画となります。教室では、いわゆる固定黒板をやめて、小さな可動式の黒板で済ませ、壁面をすべて掲示面にして、沢山の掲示ができるようにしています。黒板を背にして先生が知識を伝達するといぅ、何かこういう権威的なものがくずせたように思います。

図書館は吹き抜けて二つの階に面し、コンピュータ・コーナーと一緒にされ、メディアセンターをつくり、学校の中心と位置付けられます。中庭パティオをつくって、校舎内を光とか風を感じるような明るい場にしています。

既存校舎の改修と増築による再生計画

川崎市立御幸小学校です。135年たっている伝統校です。耐震診断により既存建物の一部を残して改修し、他を増築することで、学校の再生を図った事例です（図30、219頁中段参照）。

府中街道に面した正門を入ったところでは、既存校舎の一部を撤去・貫通して新しくコンコースをつくり、その両側に職員室、昇降口を設けることによって、先生方が子どもたちのアプローチ風景を見守ることができるようになりました。また、以前は正門側に昇降口があっ

図30 川崎市立御幸小学校（神奈川県川崎市幸区遠藤町）＝2009年改修工事竣工、S造（一部RC造）地上4階建、敷地面積1万7389・72㎡、建築面積5655・66㎡、延床面積9867・10㎡。写真はグラウンド側の校舎

て、校舎をぐるりと回らないと反対側のグラウンドへ行けなかったのが、コンコースによって昇降口から最短で直接グラウンドへ行けるようにもなりました。

既存の廊下の幅を大きくするように増築を行い、オープンスペースをつくっているのですが、一般的な構法では、接続部分の床に幅30cmぐらいのエクスパンション・ジョイントという金属の帯が通って、オープンスペースが区分けされてしまいます。それを何とかやめたいと考えたのがこの方法です。既存の鉄筋コンクリートの建物を両側から鉄骨造でサンドイッチして支える耐震補強法で、エクスパンションなしで新旧の建物を一体化することが可能となりました（図31）。従前の閉じた教室をオープン化し、新しく増築したオープンスペースと、バリアがなくスムーズに連続させることで、全体として新旧が渾然と一体化されています。中・高学年では各学年に一つのデンが、ここでは教室ごとにあります。

低学年は全部新築で鉄骨造です。中・高学年では各学年に一つのデンが、ここでは教室ごとにあります。さらに、教室を少し広めにして、いわゆる総合教室型にしています（図32）。オープンスペースには階段状のお話しコーナーが学年共通であります。

図書室はコンピュータ室と連続し、また、吹き抜け

図31 同、サンドイッチによる補強方法（右）と改修後の2階平面（下）

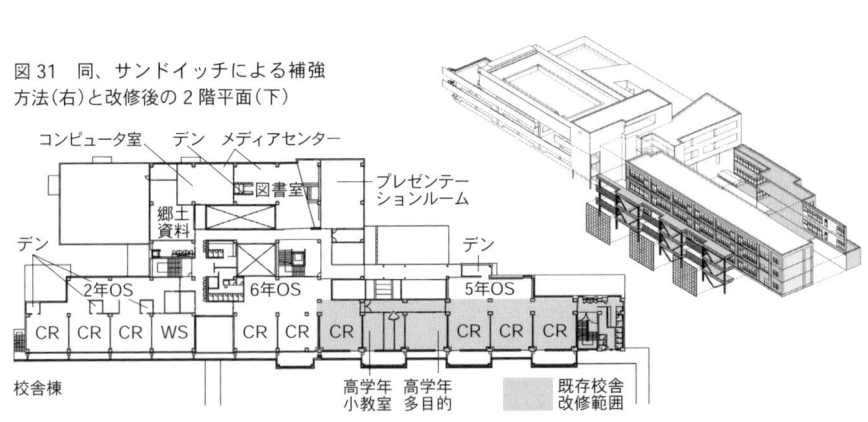

図32 同、低学年スペース。中央のボックス裏側がお話しコーナー

図33 同、図書室

により上階の音楽室とも連続し、全体がメディアセンターを構成します（図33）。そこには床が掘られた場所やデンなどの小さなスペースがつくられ、「大きな家」のような学校となっています。

教科学習の充実と多様化を図る単位制高校の計画

最後は、福島県立の単位制高校である「いわき光洋高校」の計画です（図34、219頁下段参照）。単位制高校では、普通高校と異なり、履修科目の自由な選択ができるために、授業をとらない時間（空き時間）が生まれることがあります。空き時間の生徒の居場所をどうつくるかが一つの課題となります。これを教科の魅力づくりの中で考えました。

まず教科のまとまりをつくり出しました。教科ホールと呼ぶオープンスペースの周りに、実験・実習室などの教科の特色をつくり出す特別教室、講義室や小講義室、教科の先生の拠点としての教科ステーションを一つのセット＝教科ブロックとして配置しています。この教科ブロックを各階に左右2カ所ずつ設け、講義室を各学年6クラス分のホームルームとして割り当て、真ん中を学年ハウスと呼ぶ生徒のラウンジとし、各フロアを学年フロアとしています（図35）。講義室ゾーン、オープンスペースゾーン、特別教室ゾーンといったコンパクトな層状構成により、こうした新たなスペースを生み出しながらも標準の面積基準内に納め、教科の特色と魅力を高め、多様な学習形態や方法に対応できる平面を構成しています。1階は、国語と家庭・芸術、および管理諸室、2階は数学と理科、メディアセンター、3階は地歴・公民と英語、音楽の教科ブロックで構成されています。

従来の高校と異なりますので、この計画では生徒や先生とともに考える参加型の設計プロセスを積極的にとっています。まず基本設計時に生徒ワークショップを開きました。既存

図34 福島県立いわき光洋高等学校（福島県いわき市中央台高久）＝2004年竣工、RC造（一部S、W造）地上3階建、敷地面積4万6313・44㎡、建築面積7497・00㎡、延床面積1万4226・33㎡。写真は左側中央が校舎昇降口、右奥が体育館

高校の規模を倍にしてニュータウンに移転する計画で、移転先の敷地が近いので、生徒たちに見に行ってもらって、ラフな配置計画の上に、「ここをこういうふうに使ったらどうか」とか、「私たちの居場所はこうしたい」などの提案をしてもらいました。ここで第2体育館を第1体育館の観客席に使うというアイデアも出されました。

さらに工事の段階では、実際の使い方を検討する2回連続のワークショップを開きました。最初に先生方によるワークショップを開いて、教科ホールやハウスなど、今までの高校にはない新しいスペースをどのように使うのかを検討してもらいました。面白かったのは、例えば、英語の教科ブロックの検討に英語の先生だけでなく、他の科目、例えば、家庭科の先生が口を挟んでくるという場面でした。「高校の先生は自分の教科のことしか考えないのだが、ワークショップで全校のことを考えるようになった」とその後、校長先生が話しておられました。先生方に提案してもらった教科ホールやハウスの使い方を、次のワークショップで、全校生徒を集めて先生から発表してもらいました。ここで非常に心強いアドバイスをいただきました。面積的な制約から決まった3階の地歴・公民、英語、音楽という教科ブロックの組合せは、実は少し無理かなと思っていたのでしたが、「地理や歴史だけで

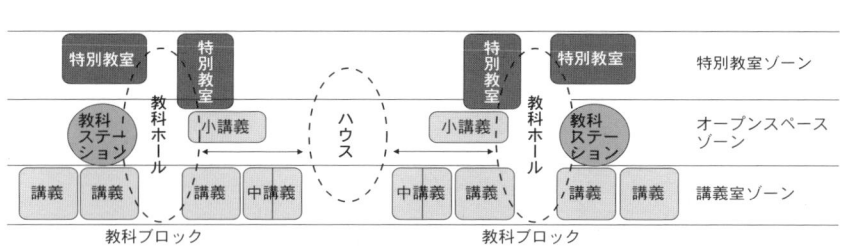

図35 いわき光洋高等学校、学年フロアの考え方

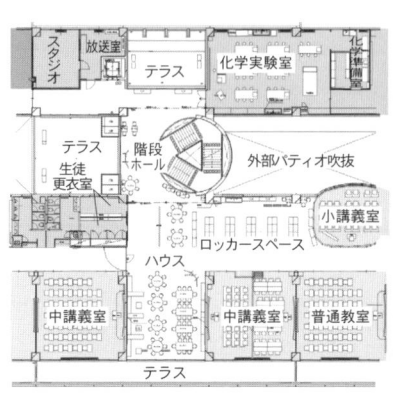

図36 同、学年ハウス。左は平面

なく英語や民族音楽で世界を知るなど、3階は世界に開いたフロアである」と、地歴・公民の先生が非常にうまく説明してくれました。フロア自体が学問の体系を表現しているわけです。それを受けて生徒が、「そうか、先生はそんなことを考えているのか」ということで、また活発な意見が出るというような、非常に面白いやり取りを通してできた学校です。

ハウスにはロッカースペース、更衣室、トイレなどの生活スペースが隣接します（図36）。ハウスはフロアの中央にあり、そこにいると何となく学年全体の雰囲気が分かります。理科ブロックでは、化学、生物、物理・地学の実験室、小講義室、小講義コーナー、理科ホールなどの多様な学習スペースが、面積的な制約にもかかわらず生み出されています。隣接する普通教室を理科の講義室とすることで、全体が理科ブロックとなります。

スタジオ、自習コーナー、図書室、コンピュータ室をメディアセンターとして機能的にまとめます（図37）。国語のブロックは、いわき公園という緑豊かな県立公園の景色を楽しめる吹け抜けとなっています。

体育館はマザールーフという大きな一つ屋根の下に三つのアリーナが納まります（図38）。面積基準では舞台をつくる余裕がなかったのですが、演劇が非常に盛んな学校なので、第1体育館に隣接して配置した格技場を舞台兼用で使えるようにしました。観客席も面積的にできませんでしたが、1階が部室などで天井が低くできましたので、その上の第2体育館から問題なく見られるようにできました。法規上、アリーナごとに区画されるのですが、基本設計時の生徒ワークショップの提案が理解されて、三つのアリーナが一体的なワンルームとなった体育館が実現しました。

以上で終わります。学校建築が今日の多様な社会の課題にどのように対応しているかお話ししました。どうもありがとうございました。

図37　いわき光洋高等学校、メディアセンター

図38　同、大屋根下のスポーツモール

242

オープンスクールからの展開

上野淳

首都大学東京の上野です。私はオープンプランスクールのこれからというよりも、その来し方行く末について話をさせていただきます。学校建築の系譜というのは長いのですが、今日は時間がありませんので1970年代から始めたいと思います（本稿で紹介する学校については220、221頁も参照）。

70年代のアメリカとイギリス

70年代のアメリカでは、巨大なオープンスペースに包まれた学校建築が主流だったんですね（図1）。幅40m、長さ200m、いっさいの固定的な壁がない文字どおりのオープンランスクールです。今まさかこんな学校をアメリカでつくっているわけではありません。こういう時代もあった、こういうコンセプトもあり得たということです。1980年代になり、思いのほか早くこういうコンセプトの学校は衰退しました。なぜ衰退したかはご想像ください。

私がずっと興味を持ってフォローしておりますイギリス、この嚆矢（こうし）となったのは1965年のイブリン・ロー・プライマリー・スクール（Eveline Lowe Primary School）という、きわめて記念碑的な学校です（図2）。アメリカで巨大なオープンプランの学校が登場していたのと同じ70年代の1976年に、イギリスでは、小さなアルコーブやコーナー、スペースがつながっていくような空間構成の学校をつくっていました。解説なしでみたら、誰も学校

うえの　じゅん
首都大学東京副学長・大学教育センター長、大学院建築学専攻教授
1977年東京都立大学大学院博士課程修了。工学博士。95年「生活者に立脚した地域公共施設の建築計画に関する一連の研究」で日本建築学会賞（論文）受賞。専門は地域公共施設の計画研究、計画指導・コンサルタントとしても活躍。主な建築作品には野外小学校（千葉県印旛郡）、若葉台小学校（東京都稲城市）、豊北中学校（山口県下関市）、目黒中央中学校（東京都目黒区）など

243

のプランだと思わないのではないでしょうか。コンセプトは1960年に出た『チルドレン・アンド・プライマリー(Children and Primary)』という我々にとってはバイブルのようなイギリスの中央教育審議会の答申です。これはイギリスの当時の子どもたちのための学校です（図3）。教師のための学校ではありませんし、教室のための学校でもありません。子どもの動きを観察すると、1日に3回ぐらいクラスルームに集まってきます。それぞれのテーマに合わせていろいろな場所に散って、個別的、個性的な学習をしてまた戻ってくるという姿が日常的に展開されています。

日本のオープンプランスクールの幕開け

日本でも少し遅れて緒川小学校という、私にとってはきわめて記念碑的な学校が登場しました（本稿で紹介する国内の学校の概要は249頁参照、以下同）。いってみれば我が国におけるオープンプランスクールの幕開けです。各学年に1カ所ずつラーニングセンターという大きいスペースが設けられていましたが、当初は教室が閉じていました。やがて教師たち自らの手によってラーニングセンターとクラススペースの間の、さらにはクラススペースとクラススペースの間の間仕切りが取り払われて、教師たち自らが開

図1 巨大なオープンスペースをもつアメリカ・インディアナ州の学校、1998年著者取材（Fodrea Community School,1973）

図2 学習目的別の空間が有機的に構成された Eveline Lowe Primary School (1965,London)

図3 イギリス・ハンプシャー州の小学校と平面の一部、1988年著者取材（Guillemomt Junior School,1976）

244

かれた環境をつくっていくことによって日本のオープンプランスクールは幕を開けたのであります（図4）。

この当時、1980年代、ほとんど春・夏・秋・冬、私はずっと緒川小学校に通っていました。1週間に1回だけですが、全校一斉に個別的、個性的な学びの姿が展開されていました。この学校が学習・生活の個別化・個性化という、非常に強烈なコンセプトを全国に発信したわけです。ここから日本の学校は少し変わり始めました。

きょうは、若い人が多いので、こんな古い話をしています。カマキリにはまって、3週間ぐらい、ずっとカマキリについて、どこで呼吸をして何を食べてどういうふうに生存しているかを調べ続けている子どもがいました（図5）。

この当時、緒川小学校にはこういう子が数多くいました。当時の給食は、昼休みの時間帯で、いつどこで誰と一緒に食べてもいいというふうになっていました（図6）。つまり、80年代の初頭から日本でも一人ひとりのための学校、学習・生活の個別化、個性化ということが大きい一つのメッセージとなって発信されたわけです。

オープンプランと学習方法

次は、オープンプラン小学校の計画の系譜です。加藤学

図4 緒川小学校、オープンプランスクールの登場

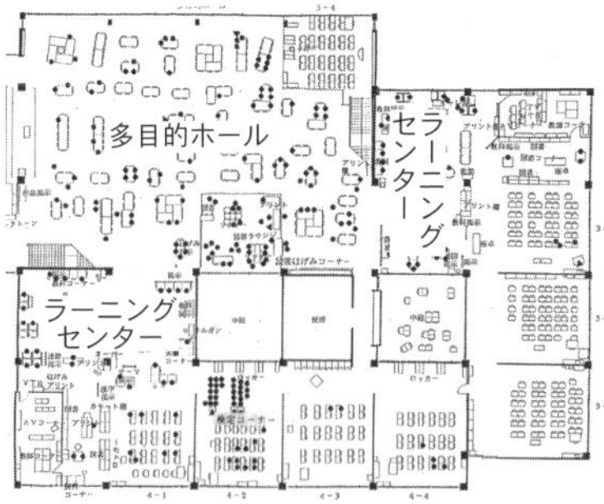

図5 同、カマキリについて調べている児童

図6 同、給食の時間

園、福光中部小学校をはじまりとして、固定的な閉じた教室からいったん離れてみようというさまざまな動きが出ました。当時非常に衝撃的だったのは、先ほど申し上げた緒川小学校という存在と、その発信力と、コンセプトの明確さです。

東京・目黒区立の宮前小学校です（図7）。私も一生懸命、主体的にかかわって、学校をつくりました。その一方で、80年代の半ばに、クラススペースと連続的に構成されるオープンスペースという一つのモデルができて、無反省に日本に普及し始めました。

ただ、いわゆるオープンプランスクールという名のもとの画一化に対して、建築家は漫然と手をこまねいて座視していたわけではありません。例えば、打瀬小学校は、南北軸で学校をつくれば、もっと環境的なことがいろいろと改善できるのではないかとの考えで計画されました（図8）。私が計画した「いには野小学校」では、教室の配置を半教室分ずらしてオープンスペースに接続することを考えました（図9）。今は、さまざまな試みが繰り返されている最中です。従って、オープンプランスクールのこれからというのは、何が起こるか分からないし、何を目指してどこへ行こうとしているのかも、まだはっきり私には申し上げられない。第2段階の挑戦が今始まりつつある。この世紀が開けて、こういう動きがかなり活発になっているということだと思います。

話を戻して、80年代半ばの、本町小学校です。当時、この学校の

図7　宮前小学校、クラスルームを明確化しつつ、すべてオープンスペースに開いている

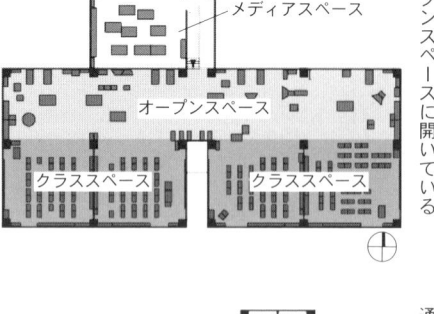

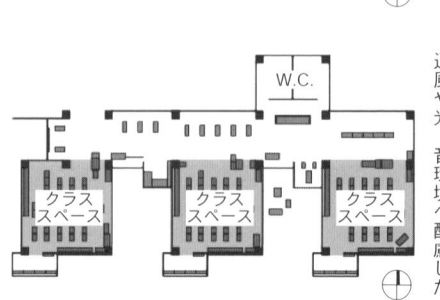

図8　打瀬小学校（低学年棟）、南北軸にクラススペースとオープンスペースを配置して通風や光環境に配慮した。また学年によって異なるプランタイプも提案している

図9　いには野小学校、クラススペースを離して配置し、通風や光、音環境へ配慮した

先生の能力は素晴らしかったと思います。当時としてはユニークな、4年生国語の習熟度別集団編成による学習展開です（図10）。少しビハインドの子どもたちは床座による少人数のグループ、中学力のグループ、調べ学習を中心に進めるアドバンスなグループなどが編成され、一人ひとりに適した集団編成と学習方法によって、きちんと処遇しようという、本町小学校の先生方の瑞々しい努力がありました。

それとほぼ同時期に、この時代をリードするオープンプランの宮前小学校ができました。驚いたことに、3年・4年の2学年合同での課題選択学習が行われていました（図11）。さまざまな学習課題が4人の教師によって共同開発され、いくつかの課題を自分のペースで自分の好きな場所で解いていくという学習形態が展開されています。オープンプラン、オープンスペースというのは、ただ広漠たるスペースを多目的、無目的に学年のスペースに設置することが意図ではないということです。このことははっきり申し上げておきます。

学習方法の変化

さて、ここから先はちょっと挑戦的に話をさせていただきます。四半世紀後の、つまり現時点でのPOE（Post Occupancy Evaluation＝使われ方調査）です。この2年間かけて、緒川小学校、本町小学校、宮前小学校がいったいどうなっているかを丹念に調べてみました。1980年の緒川小学校に関する私の調査では、多彩な学習スペースや学習コーナーが、複層的に組み合わされて、非常に面白い学習環境が構成されていました。今はさほどでもありません。20年前の本町小学校では、習熟度別学習展開、個別学習展開、グループ学習展開などの非常に弾力的で魅力的な学習が、オープンスペースを媒介にして日常的に取り組まれていました。

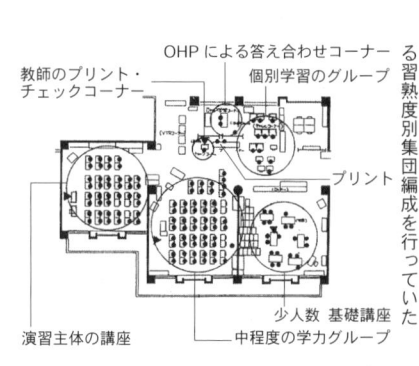

図11 宮前小学校の課題選択学習

図10 本町小学校、3グループによる習熟度別集団編成を行っていた

そして今です。ある1日をしみじみ調査してみますと、一斉学習、一斉学習と、クラス単位でクラスに閉じこもって学習をしておられる（図12）。先生に話を聞いてみると、音がうるさい、気が散るということです。それはそうなんです。閉じたクラススペースで、クラス単位に閉じた一斉学習をやるためにこの学校をつくったわけではありませんので。

ここで、ちょっと明るい話をします。

東京の目黒区では、今日、4年生以上の算数はすべて、2クラスの算数の授業に2人の教師を加えて、2クラスを4つの集団に再編成して展開することが日常的になっています。そういう意味で学習集団を弾力的に、かつ少人数で、場合によっては習熟度別の編成をしようという動きは、その後かなり着々と市民権を得つつあります。少人数のための閉じたゼミ教室のような場所が別に二つというのが今日の教師たちの本当のニーズかもしれません。一方で、教師は閉じた授業をしたいから、教室が開いているのは意外にも高く評価しています。ただし、閉じた授業をしたい場所が別に二つというのが今日の教師たちの本当のニーズかもしれません。オープンスペースがあることを意外にも高く評価しています。ただし、閉じた授業をしたいから、教室が開いているのは嫌だとの条件がつきます。

次の展開へ向けたテーマ

新たな展開はまだ見えません。しかし、私は、世紀末から今世紀にかけて、そして今、いくつかの新しい、全然違う学校をつくっているつもりです。今までのようにクラススペースに均等にオープンスペースが取り付く学校はもうダメだと思います。低学年は、例えばクラススペースを総合教室的にやや閉じ気味につくってみたいと思います。小学校は、低・中・高学年で学習形態や子どもの体格、心理がそもそも違うので、まったく変えてつくるべきだということが私の大きいテーマです。大人は入れないけれども、子どもだけが入れる小さな

図12 宮前小学校・中高学年の学習環境づくりの実態

中学年：学年ユニット全体での学習展開　　クラス単位・一斉学習が中心

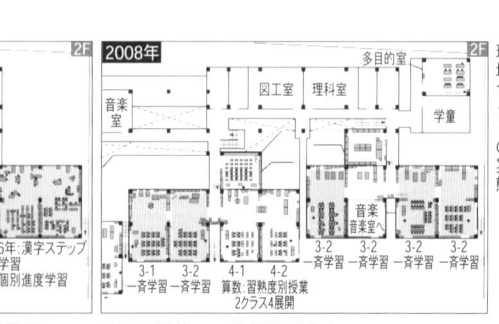

248

空間も、大事なことだと思います。また、閉じていても良いので、少人数のためのゼミ教室のようなものが必要で、閉じた部屋というのは学校の中で非常に大事だということも言ってきたつもりです。

最後になりますが、東京・多摩ニュータウンの最後の学校となった若葉台小学校は、住居として考えてデザインしました（図13、14、15）。木造とレンガ造、ウッドデッキテラス、大きな空間、小さな空間というようなコンセプトも非常に大事だと思っています。以上です。

図13　若葉台小学校

図14　同、レンガの外壁と教室に続くウッドデッキテラス

図15　同、大中小のさまざまな空間が配置されている

本稿で紹介した国内の学校の概要
（▼名称＝住所、竣工年、設計者）
▼私立加藤学園初等学校＝静岡県沼津市、1972年、槇総合計画事務所
▼南砺市立福光中部小学校＝富山県南砺市法輪寺、1978年、福見建築設計事務所
▼東浦町立緒川小学校＝愛知県知多郡東浦町緒川八幡、1978年、田中・西野設計事務所
▼横浜市立本町小学校＝横浜市中区花咲町、1984年、内井昭蔵建築設計事務所
▼目黒区立宮前小学校＝東京都目黒区八雲、1985年、船越徹＋アルコム
▼千葉市立打瀬小学校＝千葉市美浜区打瀬、1995年、シーラカンス
▼稲城市立若葉台小学校＝東京都稲城市若葉台、1999年、一色建築設計事務所
▼印旛郡印旛村立いには野小学校＝千葉県印旛郡印旛村若萩、2000年、都市再生機構、千代田設計

ビオトープづくりの可能性

尾上 伸一

皆さん、こんにちは。横浜市教育センターの尾上と申します。主に小学校の教育現場で実践してきたことをお話ししたいと思います。

子どもと大人、教師が一体となってスタート

この写真は、横浜市金沢区の大道小学校につくった「自然広場」です（図1、222頁下段参照）。もともとはコンクリートの上に倉庫が三つ建っていたような場所でした。そこに「自然広場」をつくって2年後ぐらいの風景です。今から17年前に環境教育が言われ始めたころで、当時、ビオトープという言葉は、私は聞いたことがありませんでした。むしろ、ここでの実践が、その草分け的な取り組みになったと思えるぐらい注目されました。自然広場をつくろうとした動機は、とにかく子どもたちと何かやりたいなと思ったからです。

学校が創立50周年を迎えるときに、お世話になった地域の方が、学校に来ていろいろな話を聞かせてくれました。例えば「この大道小学校が開校したときは、田んぼを埋め立ててつくったけれども、その時に多くのカエルが一緒に埋められました。『カエルのたたり』だと町の人はみんな言っていましたよ」とか、「夏になると、学校のあたりにはホタルがいっぱい飛んでいて、みんな親子で歌を歌いながら見に行ったものです」というような話を子どもが「ああ、いいなあ」という表情で聞いているんですね。子どもはそういう話を聞くと、

おのえ しんいち
横浜市教育センター授業改善支援課指導主事
1990年代初めから子どもの自然体験を可能にする校庭改善の手法、地域の自然環境を活用した授業プログラムの開発、学校と地域、市民との連携により実現する体験活動などの取り組みを中心に、実践的な研究を重ねている。子どもの体験を通じた学びを積み重ねることができる、開かれた学校づくりをライフワークとしている

自分たちで何かしてみたくなって、校庭の裏に小さな池をつくって、ザリガニを入れてみたり、オタマジャクシを放してみたりといろんなことをするようになりました。すると、地域の方が「もう思い切って、我々が子どもだったころのように、生き物にもう1回触れられる場所をここにつくっちゃおうよ、先生」と提案に来てくださり、私もそういうことがやりたかったので、とんとん拍子に計画が出来上がっていきました。

ところが計画は出来上がったものの、いざ建築関係の専門家に予算の見積を出してもらったら、これが何と2000万円かかると言われてしまいました。これは、とても無理だと頭を抱えてしまいました。では、なぜこれができたかというと、要するに大勢いる地域の方々が、みんなで手づくりで仕上げようということになったからです（図2）。結果として、地域の子どもと大人と教師が一体となって進める作業が、とてもよかったということが言えます。田んぼを埋め立ててつくった学校なので、穴を掘ると下からまた水が上がってくるというラッキーもありました。卒業した中学生がやって来て、「いいな、俺たちがいるときにやってくれていたら良かったな」と言っていましたが、「ここに住んでいるんだから一緒にやろうよ」ということで、部活がないときに集まってきてくれました（図3）。私の教師としての生活の中でも、このころは素晴らしい日々が続きました。自然広場をつくり上げる集まりには、みんなで「大道ふるさと生き物に親しむ会」、略称「大ふる会」という名前をつけ、地域のネットワークが出来上がりました。

生き物との関わり

水がたまると、子どもたちが自分たちで水草を植えて（図4）、地域の方たちもつくったら終わりではなくてビオトープを育て続けていただきました。地域の皆さんと一緒につくっ

図1　大道小学校「自然広場」、ビオトープの草分け（1994年）

図2　同、手作業でスタート（1992年8月）

251

たことで、「もう俺（私）はとことんやる」という方たちばかりになって、本当に励まされました。そして生き物たちも意外とあっさり戻ってきました。この復元力というのは驚くばかりです。後になって、日本はモンスーン気候なので、田んぼに似た環境、ため池のような環境をつくると、本来あるべき姿があっという間に戻ってくるということに気がつきました。

生き物が戻って、子どもの遊びの場になったとき、特におたまじゃくしがありがたかったですね。カエルが来て池に産卵しておたまじゃくしになると、1年生が見に来て、それを手ですくうことが当たり前になりました（図5）。中学年では、虫取りが授業になり、高学年は、クラブ活動で、池の中に入って水草の手入れをするなど、生き物を飼う・育てる・つかまえるという本当に大切な経験ができました（図6）。その経験が感覚とか、子どもが身につけていく感性の基盤になっていくと思います。子どもの様子を見ていると、生き物との関わりは、いろいろな学校活動の選択肢の一つではなく、絶対に必要なことだと確信します。

地域活動への展開

その後、大変ありがたかったことの一つは、水辺を中心

図3 大道小学校「自然広場」、橋の向こうには卒業生が集まっている

図4 同、環境づくりは子どもたちの手で行った

図5 同、おたまじゃくしを手ですくい取っている

図6 同、高学年生による水草の手入れ

とする広場だけでは、活動の拠点が小さすぎるといって、地元の人たちが校庭でイベントを開いたり、学校の横に流れている侍従川に出て、小中学生と一緒になった活動へと展開していったことです。それにともない、会の名前も「ふるさと侍従川に親しむ会」に変わりました。地元の大学生の方にも参加していただいて、一緒にフィールドワークや地域の観察会、河川清掃などを盛んにやりました（図7）。人の輪が広がっていく中で子どもたちが活躍するということは、子どもにとってとても大きな意味を持つように思います。

例えば、中学生が源流部の森の生き物を調べて地元の高齢者の方に伝えるような活動をすることで（図8）、自分たちのことを地域の人が理解してくれるという自己有用感や自尊感情が高まるのは、本当にありがたいことです。活動がどんどん活性化し、ネットワークが広がり、深くなって、今では地域の文化になっています。自分が転勤する時に街の人に、「とにかく10年、20年、30年続けていってなんぼなので、この後もずっとこの街に残る活動にしていこう」と話をしました。

この学校での実践や体験から言えるのは、地域の人と一緒に校庭改善など、学校や校庭を変えていく取り組みが、真の意味で地域に開かれた学校、地域との連携につながっていったということです。先生は異動がありますが、学校は地域の中にずっとあり続けるものなので、地域にとって学校が宝物の場所になっています。

校庭で田んぼづくり

その後、転勤した下永谷小学校（横浜市港南区）は、子どもたちが入り込めるような自然環境がない住宅街の中にありました。そこの学校では、とにかく校庭に穴を掘って水をためて田んぼをつくりました（222頁上段参照）。5年生の社会科「稲作」の単元とうまく結

図7 ふるさと侍従川に親しむ会、フィールドワーク

図8 同、中学生による源流部の森の生き物の報告

びつくので、田んぼをつくるのは、通りがいいんですよ。田んぼをつくる時には、子どもたちは、いろいろな道具を使います。ハンマーを持つとか、全身を使って穴を掘ったり杭を打ったりする動作が、体験としてはいちばん心に残るということも分かります。稲を植えるところからではなくて、田んぼをつくるところから始めることが大切だと思います（図9）。

田んぼでは、農作業中でも、イナゴを見つけたり、カマキリがイナゴを食べていたりと発見が連続します。今日は虫の勉強じゃないと言いながらもみんな虫の観察に熱中するなど、作業と観察が同時にできる場所なんです（図10）。ビオトープといわなくても、田んぼをつくると、本来そこにいるであろう生き物たちがどんどん戻ってきてつながりをつくっていくので、非常に面白いです。さらに、街の人たちが学校に戻って来て、学校を応援し、交流に発展する楽しさもあります。

今、横浜市で、学校田んぼやバケツ稲で稲作に取り組んでいる小学校が7割を超えました。そこを地域の方との交流拠点にしたり、交流を校舎内に広げてコミュニティスペースをつくることで、地域と連携していけるといいなと思います（図11）。

まだまだ、お話ししたいことは山のようにありますが時間となりましたので、これで終わりにします。

図9　下永谷小学校校庭での「学校田んぼ」の活動、スコップで穴を掘るところから始める

図10　同、作業と観察を同時に行う

図11　横浜市にひろがる田んぼネットワーク。写真は横浜にとんぼを育てる会、公園愛護会、教師ほか、さまざまな人々の連携でつくられてきた本牧市民公園の田んぼ

校庭から街のコモンづくりへ

木下 勇

千葉大学の木下です。もともとは建築の出身ですが、今、ランドスケープの学生に都市計画を教えております。ランドスケープの観点から校庭、そしてまちづくりへと話を持っていきたいと思います。

私は若い時に、「三世代遊び場マップ」（図1）の活動を仲間とともに始めました。まちの変化を子どもの遊びから見ていこうと取り組んだもので、昭和初期、昭和30年代、そし昭和57（1982）年という三つの時代の3世代による遊び場を東京・世田谷の太子堂地区で調査しました。82年の調査のときに子どもだった方が今はお母さんになって、一緒にその子どもたちの遊び場の4世代目のマップづくりを行って、各調査年代別の遊びの空間の割合を見ると（図2）、昔は空き地や道が遊び場所になっていたのが急激に減っていき、2006年時点では、いちばん多いのが家の中、次いで学校へと変化しています。文部科学省と厚生労働省が進めている「放課後子どもプラン」によって、放課後過ごす子どもの居場所を学校にして、学童保育と組み合わせて展開する自治体が増えてきています。子どもの過ごす場所としての学校の空間が、重要になっています。

緑が学校をつくる

そこで、最初に海外の例を紹介します。ベルリンでは、緑が学校をつくる（Grün macht Schule）という考えで、1991年以降、860の学校のうち460校で校庭を改造し、そ

木下 勇

きのした いさみ
千葉大学大学院園芸学研究科教授
子ども・住民参加のまちづくり、都市計画、環境マネジメントなどで活躍中。1978年東京工業大学建築学科大学卒業、79〜80年スイス連邦工科大学留学、84年東京工業大学大学院博士課程修了、工学博士。農村生活総合センター研究員、千葉大学園芸学部助手、助教授を経て2005年より現職。著書に『ワークショップ〜住民主体のまちづくりへの方法論』（学芸出版）『遊びと街のエコロジー』（丸善）など。翻訳に『こどもたちが学校をつくる』（鹿島出版会）など

のうちの300校以上が、校庭を大規模に改造して緑と遊びの場に変えています。行政とランドスケープ・プランナー、アーティスト、元教師などがNPOを組んで進めている公的なプログラムです。荒廃地区や外国人居住の多い地域などの問題地区を対象に、学校を変えることでコミュニティを変えようとの目的で、改造資金を都市開発省が提供しています。EUの補助、州やその他の資金を含めて年間3億4500万円（1ユーロ130円換算）がこのプログラムに支出されています。一般的には、校庭や屋外の環境にほとんど予算が使われないなかで、これはきわめて特別なことかと思います。しかし、屋外の環境は子どもたちにとって非常に重要な学びの場であること、また地域コミュニティが参加することで地域との連携の場としても重要な空間であるという考えに立ったプログラムです。

いくつかの事例を紹介します。ゲーテ上級（中高等）学校では、従前のアスファルトの校庭を緑豊かな庭に変えています（図3）。アーティストも参加してオブジェを兼ねたファニチュアがつくられ、校庭にアートの要素が入っているという特徴もあります。

ベーケ・スクールでは、地域と子どもが一緒になって、アスファルトの校庭に石を並べ、雨が降ったときには水遊

図1 三世代遊び場マップの昭和初期版の一部

図2 年代別の遊び空間の割合

1925s＝1925年前後、1955s＝1955年前後に遊び盛りだった各世代20人ずつへの聞き取り調査による。1982はT小2・4・6年生計237人へのアンケート調査、1986は同計203人へのアンケート調査、2006はT・M2小学校1〜6年生計478人へのアンケート調査

図3 ベルリンのゲーテ上級学校の校庭。緑豊かな庭（右）に改造したほか、アーティストによるファニチュア（左）もつくられた

びのできる小川、パン焼き釜、木材を使った遊具などを自分たちでつくっています（図4）。ここでも、アートによって非常に楽しい雰囲気が出ています。

他のいろいろな学校の例でも、木、土、水、火、石など、バシュラール（注1）が言うような自然の4元素に子どもたちが触れるような制作や遊びの活動が行われています（223頁中段参照）。特に、改造プログラムを展開する際に、子どもが環境づくりに直接参加することが重視されています。これは子どもの権利条約で非常に重要なポイントであります。

子どもの参画

ドイツのなかでも、子どもの権利条約を批准すると同時に熱心に展開したのが、シュレッスヴィグホルシュタイン州です。そこのシャッフルンド村は、子どもの参画を最初に決め、細かく実践し、校庭を子どもたちと一緒に自然型に変えました（223頁上段参照）。これをきっかけに、子どもたちが地域の道路の危険箇所の点検や、公園づくりを行い、「子どもにやさしい村」づくりを進めました。その結果、若い世代がこの村に移り住んできて、人口が増えました。新しい住宅地も道路も子どもにやさしく、家の囲いもつくらず、目が屋外に注がれる、学校に行くのに子どもたちはよその家の庭を突き抜けて近道で行くなど、そういう村ができています。

その村のデーニッシュ・スクールは、校庭が森の中の遊び場のようになっています（図5）。ドイツは半日制から全日制に展開して、学校で過ごす時間が増加したという背景もあり、校庭が楽しい遊びの場に変わっています。

ルール工業地帯の荒廃した地域の再生を目的に、1989年に始まったIBA（国際建築展）エムシャーパーク（注2）のプログラムの一環として、EUの資金を活用して、木造の

図4　ベーケ・スクールの校庭改造

注1　G・バシュラール（岩村行雄訳）『空間の詩学』（思潮社、1984年）

図5　シャッフルンドのデーニッシュ・スクールの校庭

学校建築や環境共生建築で有名なペーター・ヒュブナー（注3）が、子どもたちと一緒につくった学校があります（図6）。各クラスに建築家が一人ずつ割り当てられ、長年かけて子どもたちと一緒にクラスルームを設計してつくり上げたものです。クラスルームを家に見立てることで、ロフトづくりやクラスと庭とをセットにするなどの発想が生まれています。学校は地域のセンターのように、通路や広場、それに面するレストランのような学食、職員室が役場となり、教会や劇場まで並んでいます。ここは海外からの移民が多く、ヴァンダリズム（破壊行為）や問題の多い地区ですが、地域の再生に子どもの参加が大きな貢献をした事例です（注4）。

アウトドア・クラスルーム

次は、NPO（行政の職員）が、校庭があまりに貧弱だということから改善に取り組んで、それが教育省のアウトドア・クラスルームのガイドラインになって、英国内のいろいろな校庭改善につながっていった事例です（図7）。

この小学校を訪ねると、子どもたちが、木いちごの茂みに隠れた穴を「私の居場所」、「秘密基地」などと言って案内してくれます。理科の授業では、校庭で採れたリンゴやプラムでケーキをつくって、果物や何かを熱する（料理する）とどうなるかを調べています。また、余ったケーキを学校に散歩に来る地域の人や迎えにくる保護者に売って、管理費にあてています。

習志野の秋津コミュニティ

これに刺激されて、公園行政職員でもある槇重善氏が、住んでいる地域の千葉県習志野市

注2　ドイツではInternational Bau Ausstellung（国際建築展覧会）という方式で、建築・都市計画におけるその時代の課題（テーマ）に対して外部からアイデアを集めていくつかのプロジェクトを立ち上げ、全体を展覧会のように公開する方式で、20世紀初頭からとられている。ここでは重工業の衰退とともに荒廃したルール工業地帯の再生に「社会変革とエコロジー」をテーマに、1989年より10年間の期限つきでノルトライン・ヴェストファーレン州が100％出資で設立した。IBAエムシャーパーク社がマネジメントしている。個々のプロジェクトは自治体や民間企業が発案し実施して、IBAエムシャーパーク社が認定、州政府の補助金の優先権が与えられる

注3　ペーター・ヒューブナー（Peter Huebner、1936年─）＝環境共生、参加型建築で知られる建築家、シュツットガルト大学教授

注4　P・ヒューブナー（木下勇訳）『こどもがたちが学校をつくる』（鹿島出版会、2008年）

の秋津小学校で、校庭改善を行いました。親父さんたちがかかわって学校を開いた「秋津コミュニティ」は今では35のさまざまなクラブ、サークルが地域の人と子どもたちで活発に活動しています。工作クラブは空き教室をゴロゴロ図書館に改造したり、上総掘りで井戸を掘って田んぼをつくりトがはじまり、そんなノリで井戸を掘って池づくりのプロジェクした（図8、223頁下段左参照）。上総掘りでは、子どもたちがどんどん矢車の中に入って、ハムスターのように動いて、非常に喜んでいました。秋津小学校は、そのように地域のコミュニティスクールとして成り立っています。

秋津コミュニティで活動体験した子どもたちの特性を調べた研究では、他校と比較して、明らかに自尊感情や自立性・責任感が高いという結果が出ていました。また、卒業しても、よくこの場所に来る子どもたちが多いという効果も出ています。

校庭からまちへ

次は、私が進めている、校庭からまちへ範囲を広げての活動を紹介します。まずは千葉県松戸市の小金地区です。昔は柿ドロボーをしたという親父さんたちの話をヒントに、通学路にあるよその庭の柿ドロボー大会などのまち探検を

図6　ゲルゼンキルヘンの総合学校

図7　英国のラーニング・スルー・ランドスケープ&アウトドア・クラスルーム

図8　習志野市立秋津小学校、秋津コミュニティ。上総掘りで井戸を掘り、校庭に田んぼ、ビオトープをつくった。上総掘りは明治初期に現在の千葉県袖ケ浦市近郊で考案された井戸掘りの技術

行いました（図9）。そんな風に子どもたちが庭を訪ねたりしているうちにまちづくり組織が立ち上がり、そのメンバーの方がカーポートをポケットパークへと整備しました。学生がデザインして、小金小学校の6年生が卒業記念にタイルを張りました。これは個人の敷地ながら、地主と学生と小学生が協働してつくった外に開かれたコモンです（図10）。

また松戸の大学キャンパス近くでは、市の空き地を使って、地域の人や子どもたちと一緒にコミュニティガーデンもつくりました（図11、223頁下段右参照）。こういう活動にかかわっていた小学校1年生が、国体作文コンクールで賞をもらいました。そのコンクールの「ボランティア」という項目から書くことを思い立ち、「私は『みんなの庭』という活動に参加しています」と書いていました。私はこの子が遊びに来ていると思っていたら、本人は参加している気持ちだったのです。そういう面でも子どもの参加は大事であり、将来の市民をつくることにつながると思います。それが学校から外に広がる場所づくりで、大事なことかなと思います。

図9　校庭からまちへ、庭を訪問して柿ドロボー大会（千葉県松戸市小金地区）

図10　ポケットパーク整備で小学校6年生がタイル張り

図11　千葉大学園芸学部近郊でのコミュニティガーデンづくり（千葉県松戸市松戸）

連携する学校

吉村 彰

東京電機大学の吉村です。学校が連携するうえで大切なのは、同じ目的で何事かをしようとするもの同士が連絡を取り合ってそれを行うことで、ヒト・モノ・コトが相補的・相乗的につながることだと思います。今日、学校同士、あるいは、学校と地域との連携が叫ばれてはいますが、そういう視点で、学校施設を中心にしたいろいろな連携の仕方を考えてみたいと思います。

地域との関係の変化

小中学校は義務教育で、地域コミュニティの核になるといわれています。例えば、近隣住区論（注1）では、学校は、近隣住民が利用する地域の重要なコミュニティ施設で、地域の中心に位置付けられています。しかし、今日の時代背景を考えると、必ずしもそうならない場合があるように思います。一つは、2人に1人は大学教育を受けるという高学歴社会になり、地域・社会全体の教育力が上がったけれども、逆に学校の教育力はなかなか向上しないこと、さらには学校全体の役割や位置付けが曖昧になっていることです。

二つ目には、少子高齢化の進展にともない、膨張から縮小の社会へと転換し、少なくとも学校に通う世代が少なくなる一方で、高齢者が増えているという社会背景です。また、1999年2月現在で3200あった自治体が、今年（2009年）の2月現在では大合併によって1775に半減するなど、行政の仕組みが変貌しています。

よしむら あきら
東京電機大学情報環境学部教授
博士（工学）
富山県生まれ。1969年東京電機大学工学部建築学科卒業。94年東京都立大学より博士号授与。専門は建築計画・地域施設計画。学校建築の計画に関する研究を行うかたわら、建築家と共同で学校建築の設計コンペにも参画。また、世田谷区立烏山中学校計画委員長を務めるなど、各地の教育委員会で計画プロジェクトの委員長として参画。著書に『住教育』（共著、ドメス出版）、『キッズプレース』（共著、ささら書房）など

社会全体が少子高齢化で、かつ行政の仕組みが変貌してきている中で、学校は統廃合が繰り返され、今後ますます減少することが想像できます。そうすると、地域と学校という関係が、場所によっては成り立たなくなる、あるいは、地域と学校との関係が今までとは違う様相となるのではないかと思います。さらに、統廃合は、学校の適正規模（12〜18学級）を実現することが目的とされています。ところが、現実の統廃合で、特に過疎地域では、適正規模を達成することが困難となっており、結果的に学校の数を減らすことだけが進行する事例も増えています。統廃合の新たな問題が浮上しているように思います。

もう一つ、小中学校は義務教育で、住む場所が決まると自分の通う学校が自動的に指定される小学区制になっています。ところが、少子化に加えて、高学歴社会の中で親や子どもの教育的なニーズが多様化してきたことを背景に、学校選択制、学区の弾力化という動きがあります。大都市では通学距離がそんなにありませんので、どの学校に行くかを選択できるといった学区の弾力化が始まっています。それによって、学校間競争が生まれ、良い教育の実現に向けて学校を活性化できるという考えです。過疎の学校では、学校を維持するために学区を弾力化して広域的に子どもを集めるという取り組みもあります。

学校間連携で特性を生かす

学校の教育力の相対的な低下、統廃合の進展、学区の弾力化などを背景に、学校が連携しながら活性化する方法を三つ提案したいと思います。

一つは、今まで完結していた学校を開いて学校同士の連携を図ることです（図1）。例えば、小中学校併置です。小学校の先生は小学生、中学校の先生は中学生にしか教えないのが一般的ですが、小中が併置されることで、教師や子どもの活発な交流による学校運営がなされて

注1　近隣住区論＝小学校を一つ必要とする人口の住宅地（近隣住区）を単位として、学校、公園、商業施設、コミュニティセンターなどで構成する計画方法で、1924年にアメリカの社会・教育運動家のクラレス・A・ペリーによって提唱された。実践例としてはアメリカ・ニュージャージー州のラドバーンが有名。日本のニュータウン計画にも影響を与えた

図1　学校同士の連携のイメージ。連携することにより、その特性を生かした教育が試み始められている

小中一貫校の運営
小中併置校

小小中連携
A小学校　B小学校
C中学校

小中高一貫校
小学校
中学校　高等学校

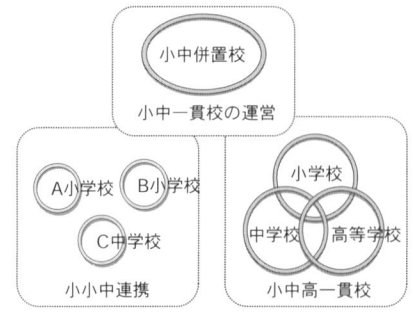

います。

瀬戸内海の興居島では、複式学級の極小規模小学校が3校連携し、週に何回か中学校に集まって、単式学級での合同授業や中学生を交えた活動を行っていました（図2）。長崎県の小値賀島では、高校がなくなると高校生がみんな島の外に出ていき、島には小学生と中学生しか残らないといった生徒数の減少にともなう高校の存続問題が起きています。これに対し、小中高の一貫校を模索するような動きもあります。多様な方法や工夫のある学校間連携によって、各学校の特性や良さを生かすことと、ハンディの克服や学校の活性化とが両立できるように思います。

地域施設との複合で高機能化

二つ目は、複合化によって学校機能を高度化することです。例えば、明治時代は学校にしかピアノがなかったり、実験室も学校にしかなかったのが、今は学校のコンピュータよりも家庭のコンピュータの性能が優れている、ピアノも学校の先生よりも子どもたちや地域に優秀な人が沢山いるなど、地域のレベルが学校を上回ることがあります。

これに対して、地域施設を複合化することで、学校機能を多様化・高度化する取り組みがあります。埼玉県志木市の「いろは遊学館」は、公民館や市立図書館が小学校と複合した事例です（図3、224頁参照）。通常の学校図書館と比較して、蔵書の数と内容の豊富さ、教師ではなく専門の司書の配属、読書環境の豊かさと多様さなどの高機能化がうかがえます。学校の完結的な枠組みを取り払い、地域の大人も、授業中の子どもも利用することで、陳腐化した学校図書館を乗り越えています。また、公民館で活動する地域の人たちを、学校に先生として呼び込むことも可能になっています。

図2 小中連携による合同学習（愛媛県松山市興居島）

にぎわいをつくり出す施設機能の集約

最後に、さまざまな施設を集約化して、街のにぎわいをつくり出すことです。特に、活気のない過疎地域で、いろいろなものが全部1カ所に集まっているデパートのようなイメージで、保育園からデイサービス、小中学校、役場、コンビニなどの多様な機能を集約することによって、にぎわいを持たせて活性化することが考えられます。

私には、学校同士や地域と連携することで学校の活性化が図られるとともに、何か新しい学校のあり様や可能性が生まれてくるように思えます。

どうもありがとうございました。

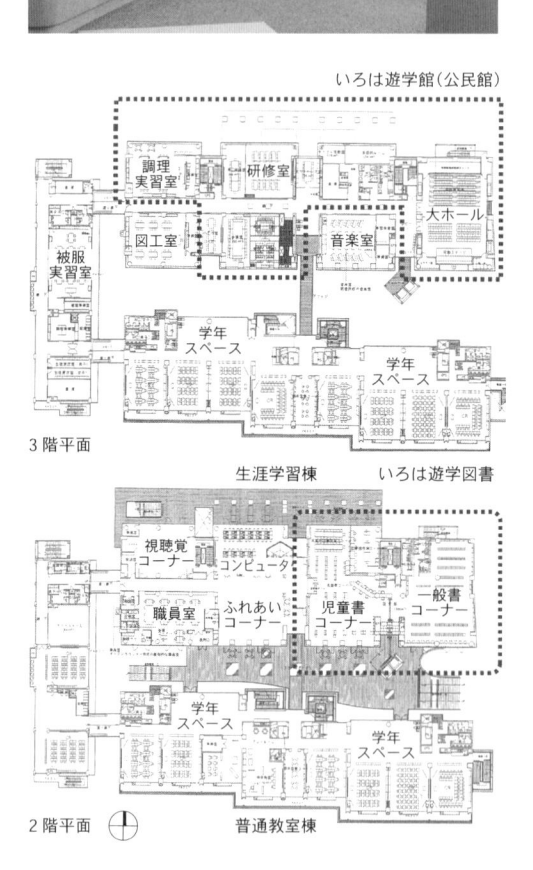

図3　埼玉県の志木市立志木小学校は、教室棟と生涯学習棟で構成され、生涯学習棟には市の図書館である「いろは遊学図書館」と公民館の「いろは遊学館」などが入る（図参照）。ピロティや渡り廊下でつながり、生徒は学校図書館として市の図書館を利用するほか、生涯学習棟の施設を市民と共有して使用している。写真は図書館内部

ディスカッション　これからの学びの場

出席者
湯澤正信（略歴等は225頁参照）
上野淳（略歴等は243頁参照）
尾上伸一（略歴等は250頁参照）
木下勇（略歴等は255頁参照）
吉村彰（略歴等は261頁参照）

司会
横山俊祐　よこやま　しゅんすけ
大阪市立大学工学部建築学科教授
1985年東京大学大学院工学系研究科建築学専攻博士課程修了。熊本大学工学部助手を経て、2004年大阪市立大学大学院工学研究科都市系専攻助教授、05年より現職
博士（工学）

司会　これからディスカッションを始めたいと思います。先ほどまで5人の先生にそれぞれご専門の立場から、今日の学校の抱えている問題、あるいは新しい可能性についてお話しいただきました。会場の皆さんからの質問も交えて、全体でこれからの学びの場に関してどのようなビジョンが提示できるのかを中心に議論を進めたいと思います。

最初にウォームアップを。こういうふうにステレオタイプ化するのはよくないかもしれませんが、木下先生、尾上先生は外派といいますか、学校校舎よりもむしろ外部空間に着目して、学校をどう活性化していくのか、あるいは地域とどうつなげていくかという立場だと思います。逆に上野先生は、内部空間を開いて多様な場をつくりながら学校を変えていくという立場での研究、実践をなさっている。それは湯澤先生も同じだと思います。まず、それぞれの立場で、相手方の話を聞かれての感想や評価をお話しいただきたいと思います。外派の先生は内側に対して、例えば、子どもたちと一緒にもっと実践をやらなきゃダメだとか、外での取り組みが中にどういうふうに生かせるかなど、どのような評価や意見をもっておられるか、お話しください。

建築とランドスケープのオープンスペース

木下　前から思っているんですが、日本建築学会の学校建築の中で議論されているオープンスペースと、ランドスケープでいうオープンスペースとは全然違うんですよね。言葉の多

義性かもしれませんが、違和感を覚えます。

しかし、本来の意味のオープンというところに、建築とランドスケープの接点があるかなというのはずっと関心事だったんですね。今回は1枚の写真しか見せなかったけれども、いかに学校を核にしてゲルゼンキルヘンの荒廃している地域を再生するというペーター・ヒューブナーさんのプロジェクトは（図1）、さっき上野先生から街としての学校についての話があったと思いますが、まさに、街、または村として学校をつくるというコンセプトです。クラスはハウス（家）であり、真ん中には湯澤先生の浪合学校のように、街路が入り込んでくることで、形状も広がったり狭くなったりしています。その中にある内部空間のようなマルクトやプラッツァなどの広場は、今、議論されている内部のオープンスペースでもあり、多様さもあり、そして内から外への連続性がある。クラスルームの外にも庭が、家と庭の関係のようにセットで用意され、外と内が入り込むことや、相互のつながりがあります。だから、開かれた外部空間としてのオープンスペースは、建築の内部空間との関係のなかで成立すると思うんですね。

にもかかわらず、建築学会でも学校建築の内部空間のあそこ（多目的スペースとしてのオープンスペース）だけを、なんであんなに議論するんだろうというような違和感があります。もっと広げて議論することはできないんだろうか。どうでしょうか。

司会　確かにオープンスペースといったときに、外部のいわゆるコモン的な場所をオープンスペースとも呼びますし、それから学校建築の中では、多目的に使える教室以外の場所をオープンスペースと呼びます。呼び方が一緒ですし、実はコモンとしていろいろな活動を受容するという意味で、使い方もひょっとしたら近くて、両者を一体的に考える必要があるのかなという印象もあります。その点について上野先生、いかがですか。

図1　ゲルゼンキルヘンの総合学校。ドイツ・ルール工業地帯の荒廃した地域の再生を目的に、子どもたちと一緒につくった学校。各クラスに建築家が1人ずつ割り当てられ、長年かけて子どもたちと一緒にクラスルームを設計してつくり上げた。学校は街の中の広場や通路としても利用されている。ペーター・ヒューブナーは258頁注3参照

266

上野 まったくそれについては正しいご意見だと思います。日本で学校をつくると、先生方はできるだけグラウンドを広く確保してとおっしゃるんですね。日本の学校建築の一般論というのは、グラウンドとそそり立つ校舎の二項対立的な空間構成なんですが、これはまったく論外ですね。イギリス、スウェーデン、デンマークには、そんなベアグラウンド（土のままの校庭）がやたら広がっているような学校はありません。イギリスやいろいろな国で学校を数多く取材しましたけれども、子どもの空間なわけですから、3階建、4階建の小学校は論外です。

それから、若い建築家と学校をつくるときは、私はいつも、内外の連続性においてインテリアの空間を考え、エクステリアの空間を考えるというのが学校建築の最も大事なことだと申し上げているつもりです。

司会 昔、青木正夫先生（注1）が、たしか日本の学校でグラウンドがあれだけ広くとられるそもそもの理由は、野球が盛んになったことと、軍事教練のためだとおっしゃっていました。それが今までずっと生きながらえ、形式化しているというような問題があるのではないかと思います。

湯澤先生、外部空間については先ほど上野先生がおっしゃったように、内外の連続性、一体性と、それ以外に何か考えておられることはありますか。

湯澤 外派、内派からいうと、建築をつくる側として内派になるのですが、私自身内と外との連続性にはすごく気を使っています。内外の連続性、一にすごく関心を持っているのです。私派は実は外にすごく関心を持っているのです。仕事の範囲外でもあり、なかなか建築をつくるほど強く関与できない面があるのは否めません。しかしながら、設計の最初の段階の大半は、外部空間との関係、街並みが的側面、さらには地域の人々との関係、地域の人がどういうふうに入ってくるのか、地域

注1 青木正夫（1924–2007年）＝建築計画学者、建築家、九州大学名誉教授。1948年東京大学第一工学部建築学科卒業。東北大学助手、講師を経て、56年九州大学助教授、70年教授。2007年に「建築計画学の理論的体系化と東アジア地域の学術交流の発展に尽くした功績」により日本建築学会大賞を受賞。著書に明治以降の学校建築の計画史を体系的に整理した『建築計画学8 学校』（丸善、1976年）がある。

らどう見えるか、逆に内側から地域がどう見えるのか、どう感じるのかなど、そういうことばかりを考えています。そういう意味ではあまり差はないと思う半面、外派というのはみんなで庭をつくったり肉体派でもあり、話を聞いているとノリノリで、いつも負けちゃうなという感じがします。

司会　肉体派の代表である尾上先生の話を聞いていて、みんなで一緒につくっていくというプロセスの中で、ビオトープのような庭ができ、使うことにつながっていく、その過程を子ども、地域の人、先生が協働するというような方法が内部ではできない。内部空間では、あそこまでみんなで一緒につくろうというのは、まあドイツの例はあったのかもしれませんが、一般的にはできないことですよね。それが外部で可能なことのアドバンテージや意味は、どこにあるのでしょうか。

尾上　おっしゃるとおりで、大切なのは子どもが体験するということ、子どもがつくっていくということなんですね（図2）。どういうものができているかということじゃなくて、子どもがつくれるかどうか、子どもがかかわれるかどうかが大切です。だから、田んぼをつくること、田んぼってこうやってできるんだって感じることが貴重なわけです。泥んこになって田起こしをすること、そのままの泥んこになった服をプールで洗うこと、歌を歌いながらプールで洗うこと、さらにその泥んこになった服を廊下につけて怒られること、川に出かけていって魚をとって、その川をもっとよくしたいと思ってゴミを拾うことなど、さまざまな直接的体験が大切だと思います。

ただ、そのような直接体験は、中でもできますよね。今、多くの学校では水族館をつくっています。例えば、横浜市であれば侍従川とか大岡川の水族館を子どもがつくる。出来合いの水族館を観察して勉強するんじゃなくて、それを子ども自らがつくるということです。

図2　横浜市立下永谷小学校（横浜市港南区）の田んぼづくり。最初から子どもたちの手でつくっていった

オープンスペースの使われ方

司会 学校のつくり方の問題として、最近はワークショップなど、いろいろな意見を交わしながら形をつくっていくことがありますが、実際に、本当の意味で学校をつくるとか、あるいは、できた後の内部空間に手を加えて変化させるというようなことが、なかなかできていない状況があります。そのことが、オープンスペースの使い方が草創期に比べると衰弱化している一つの要因になっているのかなという気もしますが、いかがでしょうか。

また、非常に大きい、難しい問題かもしれませんが、上野先生に来ています。そのことも含めて、今のオープンスペースの形骸化あるいは、使い方がかつてのような活発な状況にないということの問題点や原因はどこにあるとお考えでしょうか。

上野 私なりのコメントを申し上げますと、本町小学校（横浜市）や宮前小学校（東京都目黒区）が活発に活動していた1980年代から90年代、その当時ちょうど教育課程の大改革が行われまして、例えば総合的な学習の時間の創設というようなことがありました。それから、今日、世紀が明けてから、かなり日常的にいわゆる少人数学習、2クラスだったら教員をもう1人入れて、2クラスを3展開にするというような、大きいところでの学習方法の改善、改革が進んできています。80年代に弾力的、魅力的に試みられていた学習の新たな理念と方法がモチベーションになって、今日の改革に結びついたと考えられます。

ところが、先生がそれに安心されてしまって、一人ひとりの子どもを大切にして、個別的・個性的な学習・生活を組み立てるということが忘れられているように思われます。ただし、弁解しておきますと、本町、宮前、それから緒川小学校、一人ひとりの先生にきちんとアンケート調査で Post Occupancy Evaluation（使われ方調査）をしますと、「オープンスペースが

ディスカッションでの上野淳氏

あることはいい」「私はそれなりにグループ学習、教材展示、学年集会でちゃんと使っている」「これはいいんだ」との回答が返ってきます（図3）。その一方で、「うるさい」「見える」「落ち着かない」という問題も指摘され、これに対して新しいプランニングモデルをどうやってつくるか、我々の責任かなと思っています。

司会　もう一つオープンスペースに関する質問があります。視線とか音のコントロールということが問題になって、それを平面計画である程度解消できることもあると思いますが、他に、例えば材料や仕上げでどういう工夫がなされているでしょうかというお尋ねです。これは湯澤先生、お答えください。

湯澤　前からそういうのが問題になっていて、オープンスペースが使われない主原因ともいわれています。今まで音に無頓着であった建築が多かったことも事実です。単に廊下を広くしてオープンスペースをつくれば、オープンスクールだと言っていたのです。しかし、やはり吸音性というか、教室の音が隣の教室へいかない、反射しないような工夫が必要です。例えば私の場合、天井材を木格子として、その天井裏に座布団みたいな吸音材を張って、オープンスペースの音を吸収するようにしています。一方、教室の方は音を吸収し過ぎると先生の声があまり聞こえなくなるので、通常の仕上げとしています（図4）。

司会　次に、そのオープンスペースの問題について、先ほど上野先生から、21世紀型のオープンスペースの可能性があるという意味を込めたご発言がありました。今までのオープンスペースは、基本的に在来型の片廊下に画一的な教室がずっと並んでいる学校に対して、もっと学校全体を豊かな空間にしよう、その中で教育を弾力化していこうというような、ターゲットとしては在来型があったと思います。これからの時代には、在来型をターゲットにし

O.S.があること		C.S.が開いていること	
主な満足の理由	主な不満足の理由	主な満足の理由	主な不満足の理由
▶学年で集まれる▶さまざまな学習展開に対応できる▶グループ活動展開に便利▶学年で集まって活動できる▶全体指導・個人指導と柔軟に利用できる▶いつでも連携できる▶教室が広く使える	▶L.S.（ラーニングスペース）の音で児童が集中できない▶他のクラスの声が騒々しい▶O.S.の騒音	▶L.S.とC.S.が行き来しやすい▶C.S.を自由に広げることができる▶図書コーナーの近接性▶周囲の目が児童を見守れる▶学級が孤立せずに自然と協力できる▶教師の共通理解がしやすい▶広々と使える▶自由に使える▶作品展示ができる	▶O.S.からの騒音で児童が落ち着かない▶壁が少ない▶集中できない▶隣りに迷惑▶他クラスからの音で児童が集中しにくい▶教室が必要に応じて仕切れない

図3　クラススペース（C.S.）とオープンスペース（O.S.）に関する調査（クラス担任教師による評価）
緒川（愛知県東浦町）、本町（神奈川県横浜市）、宮前（東京都目黒区）、桜丘（東京都世田谷区）の小学校で2008年調査

てつくられてきたオープンスペースやオープンスクールそのものをターゲットとして、どのようにステップアップしていくのかという議論が必要だと思いますが、いかがでしょうか。

上野 まさかこの 21 世紀に閉じた教室を廊下に沿ってまっすぐ並べて、はい終わりはないでしょう。しかし、1980 年代に試みられて一つのモデルとなり、四半世紀のあいだ普及してきた、教室に均一的に繋がる開かれたオープンスペースは明らかにダメです。強調したいのは、低学年、中学年、高学年が同じプランニングモデルであることの問題です。学習形態や子どもの空間感覚や行動領域が学年によって大きく異なるので、低学年はやや閉じ気味で広い総合教室的なもの、中学年ぐらいからは、少人数学習が日常的に展開されるので、アセンブリースペース（例えば学年集会などに使う多目的スペース）と、閉じたゼミ教室みたいなものを半教室分ぐらいのスペースで用意するなどの考え方もあっていいと思います。低中高それぞれの学年段階に対応して、どのようなユニットモデルがあり得るのかが、考えどころでしょう。

私もそういう学校をモデル的につくってみたのですが、もうひとつ大事なのは、つくりっぱなしではなく、きちんとその使われ方を評価して、「これならばいける」というのを確かめながら前進していく。そういうことをきちんとやりながら学校計画を発展させていくことを、本当はここにいらっしゃる若い人たちが、若い建築家や横山さんのような若い計画者がもっとちゃんとやらなきゃいけないと思います。私はもうそろそろ引退なので。よろしくお願いします。

次の段階へ進むための問題

湯澤 私は建築家として、先ほどの外と内との話ですけれども、オープンスペースという

図 4　川崎市立御幸小学校（川崎市幸区）の中高学年オープンスペースの格子天井。奥はクラスルーム

言葉が持っている自由さや開放性というものが、学校の中に入っただけでも、とてもいいなと思っています。だから、文字通りのオープンな場をつくるというよりは、「学校全体がオープンスペースなんだ」という発想が大事だと思います。これは閉じた場所を排除しているわけではありませんし、必要なところはクローズドにすべきだと思います。しかし、そこが開かれた学校であるという言葉の中に示されている、人と人、人とモノとの率直な関係性が、本来のオープンのあり方だと思います。だから、オープンという言葉の可能性を信じてつくりたいなと思っています。

それから、最近は必ずしも具体的なオープンスペースを条件としないプロポーザルや、計画提案もあります。我々も以前は、設計にオープンスペースがないとつまらないと思っていたのですが、このごろはそういうものに頼らないつくり方、別のオープンな計画方法を見つけられるような気がしています。ですから、上野先生が言われたように、第 2 段階に移ったという気がしています。

吉村 私も 1 年ほどイギリスに行って見てきたのですが、今日、上野先生にイギリスの学校を見せていただいて、日本とどこが違うか考えてみました。イギリスでは、1 クラスに最大 40 人の子どもを 1 人の先生が教科書片手に一斉形式で教える、教え込むというスタイルが定着し、子どもの数が 20 人とか 30 人になっても教え方が変わらないんです。ですから、例えば、音の問題も、よく見ていると、「みなさん分かりましたか」と先生が言うと、「はい、はい、はい、はい」となり、ものすごく反響するんです。イギリスでは、みんなが個別にやっているので、そんなことにはなりません。集中して聞いてもらいたいときは、クワイエットスペースに子どもを集めてカーテンを閉めるというように、教育の仕方が違っています。学校建築を勉強している人がイギリスへ行って、アメリカの巨大なオープンスペースとはまっ

たく異なるこじんまりとした教室を見て、いいなと思ったのでしょう。日本の今までの4間×5間の教室で、先生一人で何十人かの子どもを一斉形式で教えているのを見て、教育の限界を感じ、ああいうオープンスペースというスタイルが出てきたのだと思います。音をはじめとする現在のいろいろな問題に関して、やはり教育の仕方が変わらない限りは、従来のような教室が大きな声で喋りやすく、誰にも迷惑がかからないという考え方が続くのではないかと思います。だけど、我が国の憲法26条には、国民は一人ひとりが等しく教育を受ける権利があると書いてあります。そういう話を突き詰めていくと、やっぱりイギリスみたいに個別的な教育が、一人ひとりの子どもの能力を伸ばしてあげられるのではないかと思います。日本の場合には、基本的には一斉教育ですから平均値、40人のうちの真ん中の子どもが分かったら次にいくというスタイルの教育を基盤にする限り、イギリスのスタイルは多分うるさいという問題が出てくるような気がします。

司会 学校の中のオープンスペースの問題を考えるときに、今までのように、閉じられた教室と廊下と特別教室しかないという、学校建築が非常に閉鎖的であること、そこで学んでいる子どもたちも一斉形式で、全員が同じ進路で進んでいくというような教育方法、それから学習集団も固定的なクラス単位というように、空間・運営・集団におけるクローズドシステムの中で動いてきたのに対し、空間のオープン・クローズの問題だけにとらわれるのではなく、その総体をいかに弾力化、多様化していくかが問われていると思います。

つくることで生まれる愛着心

司会 学校と地域との関係を考えるときにも、今度は地域から学校が空間的に明確に区画されていること、そこを使うのは教師と子どもという特定の集団であること、それから、学

ディスカッションでの吉村彰氏

吉村 彰

校は純粋に教育の場であるという機能の限定性があります。つまり、地域に対しても、空間、利用者、機能における学校の完結的な枠組みの問題があるように思います。そうしたクローズドシステムを踏まえて、きょうの吉村先生や木下先生、尾上先生の話は、そのクローズドされた状況を開くことによって、学校という完結的なものを地域の中でどのように活性化するのかという発想だと思います。木下先生、いかがでしょうか。

木下 何が大事かというと、そこでどんな生活をするか、どういう学びを体験するかによって子どもたちがどのように成長していくかということだと思います。建築計画でも生活などをどう見るかは重要なわけです。そういう意味で、今日の上野先生の話の背景には、生活や体験、アクティビティといったものが視座となっており、非常に興味深く聞いていました。

やはり、何が大事かといえば、建築側も中身ですよね。

ここで問題提起をすると、オープンスペースやランドスケープだといっても、つくってしまっておしまいじゃないんですよ。樹木は成長するし、あとの管理が大変です。しかし、日本の予算の仕組みは、つくるときにはお金が出るけれども、後々の管理には、ほとんどお金が出ない。さらに、学校の場合には、外部のオープンスペースをつくるのには、ほとんどお金がつきません。建築空間もそうなのですけれども、住宅で後でインテリアやいろいろなものをしつらえるように、オープンに、容器としての空間をつくったら、その後、生活でどう使いこなしていくかが問われるわけです。子どもたちの学習の成果を展示するとか、暮らしの器として、中のしつらえをどうつくっていくかがとても大事ですね。ペーター・ヒューブナーと議論したときのことですが、子どもたちが学校で積み重ねた体験は後で家庭生活に返ってくる、だから子どもたちと一緒に学校をつくるんだと言っていました。

学校は、そういう生活のための経験、体験の場なんです。オープンスペースの音が問題だ

ったら、先生と一緒にいろいろな吸音板を試してみることや、どうやったら音が反射しないかを実験することだって学習の材料になると思います。先生も、授業の中にどのように自然を取り入れていくかとか、授業の中でいろいろなチャレンジをしていけば良いと思います。本来は、総合的学習の時間でも、できる可能性があるんですよね。しかし、我が国には、新たな学習を仕掛けるために空間をいじる予算の裏づけがないし、教育委員会でもそういうような予算は、全然用意されていません。

これからの学校を考えるときに、生活（中身）をカタチづくる器にも同じようにかかわってつくっていくことが非常に大事で、それは将来、街にかかわるためのシチズンシップ教育にもなると思います。言い換えれば、子どもが空間づくりに参画するということは、学校の内部空間でも外部空間でも、もっともっとやれるはずだし、そういうプログラムを本来つくっていくべきだと思います。

それは、「つくる」ことにかかわれば愛着が生まれるからなんです。ペーター・ヒューブナーの学校（注2）では、最初にクラスをつくった子どもたちは、そこに低学年からずっと居続け、クラスに愛着を持っています。彼らが卒業しても、新しく入った子どもたちが、その後、ロフトや何かをいろいろつくっていくことで、愛着を持つ。自分の居場所に対する自身のかかわりとして、「つくる」ことは非常に大事だということです。

既存の枠組みを超えたチャレンジを

司会 今度は吉村先生にお尋ねしたいんですけれども、例えば機能の複合化、あるいは学校間の連携というのは、つくるという側面とは違うある条件が必要で、その作用や成果も異なるような気がするんですね。そういう中で、学校という完結的なものを開いていく道筋を

注2 258頁注3、266頁図1
参照

ディスカッションでの木下勇氏

考えるときに、何が重要なモメントや目標になるのでしょうか。

吉村 例えば、建築をつくるとか庭をつくるとかという、つくるほうは何かを解決しようと思って、今これができないので何とか変えたいなと思ってつくっていくわけですよね。ところが、学校の先生は、既成の枠からはみ出すことがいけないと思っていらっしゃるのでしょうか、意外につくることをされないんですね。

極小規模の小さな学校は、いい面もあるんですが、6年間、友だち関係が固定される、大きな集団によるスポーツができないなど、いろいろなハンディ、デメリットがあります。全国の極小規模校を回ったなかに、小中併置の学校があって、何とかして子どもたちに、いろいろな体験をさせたいとか、小規模校における学級担任や教科担任の教員不足を補うために、既存の枠組みを超えて、小中学校の先生が相互に支援し合う工夫をしている事例がありました。そういう工夫の表れの一つが小中連携や小中高連携だと思います。連携や複合化とは、単なる問題解決型の取り組みにとどまらずに、やはり既存の枠組みを超えた先に新たな可能性を見出し、編み直すことだと思います。そういうチャレンジが求められているのではないでしょうか。

地域が先生を育てるコミュニティ

司会 学校を変えていくときに、コミュニティの力が非常に大きく作用すると思います。会場からの質問にもありますが、例えば、地方のコミュニティ豊かなまちでの取り組みと、都市部での取り組みは、少し違うのではないか、あるいは、これもよくある質問ですが、学校を開き、連携していく際に、不審者や安全対策の問題をどう考えるかということについて、いかがでしょうか。いちばん実践をやっておられる尾上先生

尾上　今までの話も踏まえて言いますが、私は、地域が先生を育てるしかないと思っています。地域の人たちが「先生、頑張れ」と、先生が強い思いでやってくれたら地域は応援するよという関係によって、教師の自己有用感、自尊感情が高まり、「よし、頑張ろう」と思えるかどうかが鍵だと思います。さらに、学校を空間的に開くことと地域が学校を支援することとは、直接的に結びついています。ただ、現在、横浜市の学校すべてが電子錠でロックされていますが……。

司会　そうすると、さっきみたいに田んぼをつくる学校でも、開けっ放しにはなっていないんですか。

尾上　呼び鈴を押して、それを職員室で見ていて、挨拶をしたら解錠されるという仕組みです。学校の中で先生たちは、子どもと向き合って仕事をしています。「あそこの学校に不審者が入った」とか、一時そういうことが連続しました（注3）。警察の方に来ていただいてサスマタを使う研修を受けました。もし、自分の学校に入ってきたときに、その矢面に立つことを考えると、本当に怖いんですよね。これは笑い事じゃない。だから、全市一斉に施錠になります。結局、街とかコミュニティと戦っている一面もあります。

だから、本当に地域の顔が見える関係になって、「先生頑張ろう」と応援してもらうとか、先輩の先生たちが「一緒にやっていこう」といった機運が出てきたときに、子どもに育ってくるのは、自尊感情だと思います。私たちはこの学校で勉強できてよかったとか、先生が好きとか、この教室で育ったとか、そんなことだと思います。そのためには、まず先生を育てる必要がある。私が教師になったときと今では圧倒的に時代が違います。子ども時代の体験、地域の人と一緒に温かい思いをしているかどうか、例えばお祭りに行ったとか、柿ドロボーが許されたとか、街の文

注3　学校への不審者侵入による児童殺傷事件＝1999年12月21日に発生した京都市伏見区日野小学校での児童殺傷事件、2001年6月8日に発生した大阪教育大学付属池田小学校での児童殺傷事件などから、文部科学省は02年12月に「学校への不審者侵入時の危機管理マニュアル」の作成などの施策を推進した

ディスカッションでの尾上伸一氏

尾上伸

化に触れているとか、そういった温かなコミュニティやその中での体験がなくなってしまった世代の人たちが、子どもの親になったり教師になったりしています。本当に気の毒だと思います。だから、そういう人がもう1回頑張れる学校をつくっていく必要があると思います。

司会 そういう意味で、学校はコミュニティをつくり得るのかという問題もあるような気がするんです。コミュニティが先か学校が先かというニワトリと卵の議論になるかもしれませんが、湯澤先生は、いろんなへき地の学校からまちなかの学校までつくっておられますが、それらの実践を通して、コミュニティと学校との関係はどのようにしてつくられる、あるいはどのようにある関係はどのようにしてつくられ、あるいはどのようにあるべきだと考えておられますか。

湯澤 コミュニティを町内会とかととらえると、もうダメなんですね。既存の組織ではなく、本当にやる気のある人が集まってきて臨機応変に、主体的に学校をつくるという形しかないような気がします（図5）。学校をつくるときも、ワークショップで意見を、提案をお願いしますということじゃないと思います。一緒に学校をつくることは、最後の愛着にいくまでのプロセスづくりなんです。その中では当然、設計者の独りよがりはなくなるし、皆でコミュニティを主体的につくり上げていくということにもなります。学校という場は子どもの場ですから、例えば私もそうですけれども、自分の子どもが学校へ行くと、通勤路で学校を通らなくても駅へ行けるのに、わざわざ学校の前を通って、ちょっとのぞいてみて、自分の子どもは見えなくても、よその子が見えただけでも何となくうれしくなるとか、学校という場が提供するのは、そういう愛着、関心、活力、共感といったことだと思うんですね。だから、学校は地域をつくる上で、とても大事なものであると思います。学校が、町内会のようなある行政的組織ではなく、この学校という主体的なつながりという意味でコミュニティの場になるというのが面白いし、独特のものだと思います。

図5 小谷村立小谷小学校（長野県北安曇郡小谷村、2006年）の設立へ向けた村民ワークショップの討論。233頁参照

278

学校に居酒屋を

上野 学校を開くということとセキュリティの問題は、芦原小学校（280頁参照）で思い切って地域に開くデザインをした設計者が会場にいらっしゃるので、後でフロアから発言してもらったらどうかと思います。

それで、私なりのコメントを申し上げてよろしいでしょうか。4～5年前に、作家の重松清さんが『教育とは何だ』（筑摩書房）という対談シリーズの本を書かれました。私も10人か何人かの1人に呼ばれて、ほかの人は教育哲学とか難しい話をしているんですが、私と重松さんと2時間ぐらいしゃべった章は、「学校に居酒屋を」というタイトルなんです。これはまじめな話ですよ。当時から、学校に居酒屋をつくりたいと、私はまじめに言っています。イギリスにそういう学校が現実にあるんです。

それで、3年前に山口県の日本海側の町に豊北中学校（図6）をつくったんですが、これは、町内の四つの中学校を統合して、町の求心力として働くコミュニティ施設にしようと、町の図書館を中心とした計画にしました。さっき吉村先生が埼玉県の志木のことをおっしゃっていましたけれども、まったく同じで、学校に入るとエントランスの真ん前が町民図書館です。それを取り巻いて教科教室型の中学校がある。つまり、町民図書館であり、町立の教科教室型の中学校ですね。従って、土曜日や日曜日でも町の人が、平日の日中でもお母さんやお年寄りが学校に本を借りにくるわけです。さらに、町長さんが私に、「やりたいことを何でもいいからやってごらん」とおっしゃって、「いちばんやりたいことは、図書館のわきに居酒屋をつくりたい」と申し上げました。つまり、いろんな人が学校に気軽に集まってくることから学校を構想したいと思っています。

話が長くなって恐縮ですが、私、東京の多摩市聖ケ丘小学校で、10年間、部員数200人

図6　下関市立豊北中学校（山口県下関市豊北町滝部、2006年）＝町内の四つの中学校を統合して設立。設計は日本設計九州支社。計画アドバイザーは上野淳氏。写真は町民図書館を兼ねたラーニングセンター

ぐらいのサッカークラブの代表をしていました。毎週末、小学校で子どもたちと一緒にサッカーをやっていました。みんなでグラウンドを使う前よりもピシッときれいに片付けて、学校にお返ししていました。コーチもあのとき30人、40人ぐらいいたと思いますが、夏の暑い盛りに練習が終わって、きれいに掃除して、子どもたちを帰して、コーチミーティングをするわけです。ビールを飲みながらミーティングをやろうと、若いコーチに「みんなのビールを買ってきて」と頼んだのです。その時、周りから「学校でビールを飲むのはマズイ」と叱られました。それ以来ずっと学校に居酒屋をつくりたいなって思っています。そういうふうですから、28歳か30歳ぐらいのひげを生やした兄ちゃんが「おはようございます」と挨拶するので、誰だろうなと思うと、以前サッカーをずっと教えていた子なんですね。つまり、私もかなりコミュニティ活動で子どもたちに熱心に教えていて、結構慕われていました。それで、練習が終わって、ビールでも飲みながらコーチミーティングをしたいなと思う気持ちが、学校に居酒屋をつくることにつながっています。そういうプロジェクトがあったら、ぜひ私にやらせてください。

小さな幸せから生まれるコミュニティ

司会 先ほどご指名がありましたが、小泉さん、芦原小学校（図

1階の街路のような「パス」は地域に開かれている

2階の中庭

図7 戸田市立芦原小学校（埼玉県戸田市新増、2005年）＝生涯学習施設などの地域利用部門もある複合施設。教室、体育館、地域利用施設などを校舎棟として一体化させることで、さまざまな世代の人々の交流が自然と行われる、地域に開かれた「街のような」小学校として計画された。設計は小泉アトリエ＋シーラカンス・アンド・アソシエイツ（C+A）。計画アドバイザーは上野淳氏

280

7)の例を含めて、学校を開くことや居酒屋をつくるというのはいかがでしょうか。

小泉雅生（略歴は41頁参照） 芦原小学校は、地域の中で非常に上手に使われていると思います。我々が設計で頑張ったというよりは、校長先生を中心とした現場の先生方が上手に実践されたということだと思います。市民が気軽に立ち寄れる「パス」というものを提案したのですが、新設校ということもあって、パスの入口に門扉をつくり、最初は閉じていたんですね。ところが、徐々に学校の存在を地域の人が認識するようになって、半分だけ開けられ、それから半年ぐらいして両方開けられました。地域のコミュニティの状況を冷静に見極めながら少しずつ学校が開かれていったということです。そういう意味では、先ほど尾上先生が言われたような、しゃにむにやるということではなくて、良好な地域との関係が築かれたことで、学校の開放が実現したのだと思います。おそらく校長先生は、学校を運営することだけではなくて、コミュニティをつくることまで意識されていたんじゃないかと想像しますし、それを建築が多少なりともサポートできたかなと思っています。

一度、校長先生からうかがったエピソードで、あるとき夕立になって、パスの入口の下で雨宿りしているお母さんに非常に感謝されたとのことです。地域開放とか、そういう大仰な開放の仕方ではなくて、ちょっと雨宿りができる程度でも、実は地域の人にとってはとても心強いことで、そういう学校のあり方というのも考えられるといいのではないかなと思いました。

司会 地域との関係を学校が主体的につくりこんでいく余地を残すこと、地域の人にとって偶発的な小さな幸せがたくさん生まれる学校であれば、学校と地域の良い関係ができるという話だと思います。居酒屋もその中に入りそうですか。

小泉 それもいいと思います。もう一つ、きょうの話を伺っていて思ったのは、やはり学

会場から、芦原小学校について説明する小泉雅生氏

校は学校でしかできないことをやるべきだということであれば、インターネットとか、情報はいろいろな形で取得できることは、人的なつながり、あるいは、校庭を含めた空間の大きさとか空間の豊かさを提供するということだと思うんです。ですから、そういうことでしか得られない、地域とのつながりを重視していくということも大事だろうし、そういう意味では人的なつながりを重視していくということも大事だろうと思います。建築をつくる側から言えば、住宅では実現できないような空間の豊かさを学校の中につくって、それを生かしていくという視点、発想が必要だと思いました。

学校は多様な可能性を秘めている

司会 最後にお一人ずつ、今回のメインのテーマになります「これからの学びの場」ということで、学校建築といわずに、学びの場とやや枠を広げようというところが味噌だと思うんですけれども、それぞれが考える究極の学校、これからの学びの場はどのようなものであるかをご紹介いただきたいと思います。

吉村 一時期、インテリジェントスクールというキーワードがありましたが、学校はやはり、あこがれの場でないとみんなから軽視されるのではないかと思います。あこがれをもっているいろいろ学べば、将来ちゃんと「飯が食え」、人格もできるし、いろんなことができるという意味で、あこがれの場ですよね。ところが、今の世の中は、社会全体が非常に進歩して「さて学校に何があるの?」と考えてみると、一生懸命田んぼをつくって、日常ではできない体験ができるというのも一つでしょう。究極は、地域や家庭との連続性を考えながらも、そこでは得られない独自性や優位性のあるハード・ソフトがあり、しかも、いろいろな子どもが

282

いるので、それが多様なものであることがあこがれにつながると思います。そういう学校をつくっていきたいと思います。

上野 一言だけ。私、この3年ぐらい障害を持ったお子さんの学校を、一生懸命勉強して調べています。それで、いわゆる総合支援学校とか総合特別支援学校など、いろいろな名前で呼ばれる学校では、非常に個別的、個性的であり、一人ひとりが全部違うことを前提に教育がなされているので、教育本来の姿がクリアに見えてきます。学校空間のあり方も、私が勝手に「スペースの構造化」といっていますが、教室の中にさまざまな家具やついたてを用いて個別の場所がつくられています。80年代にオープンスペースをつくってきたことの反省を迫られているような気分で、それらを見ています。

もう一つ、みなさんご存じだと思いますが、発達障害といいまして、ADHD（Attention Deficit/Hyperactivity Disorder）などの障害を持つお子さんが、通常校で6・3％いると文部科学省がいっていますが、私はもっと多いのではないかと思っています。そういうお子さんたちが一般的な学校で、しかもさっきからずっと登場している開かれた環境の中で、本当に大丈夫なのかどうかというのは重い課題だと思うんですね。つまり、さっきの計画モデルをもう一度やり直す必要があるということとは別に、音や光の問題、デンや閉じたスペース、小さな空間などを含めて、ステディに安定的に学べる環境っていったい何だろうかを考えることが、非常に大きい課題だと思います。これから先、10年、15年の日本の小学校、中学校についてのとても大きい課題だなと考え、残り少ないですけれども、私は、全力を挙げてそのことを勉強していこうと思っています。

尾上 先生が元気になり、子どもたちが教師になりたいと思えるような、そんな学校にしていきたい。街をつくっていく、シチズンシップという話もありましたが、やはり、その地

ディスカッションの出席者。右端が司会の横山俊祐氏

域を豊かにしていこうとか、地域を愛するとか、そういう子どもが育っていって、文化を伝えていくことを目指して、学校は開かれていかなくてはいけない。開く街もやさしくなってほしいですね。甘いかもしれないですが、街の人と先生、子どもと先生、子どもと街の人、みんなが挨拶し合えるようになることを目指していきたいと思います。これから先も頑張っていこう、街に出て頑張ろうと思います。

木下 学校と組んで子どもの遊びの場、防災、防犯のまちづくりを展開するなど、いろいろな面で学校がまちづくりの中心になってきていると思います。子どもの居場所や放課後子どもプランの事業など、一方、今日はお話しできませんでしたが、学校も一つの地域の重要なオープンスペースです。その拠点性を高め、そこから子どもたちが学校で放課後を過ごす際のプログラムの質をいかに上げていくかが課題です。そこにきちんとしたプレイワーカーなりを配置していろいろなプログラムを展開しているかといったら、そうではないようです。子どもたちは時間と空間を過ごすわけだから、それを豊かにしていく必要があるし、ソフト面でも学校の環境を豊かにすることが必要だと思います。

そのためには、予算面に加えて、尾上先生が示したように、地域が学校と関わりを持つことが、自分たちの生活、地域の環境を豊かにすることにつながります。湯澤先生が言ったように、学校の先生が地域と組んで安全で豊かな空間をつくっていくなど、学校が地域づくりネットワークの拠点になって、活動や場を地域に広げていくことが必要だと思います。未来を展望するとそういうことだと思います。

もう一つ、居酒屋は本当にいいと思うのですが、学校で酒を飲んだことに保護者からクレームが出て問題になったことがありました。しかし、イギリスのようなカフェはつくれるか

なと思います。千葉県の松戸の中学校で、子どもたちと一緒に建て替え計画を考えたときに、ランチルームをもっと地域に開放して、普段いろいろな人が食事に来られるようにするという提案がありました。この先、学校にも、そういうカフェができるかも分からないし、その先に居酒屋が見えてくるという、ステップがあるかと思います。

湯澤 何か今日の話で、納得したというか、改めて感じたのですが、学校は探れば探るほど味わいの出てくるもので、こんなに面白いものはない。こんなに難しいものもない。また、こんなに考えなくてはいけないこともないし、やってみたらこんなに面白く、体験して面白いものはない。手づくりでもできるし、すごくハイアートにもなるというように、いろいろな面での可能性があります。そのような学校が、実は非常に安い単価でできているという現実もあるのですが、低く見られているところで勝手にやってしまうという自由度も逆にあるかなという気もします。だから、多様な可能性を秘めた「可能態」の空間としての学校像がよく見えたかなと思います。

司会 湯澤先生に、うまくまとめていただきました。先端的な試みや考え、研究や設計をなさっている方々をお招きして、学校の置かれている状況や課題、これからのあり様をご紹介いただきながら、学校はこんなに変わってきている、それから、学校はもっと変われるということを議論してきました。湯澤先生の言葉を借りれば、学校はさまざまな試みを喚起し、受容する「可能態」です。子どもや地域にとって、豊かで生き生きとした環境づくりに向けて、その枠組みを根本的に転換するようないろいろなチャレンジの余地と方向性が、まだまだ数多くあることを確認できたように思います。

以上で、ディスカッションを終わります。ありがとうございました。

ディスカッションでの湯澤正信氏

おわりに

耐震強度偽装問題に端を発し、建築士法の改正へ。それに追い打ちをかけるように、100年に一度といわれる世界的な経済不況の到来。その一方で、地球温暖化防止会議COP15開催を契機にCO_2排出量削減への高まる国際世論。そんな国内外を取り巻く状況の中、建設業界も新たな時代を迎えている時期に、本書は企画されました。

都市と建築を取り巻く環境や、そこで生活する人々の価値観も、大きく変わろうとしています。今後の都市・建築はいかにあるべきかという思いを「建築の今」というテーマに込めて議論し、現在、抱えている課題点を提示するとともに、その解決に向けての糸口を模索し、持続可能な都市・建築のあり方に対し、多方面からの提言を行うことを試みました。建築の各分野で活躍されています著名な先生方より、ご自身の専門分野から前掲のテーマに関連したご講演をいただき、各回のディスカッションを通してシンポジウムに参加された皆様と一体となって討論を行ってきました。

第1回の「みんなの街を考える」では、個々の建築はもちろん、それらを取り巻く都市とのかかわりや生活する人々との関連性について議論し、第2回の「建築再生の今」では、建物の長寿命化がテーマとなる中で、わが国の古民家や公共施設の改修、海外での都市や建築の修復・再生の事例などの紹介がありました。第3回の「光・風・熱・水をとらえる環境技術」では、地球温暖化対策の一環として、住宅、学校施設などの建物はもちろん、都市空間において取り組まれているさまざまな環境配慮の考え方、設計技術のあり方などについて議論しました。最終回の第4回では、「これからの学びの場」と題し、学校建築が抱える課題点とその解決方法について、設計事例や教育現場での取り組みなどを通して、広い角度から

意見を交換しました。

これらの全4回にわたる連続シンポジウムの各回のテーマは、まさしく、サスティナブルな都市・建築を実現させるデザインと技術開発において、それらが抱える課題を解き明かすヒントを与えてくれる内容であったと考えております。微力ではありますが、今回の成果をまとめた本書が、今後の建築を志す方々の参考になればと思います。

この連続シンポジウムの企画・構想から実施、さらには出版に至るまでには1年間を要しました。最後になりましたが、その間、講演や司会、原稿の校正作業などもご担当いただきました多くの先生方、シンポジウムの運営にご尽力いただきました関東学院大学建築学科ならびに同燦葉会（さんよう）の皆様にも深く感謝の意を表します。また、大変、残念なことではありますが、第1回のシンポジウムにおいて、貴重なご講演をいただきました北沢猛先生が昨年の暮れに急逝されました。元気に講演をなされていたお姿が偲ばれます。心よりご冥福をお祈り申し上げます。

2010年3月

関東学院大学　工学部　建築学科長　大塚雅之

刊行によせて

関東学院創立125周年記念事業、連続シンポジウム「建築の今」が2009年6月より10月に至る間、4回開催され大変好評をいただいた。主催は大学同窓会の燦葉会、同建築部会、同建築設備工学部会であるが、大学工学部建築学科、同大沢記念建築設備工学研究所との協力と神奈川県内行政およびメディアなど多くの後援、協賛をいただいた。

連続シンポジウムそれぞれのテーマは第1回「みんなの街を考える」、第2回「建築再生の今」、第3回「光・風・熱・水をとらえる環境技術」、第4回「これからの学びの場」で、いずれの回も斯界で現在最もご活躍の諸先生方を迎えて進められた。

21世紀は既に10年近くが経過してきたが、この間は20世紀の負の遺産を消すことに力が注がれてきた。しかし米国でのオバマ大統領の就任以来〝Change〟の名のもとに価値観の転換が叫ばれ、世界は急速に変化しつつある。価値観の転換はすべての分野に及んでおり、建築の世界も同様であることは言をまたない。21世紀がようやくスタートしたのだろう。このような中にあって建築界を見渡してみると、安全・安心や環境共生をはじめとする各種の技術は急速に開発され、建築の可能性は大きく開かれており、今こそそれらを駆使して明確にわれわれの生きる未来を切り開くビジョンを提示すべく、このシンポジウムは企画・実行された。

この度、好評を得た連続シンポジウム「建築の今」の内容をベースにして、本書『建築の今──17人の実践と展望』がシンポジウムの記録として刊行されたことを大変うれしく思う。刊行にあたっては、湯澤正信先生をはじめとする編集委員会の方々ならぬご尽力とご協力があったことを、シンポジウムの主催者のひとりとして深く感謝を申し上げたい。

最後に、本書を手にとられたみなさまが、今後の活動の種の一つとして活用していただければ望外の喜びである。

2010年3月

関東学院大学燦葉会・会長　永嶋孝彦

写真撮影・提供、図版提供

■長谷川逸子・建築計画工房　p.13-15、21、23、24、26-29、69
■北沢猛　p.16上2点・中右・下左、33図1右・図2右、34、35、37-39
■中川敦玲　p.16中右、33図1左・図2左、121図7
■柏の葉アーバンデザインセンター（UDCK）p.16下右2点、36
■小泉雅夫/小泉アトリエ　p.17、42、44-47、48図15、280
■たほりつこ　p.18上2点・中2点、51-54、56、57、58図9
■米津光　p.18下2点
■徳島大学三輪昌史研究室　p.58図10
■降幡廣信　p.73-75、80、81、85-93
■鈴木知之　p.76トラーニ・オトラント、103図20
■陣内秀信　p.76ガッリーポリ、96、97、98図5・7、99-102、103図19、104
■田原幸夫　p.77上左2点・中3点、下左、106、109、110、112、115、116図23中・下
■東日本旅客鉄道　p.77下右、113図11・12・13・15、114
■スパック工法研究会（会長・槇谷榮次）p.78、119図2、122-125
■ルーヴァン・カトリック大学　p.108図3
■渡部まなぶ　p.111
■大林組　p.113図14
■共同通信社　p.139
■北嶋俊治　p.143Ni邸、144写真、154図1、155、156、157図11・13・14、158図15・16・17右、159、160図20・21、164、217上・下、218左中・下2点、219上右・中・下、228図3・4・6、229図9、230、231図11・12、232図16・17、233図18、235図22・23・24、236図26写真、237図28、238、239図32・33、240、241図36写真、242、271
■湯澤建築設計研究所　p.143Mi邸、144図A、154図2、157図12、158図17左、160図19・22、161、162、217中2点、218上右・上左、219上左、227、228図5・7、229図8、231図13・14、232図15、233図19、234、235図21・25、236図26図面、237図27・29、239図31、241図35・36図面、278

■関東学院大学大塚雅之研究室　p.145図C、165、166、167図6、168図8、169、170
■梅干野晁　p.148-150、175-180
■小玉祐一郎　p.151、182、183図3、185-191、193、210
■ハウステンボス（J-12521）　p.152、198図1左、201図D、203図I・K
■関東学院大学　p.167図5
■橦木倶楽部通信　p.168図7
■郡上市役所観光課　p.195下
■日本設計　p.198図2・3、199、200、201図B・C、202、203図J、204、205
■羽渕雅己・山田昌子（かめ設計室）　p.208図1
■福山市観光協会　p.209図2
■上野淳　p.220、221、224-249、270、279
■尾上伸一　p.222、251-254、268
■木下勇　p.233上・下2点、256図1・2、257、259図6・7、260、266
■Ortrud Kuhl　p.223中2点、256図3
■吉村彰　p.224、262図1、264
■槇重善　p.259図8
■横山俊祐　p.263

写真・図版出典

● p.116 図23上／"Heverlee in oude prentkaarten"p.116,Europese Bibliotheek
● p.119図3、p120図4、121図5／日本建築防災協会『2001年改訂版 既存鉄筋コンクリート造建築物の耐震診断基準・改修設計指針・同解説』
● p.121図6／『外付け耐震補強による耐震改修』日本建築学会関東支部神奈川支所、2008年2月
● p.145図B・D・E、146、147／『都市・建築のストック再生を目的とした環境共生技術の戦略的開発研究　研究成果報告書』関東学院大学、2009年3月
● p.172図1／中山裕則・田中總太郎・菅雄三「DMSP全球夜間映像の作成と夜の光分布に関する地理学的考察」日本リモートセンシング学会誌13-4、1993年
● p.183 図2／ Charles Jencks "Modern Movements in Architecture" A Doubleday Anchor Book,1973

建築の今編集委員会

編集
全体統括　湯澤正信　（関東学院大学教授、建築家）
第1章　　中津秀之　（関東学院大学准教授、ランドスケープ）
第2章　　黒田泰介　（関東学院大学准教授、建築再生学）
第3章　　遠藤智行　（関東学院大学講師、建築設備工学）
第4章　　横山俊祐　（大阪市立大学教授、建築計画）

執筆（シンポジウム講演者）
第1章　　長谷川逸子　（関東学院大学客員教授、建築家）
　　　　　北沢猛　　　（東京大学大学院教授、アーバンデザイナー　2009年12月逝去）
　　　　　小泉雅生　　（首都大学東京大学院准教授、建築家）
　　　　　たほりつこ　（東京藝術大学大学院教授、パブリックアート）
第2章　　降幡廣信　　（降幡建築設計事務所代表、建築家）
　　　　　陣内秀信　　（法政大学教授、建築史家）
　　　　　田原幸夫　　（ジェイアール東日本建築設計事務所、建築家）
　　　　　槇谷榮次　　（関東学院大学名誉教授、建築構造学）
第3章　　湯澤正信
　　　　　大塚雅之　　（関東学院大学教授、建築設備工学）
　　　　　梅干野晁　　（東京工業大学大学院教授、都市・建築環境工学）
　　　　　小玉祐一郎　（神戸芸術工科大学教授、建築家）
　　　　　定永哲雄　　（日本設計企画部長、環境設備）
第4章　　湯澤正信
　　　　　上野淳　　　（首都大学東京大学院教授、建築計画）
　　　　　尾上伸一　　（横浜市教育センター指導主事）
　　　　　木下勇　　　（千葉大学大学院教授、地域計画）
　　　　　吉村彰　　　（東京電機大学教授、建築計画）

協力
関東学院大学、関東学院大学工学部建築学科
関東学院大学燦葉会、同建築部会、同建築設備工学部会

建築の今──17人の実践と展望

2010年3月25日　初版第1刷発行

編著者	建築の今編集委員会
発行人	馬場栄一
発行所	株式会社　建築資料研究社
	〒171-0014　東京都豊島区池袋2-68-1　日建サテライト館5F
	電話　03-3986-3239
	http://www.ksknet.co.jp/book/
印刷・製本	大日本印刷株式会社

本書の複写複製・無断転載を禁じます。
定価はカバーに表示してあります。
万一、落丁乱丁の場合はお取り替えいたします。

©建築の今編集委員会　2010
Printed in Japan　ISBN978-4-86358-053-4